Ontdek Photoshop Elements 2024

André van Woerkom

VANDUUREN
MEDIA

ISBN: 978-94-6356-331-4
NUR: 991
Trefw.: Photoshop Elements, beeldbewerking, fotografie

Opmaak: Van Duuren Media, Culemborg/Barcelona
Omslag: Van Duuren Media, Culemborg/Barcelona
Afbeelding omslag: Midjourney/Bob van Duuren
Druk: Veldhuis Media, Meppel

Eerste druk: december 2023

Dit boek is gedrukt op een papiersoort die niet met chloorhoudende chemicaliën is gebleekt. Hierdoor is de productie van dit boek minder belastend voor het milieu.

Van Duuren Media is lid van de Mediafederatie, Groep MEVW.

Lezersvoordeel, zo werkt het!

Van Duuren Media biedt u als lezer veel voordeel en extra content. Daarvoor hoeft u slechts uw boek te registreren op **vanduurenmedia.nl/registreer**. U profiteert dan van deze voordelen:

- Altijd als eerste op de hoogte van onze exclusieve lezersaanbiedingen
- Exclusieve kortingen op een ruime selectie van onze boeken
- Regelmatig onze nieuwsbrief in uw mailbox met relevante informatie over nieuwe boeken, de beste artikelen van ons blog Computer Creatief, boek-trainingen, masterclasses en interessante kortingsacties
- De webversie van uw boek online lezen en doorzoeken in uw browser op computer of tablet (niet via een e-reader)
- **Extra: U krijgt een maand lang toegang tot de fotografiecursussen van Photofacts Academy (Nederlandstalig)**

Om te profiteren:

- Ga naar **vanduurenmedia.nl/registreer**
- Vul het formulier in en voer daar de registratiecode **Ln5Rx8Tq2Z** in
- U ontvangt een bevestigingsmail waarin staat hoe u meteen kunt profiteren van het lezersvoordeel

Blog Computer Creatief

De wereld van pc's & tablets, fotografie & beeldbewerking en webdesign & IT-management is voortdurend in beweging. Alle nieuwe ontwikkelingen houden wij bij op ons blog Computer Creatief. Het biedt een actuele, brede en dynamische aanvulling op onze boeken, met antwoorden op actuele vragen, zodat u het meeste uit uw computer- en fotoapparatuur haalt.

Neem gauw een kijkje op **www.computercreatief.nl**.

Voorwoord

Afgelopen jaar is veel te doen geweest om artificiële intelligentie, kortweg AI; ook op het gebied van beeldbewerking. Maar eigenlijk is dat helemaal niet zo nieuw. In Photoshop Elements wordt het namelijk al een jaar of tien toegepast. Niet om compleet nieuwe afbeeldingen te genereren, maar wel om kleine stukjes te repareren en vooral om fotoverzamelingen te analyseren. Hierdoor kunt u bijvoorbeeld snel foto's thematisch bijeen zoeken, of foto's met bepaalde personages.

Door zich gestaag door te blijven ontwikkelen is Photoshop Elements uitgegroeid tot een instituut, een must-have fotobewerkingsprogramma voor thuisgebruik, niet alleen in de Benelux, maar wereldwijd. Veel kenmerken zijn ontleend aan het professionele Photoshop, zoals selectiegereedschappen, werken met lagen en vele functies om foto's te verbeteren – maar dan zonder de technische ballast. Ook kenmerkend is een gebruikersvriendelijke werkomgeving die tegemoetkomt aan thuisgebruikers en enthousiaste amateurfotografen met verschillende niveaus van ervaring.

Hetzelfde kunnen we zeggen over dit boek, dat deel uitmaakt van een langlopende serie en permanent onder het vergrootglas ligt om up-to-date te blijven. Mede door input van lezers is het uitgegroeid tot hét lesboek en naslagwerk over Photoshop Elements. Het behandelt vrijwel alle ins en outs van het programma, waaronder natuurlijk de nieuwe functies van versie 2024. Het is vooral ook een doe-boek met veel stapsgewijze handelingen. Daarnaast bevat het talloze tips voor zowel beginners als gevorderden en nodigt het uit om te experimenteren, mede dankzij een gratis set afbeeldingen waarmee u getoonde resultaten kunt nabootsen. Ga hiervoor naar de sectie **Downloads** op **www.vanduurenmedia.nl**. Na registratie krijgt u tevens een maand gratis toegang tot een reeks videolessen verzorgd door Photofacts Academy. Enkele hiervan kun u ook zonder registratie bekijken op uw computer, tablet of smartphone – u vindt ze op verschillende plekken in dit boek.

Ik wens u veel lees- en bewerkingsplezier.

André van Woerkom
Voor feedback: **info@vanduurenmedia.nl**

Het boek voorzien van diverse tips, opmerkingen en waarschuwingen. Deze herkent u aan de volgende symbolen:

tip:

opmerking:

waarschuwing:

Over de auteur

André van Woerkom is werkzaam als schrijver, vertaler, docent, softwaretester en functional application manager. Als schrijver heeft hij bijna dertig titels op zijn naam staan, waarvan twintig over Photoshop Elements.

Inhoudsopgave

1

Kennismaken met de Organizer

Photoshop Elements bestaat uit twee onderdelen: de Editor en de Organizer. Wellicht spreekt de Editor meer tot de verbeelding als zijnde 'de werkplaats waar het allemaal gebeurt', maar zonder Organizer zou u toch behoorlijk onthand zijn. Hiermee beheert u namelijk uw fotoverzameling, of beter gezegd uw media, want het gaat om meer dan foto's alleen. Het sleutelwoord is efficiëntie, ofwel het zo min mogelijk tijd verliezen bij het terugvinden van de juiste foto's, vooral bij een stevig uitdijende verzameling. Dit hoofdstuk is een globale kennismaking, waarbij we onder meer importeren, inspecteren en het maken van kleine correcties bespreken; in hoofdstuk 11 komen de meer geavanceerde functies aan bod.

mijn.cc/psel2410

Functies van Photoshop Elements

De Organizer en Editor zijn twee zelfstandige onderdelen en hebben hun eigen werkvenster waartussen u kunt wisselen. Tezamen bestrijken zij deze functies:

- **Beeldbewerking** Het aanpassen van foto's op alle mogelijke manieren, zoals lichter of donkerder maken, bijsnijden en toevoegen van nieuwe informatie, zoals tekst, beweging of onderdelen uit andere foto's.
- **Beheer** Het kopiëren, verplaatsen, verwijderen en hernoemen van bestanden, maar ook categoriseren, sorteren, filteren en archiveren, al dan niet met behulp van automatische functies.
- **Speciale projecten** De (bewerkte) foto invoegen in een project met een specifieke functie, bijvoorbeeld een fotoalbum, uitnodiging, kalender, ansichtkaart of cd-cover.
- **Delen** De laatste stap in het proces is het resultaat van uw noeste arbeid delen met anderen. Hierbij spelen sociale media een centrale rol, maar laten we ook de traditionele afdruk niet vergeten.

Beginscherm

Het beginscherm geeft toegang tot de Organizer en Editor en andere zaken zoals opgeslagen projecten, sociale media en zusterprogramma Premiere (mits geïnstalleerd). Ook biedt het de kortste weg naar enkele functies die we binnen het programma aantreffen. Hebt u uw keuze gemaakt, dan kunt u het eigenlijk wel sluiten omdat we ook zonder beginscherm tussen de hoofdonderdelen kunnen wisselen. Eventueel kunt u het weer oproepen via een knop onderaan het programmavenster.

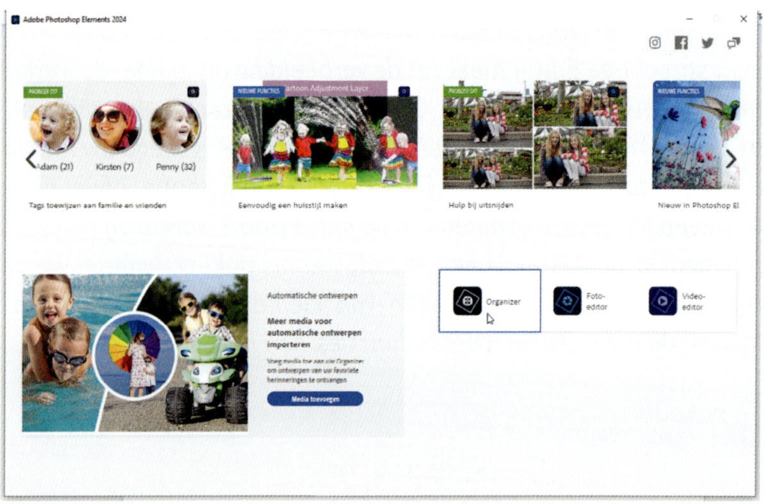

Het beginscherm geeft toegang tot de Editor, Organizer, specifieke taken en sociale media.

Adobe Sensei Achter vele taken, verspreid over het programma, gaat een stukje kunstmatige intelligentie schuil, Adobe Sensei genoemd. Het analyseert en interpreteert beeldmateriaal op een manier die doet denken aan het menselijk brein. Hierdoor lijkt het alsof het programma objecten in de afbeelding kan onderscheiden en zelfs weet wat voor objecten dat zijn. Hieraan gekoppeld is een zelflerende routine, waardoor de functie gaandeweg beter wordt.

Catalogus vullen

Bij de eerste keer opstarten stelt de Organizer voor om de catalogus te vullen (of, als u met een eerdere versie hebt gewerkt, de oude om te zetten). Het is de bedoeling deze eenmalig te vullen met reeds op de computer aanwezig beeldmateriaal. Daarna is het een kwestie van bijhouden als zich nieuw materiaal aandient. Kiest u **Ja, zet deze om** dan wordt de oude catalogus overschreven en is die niet meer toegankelijk, ook niet via het oude programma. Wilt u dit klusje op een ander moment doen, kies dan onderstaande methode.

1. Kies **Importeren**, **Uit mappen en bestanden** en blader naar de afbeeldingsmap.
2. Selecteer een map met afbeeldingen en klik op **Media ophalen**.
   - Het is niet de bedoeling om de map met afbeeldingen te openen; selecteren is voldoende. Doet u dit toch, dan dient u individuele afbeeldingen in de map te selecteren.
   - Klik eventueel op de keuzelijst rechtsonder en kies een ander type invoer (**Mediabestanden** is standaard).
   - Controleer of de optie **Foto's ophalen uit submappen** is ingeschakeld. De overige opties zijn minder van belang.

Zijn de afbeeldingen opgenomen in een oudere catalogus, dan verschijnt de mededeling dat omzetting is vereist, gevolgd door een venster waarin u gekoppelde trefwoordtags kunt importeren. Dat is altijd verstandig om te doen. Via de knop **Geavanceerd** kunt u de naamtag eventueel aanpassen (zie hoofdstuk 11 voor meer info over tags).

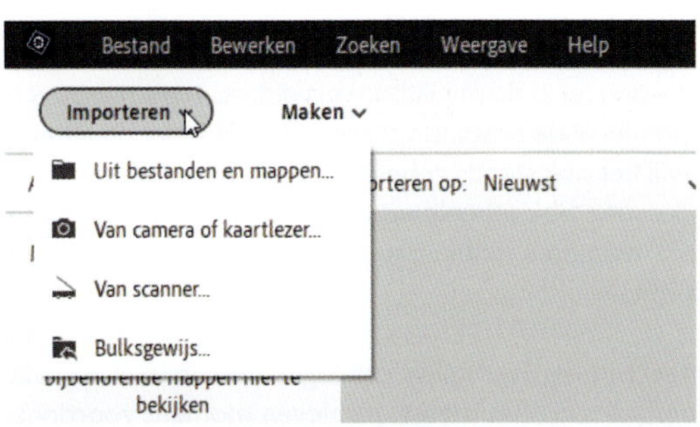

Beeldmateriaal importeren.

Foutenrapport Indien van toepassing verschijnt na afloop een foutenrapport met een lijst afbeeldingen waarvan het importeren niet is gelukt. Daar is niets vreemds aan, vooral niet als de verzameling een allegaartje betreft. Foto's kunnen bijvoorbeeld beschadigd zijn, een niet ondersteunde kleurruimte hebben of dubbel zijn aangetroffen. Sleep het venster eventueel breder om te zien welke foto en bestandslocatie het betreft; dan kunt u eventueel buiten Photoshop Elements om de zaak verder controleren.

Het principe van de catalogus

Het vullen van de catalogus houdt in dat van elk afbeeldingsbestanden een miniatuur wordt gegenereerd. Wat u in de catalogus ziet is dus een *representatie* en niet het afbeeldingsbestand zelf. Dit blijft op zijn oorspronkelijke plek, er is geen sprake van verhuizing. Natuurlijk loopt er wel een lijntje tussen de twee; immers in de Editor willen we niet de miniatuur maar de echte afbeeldingsinformatie laden. Ter illustratie: kies een miniatuur en druk op de Delete-toets. Een venster verschijnt met de nadrukkelijke vraag of het de bedoeling is om ook het onderliggende bestand te verwijderen (kies **Annuleren** om de opdracht af te breken).

Dankzij de catalogus kunnen we onze fotoverzameling op een centrale plek doorzoeken, en dat is veel efficiënter dan allerlei submappen doorbladeren. In principe kunt u zelfs verzamelingen doorzoeken waarvan de bestanden zich niet eens op uw computer bevinden, maar bijvoorbeeld op een archief-dvd (zie hoofdstuk 12). Ook kunt u met weinig moeite groepen bestanden virtueel bijeenbrengen en eventueel als subgroep opslaan.

De keerzijde, voor zover je daarvan kunt spreken, is dat deze werkwijze wel enige discipline vraagt, in die zin dat we erop moeten kunnen vertrouwen dat de catalogus de onderliggende verzameling correct en volledig representeert. Is die zekerheid er niet, dan leidt dat vroeg of laat tot problemen. Hierbij kunnen we twee soorten valkuilen onderscheiden:

- De catalogus toont geen miniatuur terwijl het bestand wel bestaat.
- De catalogus toont wel de miniatuur terwijl het bestand niet langer bestaat of onvindbaar blijkt.

Het eerste probleem ontstaat wanneer u de miniatuur verwijdert, zoals hierboven aangegeven, maar het corresponderende bestand vergeet. Gevolg is dat de afbeelding in vergetelheid raakt terwijl het nog steeds geheugenruimte bezet houdt. Terzijde: mocht u om welke reden dan ook afbeeldingen buiten de catalogus willen houden, dan zijn daar andere manieren voor; zie hoofdstuk 11, de paragraaf *Onzichtbaar maken* op pagina 211.

Het tweede probleem resulteert in een vervuilde catalogus en is misschien wat ergerlijker omdat het zich doorgaans op het meest ongelegen moment voordoet, namelijk wanneer u het bestand wilt gebruiken. Het ontstaat wanneer u bestanden buiten de catalogus om weggooit, hernoemt of verplaatst (met een gewone bestandsbeheerder zoals Verkenner of Finder). De catalogus heeft hier dan geen weet van en staart zich blind op de oorspronkelijke naam en plek. Overigens, omdat het programma op de achtergrond actief is en de catalogus op gezette tijden scant, kan het zelfstandig dit soort problemen signaleren. In dat geval vervangt het de miniatuur door een dummy met een vraagteken.

Hoe hiermee om te gaan? U kunt de nieuwe naam of locatie per individueel bestand opnieuw toewijzen, maar dit is vaak een moeizaam proces als u zelf ook niet precies weet waar het desbetreffende bestand staat. Daarom, zeker als het meerdere bestanden betreft, is het meestal beter de gehele catalogus te verwijderen en opnieuw in te stellen terwijl u een kopje koffie drinkt. Maar voorkomen is altijd beter dan genezen. Het devies is dus: voer het beheer over uw verzameling uitsluitend vanuit de Organizer, dus *niet buiten Photoshop Elements om*.

Tot slot, merk op dat de catalogus kan niet alleen foto's, maar ook andere media kan weergeven zoals videoclips en geluidsfragmenten. Een indicatiesymbool geeft aan met welk type u te maken hebt.

Catalogus bijwerken

Hebt u een nieuwe set foto's gemaakt, dan kunt u de catalogus aanvullen. Het importeren geschiedt met tussenkomst van het hulpprogramma Fotodownloader. Plaats de geheugenkaart in uw computer en kies sneltoets Ctrl+G, of:

1. Kies **Importeren**, **Van camera of kaartlezer**.
2. Kies in de keuzelijst bovenin het juiste invoerapparaat en controleer de overige instellingen van het venster:
   - Klik op **Bladeren** en kies een map als eindbestemming. Maak eventueel via de keuzelijsten een submap aan en pas eventueel de bestandsnamen aan.
   - Bepaal in het vak **Verwijderopties** wat met de originelen moet gebeuren. Kies bij voorkeur **Verwijderen na kopiëren**; zo is het geheugen klaar voor nieuw gebruik. Afbeeldingen die niet naar de computer worden gekopieerd, worden ook niet verwijderd.
   - Klik eventueel op de knop **Geavanceerd dialoogvenster** voor aanvullende opties. Hier kunt u onder andere afvinken welke afbeeldingen niet geïmporteerd mogen worden. De meeste andere opties in dat venster kunt u ook in een later stadium uitvoeren.
   - Laat de automatische optie uit staan, anders wordt het hulpprogramma bij de volgende download onderdrukt.
3. Klik onder in het venster op de knop **Media ophalen**.

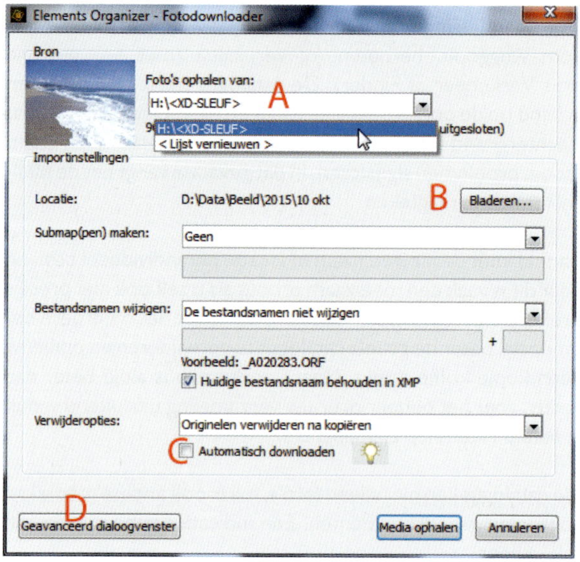

Het aanvullen van de catalogus met nieuw beeldmateriaal via de Fotodownloader. Kies een bron (A) en opslaglocatie (B). De automatische optie (C) werkt na herstart en schakelt de weergave van Fotodownloader uit. Laat deze optie bij voorkeur uitgeschakeld.

Direct na de overdracht toont de Organizer alleen de nieuwe set afbeeldingen; dit wordt een *batch* genoemd. Linksonder ziet u om hoeveel items het gaat. Dit is een goed moment om de serie nader te inspecteren en allerlei huishoudelijke taken uit te voeren, maar even op de zaak vooruitlopend: met de knop **Terug** (*Back*) linksboven krijgt u weer de volledige inhoud van de catalogus te zien – dus ook de afbeeldingen die eerder zijn opgehaald. N.B.: onder sommige omstandigheden heet deze knop **Alle Media**, bijvoorbeeld indien een deel van de catalogusinhoud is weggefilterd.

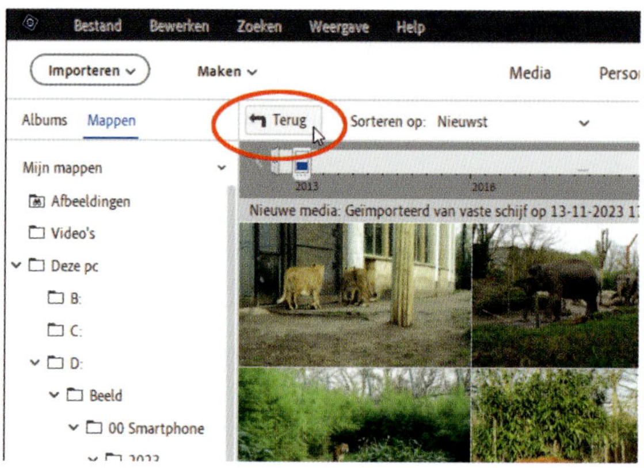

De knop Terug/Alle Media toont de volledige inhoud van de catalogus.

Welke map heeft afbeeldingen? Als u niet weet in welke mappen zich afbeeldingen bevinden of ze zijn over vele mappen verspreid, dan kunt u Photoshop Elements er zelf naar laten zoeken. Kies **Importeren**, **Bulksgewijs**, klik op **Map toevoegen** en kies een map hoog in de mapstructuur. Vervolgens wordt een lijst submappen weergegeven waarin afbeeldingen zijn aangetroffen. Schakel eventueel submappen uit die u buiten het importproces wilt houden (mapicoon verandert van blauw naar grijs) en klik op **Importeren**. De verwijderknop verwijdert zoekresultaten, niet de mappen zelf.

Onderdelen van de Organizer

Voor een heldere communicatie zullen we eerst de verschillende schermonderdelen benoemen, zie de afbeelding. Een aantal onderdelen kunt u in- en uitschakelen. Schakel de Tijdlijn in via menu **Weergave** of met Ctrl+L. Schakel het mappen/albumvak in met de knop **Tonen/ Verbergen** linksonder op de knoppenbalk. Activeer het venstervak met de knop **Tags/Info** of sneltoets Alt+Enter. Voorts kent de Organizer verschillende modi waarbij als het ware met een andere bril naar de catalogus wordt gekeken. Standaardmodus **Media** toont de miniaturen; andere modi zijn **Personen**, **Plaatsen** en **Gebeurtenissen** (elders bespreken we hun functie). Daarnaast onderscheiden we de zoekmodus, reparatiemodus en presentatiemodus. Ook menuknoppen **Maken** en **Delen** hebben een specifieke functie:

- **Maken** Start speciale projecten zoals presentaties, fotocollages en wenskaarten.
- **Delen** Handelt de uitvoer van een project of afbeelding af, bijvoorbeeld naar e-mail of sociale media.

Nieuw, niet heel belangrijk overigens, is dat u tussen heldere en donkere weergave kunt wisselen. Gebruik hiervoor het zonnetje rechtsboven (in donkere modus is dit een maantje). Dit brengt u naar het Voorkeuren-venster. Bovenin, bij **UI-modus** kunt u vervolgens wisselen. Opnieuw opstarten is wel vereist. Zo kunt u de twee vensters wat makkelijker van elkaar onderscheiden. Het instellen kan overigens ook via de Editor.

Onderdelen van de Organizer.

Afbeeldingen inspecteren

Nadat u een set foto's hebt toegevoegd, is het slim om deze aan een eerste inspectie te onderwerpen, teneinde overbodige of de minst geslaagde foto's te identificeren en te verwijderen. Gebruik het muiswiel of de pijltoetsen om te scrollen. Ook het zoomgereedschap komt goed van pas: dubbelklik op een afbeelding of gebruik de zoombalk rechtsonder voor traploos zoomen. Andere opties: de combinatie Alt-toets/muiswieltje, of gebruik Ctrl+ en Ctrl-. Ook met de knop **Raster** zoomt u uit.

Diavoorstelling

Een alternatief voor handmatig bladeren is een diavoorstelling (niet te verwarren met een presentatie, zie hoofdstuk 12) waarbij de afbeeldingen schermvullend worden getoond. Al doende kunt u diverse handelingen uitvoeren, zoals weggooien, foto's naast elkaar zetten ter vergelijking en informatie toevoegen, zoals tags.

Selecteer vooraf de foto's die u wilt bekijken en druk op toets F11 (of kies **Weergave**, **Volledig scherm**). Misschien begint tot uw schrik een muziekje af te spelen, maar wees gerust: dit is instelbaar. Met de spatiebalk onderbreekt u de voorstelling. Beweeg de muis om de navigatiebalk te tonen. Merk op dat u in de pauzestand met het muiswieltje kunt inzoomen, en ingezoomd kunt u met ingedrukte muisknop het beeld opschuiven (*pannen*). Links bevinden zich twee uitklapvensters die openen als u de muis in hun richting beweegt. Met de Esc-toets sluit u de voorstelling af.

De uitgebreide navigatiebalk.

Diavoorstelling met filmstrip (onderin) en uitgeklapte snelvensters.

Gesplitst scherm om twee soortgelijke foto's te vergelijken.

Bij sommige diavoorstellingen, bijvoorbeeld met foto's van een concert, past heel goed een achtergrondmuziekje. Gebruik hiervoor de knop Instellingen. Hier kunt u ook bijschriften uitschakelen en de tijdsduur per dia instellen.

Een typische sessie verloopt als volgt:

- Beweeg de muis om de navigatiebalk te activeren. Klik op de kleine witte vervolgpijl rechts om verborgen knoppen te tonen. Pauzeer en gebruik de pijlknoppen **Vorige/Volgende** (of die op het toetsenbord) om in eigen tempo en zonder muziek langs de foto's te bladeren.

- Beweeg (in pauzestand) de muis naar de linkerkant van het scherm om de vensters Bewerken en/of Organiseren te openen. Zet de vensters eventueel vast met het punaisepictogram. Klikt u een venster weg, dan kunt u deze respectievelijk opnieuw oproepen via de knoppen **Repareren** (dat eigenlijk Bewerken moet heten) en **Organiseren**.

- Klik op de sterrenrij in venster Bewerken om uw waardering voor de foto uit te drukken (klik op de meest rechtse gele ster om de waardering te verwijderen).

- Klik in het venster Organiseren op een trefwoordtag of typ een nieuwe tag in het tekstvak onderin en klik op **Toevoegen**.

- Gebruik de knop **Weergave** (of druk op toets F12) om het scherm in tweeën te splitsen (het blauwe kader geeft aan welk het actieve venster is). Zo kunt u details van een foto bekijken en toch het overzicht houden of twee gelijkende foto's vergelijken. Dit is een handige manier om te beslissen welke foto weggegooid kan worden en welke bewaard moet blijven. Druk eventueel op de knop **Synchroon pannen en zoomen** (slotje) om tegelijk op allebei de afbeeldingen in te zoomen.

- Klik op de knop **Filmrolletje** (of Ctrl+F) en gebruik de filmstrip om verspreid liggende afbeeldingen naast elkaar te zetten.

- Klik op de knop **Instellingen** (tandwiel) om de achtergrondmuziek uit te schakelen (optie **Geen** in de keuzelijst) en de tijdsduur per dia in te stellen. Klik eventueel op de knop **Bladeren** om een eigen muziekfragment aan de voorstelling te koppelen. Schakel de optie **Inclusief bijschriften** uit.

- Klik op de knop **Thema** om een diaovergang te kiezen: houd de muis boven het plaatje voor een voorproefje. Overgangen werken alleen bij automatisch afspelen.

- Klik op de knop **Info** om aanvullende informatie over de afbeelding te bekijken of toe te voegen, zoals een notitie of sterwaardering.

Verborgen knoppen Sommige knoppen op de knoppenbalk hebben een vervolgpijl waarachter aanvullende knoppen schuilgaan. Klikt u op die van **Roteren**, dan ziet u dat u ook rechtsom kunt roteren. De knop **Ongedaan** is pas bruikbaar als u daadwerkelijk een handeling hebt uitgevoerd. Vervolgknop **Opnieuw** is pas bruikbaar nadat u een handeling ongedaan hebt gemaakt. Met de knop **Editor** kunt u het gelijknamige deelprogramma starten; met de vervolgknop kunt u een alternatief programma kiezen, mits dat op de computer is geïnstalleerd.

Groepsgewijze behandeling

Vaak zult u een bepaalde handeling op meerdere afbeeldingen willen toepassen, denk aan weggooien, roteren of het toekennen van waarderingssterren. In plaats van per individuele afbeelding is het veel efficiënter dit groepsgewijs te doen. Houd de Ctrl-toets ingedrukt en klik op andere afbeeldingen om uw selectie uit te breiden – of gebruik de Shift-toets als het om een aaneengesloten reeks gaat – en voer daarna pas de beoogde handeling uit. Geeft u bijvoorbeeld een van de geselecteerde foto's twee sterren, dan krijgen de andere die automatisch ook.

Weggooien tijdens diavoorstelling Het weggooien van individuele afbeeldingen tijdens een diavoorstelling is inefficiënt en werkt verstorend. Geef in plaats daarvan de foto's één ster (met toets 1). Vervolgens kunt u deze in de catalogus 'bijeenroepen' en in één keer verwijderen; zie de paragraaf *Filteren met sterren* op pagina 11.

Aanvullende informatie tonen en wijzigen

U kunt de miniaturen weergeven als aaneengesloten tegels maar ook met een kader. Het laatste biedt ruimte voor aanvullende informatie zoals de opnamedatum en waarderingssterren. Met Ctrl+D wisselt u tussen de weergaven. Via het menu **Weergave** kunt u aanvullende informatie inschakelen zoals de bestandsnaam. Merk op dat het zoompercentage van invloed is. Bij onvoldoende ruimte per tegel wordt een deel van de informatie onderdrukt.

Aaneengesloten tegels versus Detailweergave. Met de knop rechtsboven past u filtering op sterwaardering toe.

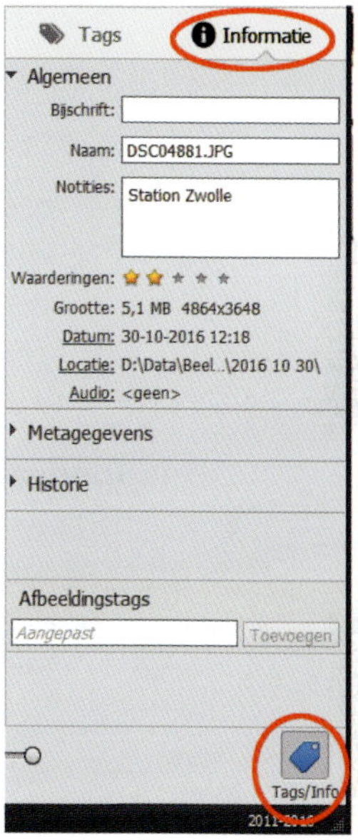

Meer gedetailleerde gegevens over individuele afbeeldingen vindt u in het taakvenster **Informatie**. Druk op de knop **Tag/Info** (rechtsonder) en op **Informatie** (rechtsboven). Deelvenster **Metagegevens** toont allerlei technische informatie die tijdens de opname is vastgelegd, zoals pixelafmetingen, flitsgebruik en sluitertijd. Deelvenster **Afbeeldingstags** toont welke tags aan de afbeelding zijn gekoppeld. In het deelvenster **Algemeen** kunt u zelf informatie toevoegen zoals een bijschrift, notities of sterwaardering. Klik na invoer buiten het tekstvak om de informatie vast te leggen. Klik op de onderstreepte woordjes Datum, Locatie en Audio om respectievelijk de datum en tijd aan te passen, de bijbehorende map in Verkenner of Finder te openen of om een geluidsfragment aan de afbeelding te koppelen. Een speakericoontje geeft de koppeling aan. Wilt u daar op een gegeven moment van af, klik op het icoon en kies **Bewerken, Wissen** in het pop-upvenster.

Bureaubladachtergrond Als u een foto uit de catalogus wilt instellen als bureaubladachtergrond, klik met de rechtermuisknop en kies **Instellen als achtergrond voor bureaublad**.

Filteren met sterren

We zagen al dat we op diverse plekken in het programma onze waardering voor foto's tot uitdrukking konden brengen via sterren. Vervolgens kunnen we foto's met gelijke waardering bij elkaar brengen. Klik daarvoor rechtsboven op een ster in de sorteer/filterbalk. Merk op dat u de selectie kunt verruimen of verkleinen met het *isgelijk-* of *groterdan*teken links van de sterrenreeks. Met de knop **Terug** (linksboven) krijgt u de volledige catalogus te zien. U kunt de sterwaardering veranderen door op minder of meer sterren te klikken. U verwijdert een sterlabel door de huidige waardering tot één ster terug te brengen en daarna op de overgebleven ster te klikken.

Filteren op mediatype Mocht u die geluidsfragmenten in de catalogus maar hinderlijk vinden, dan kunt u deze wegfilteren. Dit geldt overigens voor ieder mediatype. Met Ctrl+1 filtert u foto's weg, met Ctrl+2 video's en met Ctrl+3 audiofragmenten. In het menu **Weergave**, **Mediatypen** vindt u aanvullende filtermogelijkheden.

Afbeeldingen sorteren

U kunt de catalogus op drie manieren sorteren: op datum (oplopend of aflopend) op naam en op batch. Dit laatste is wat minder bekend, maar hier worden foto's per groep getoond in de volgorde waarin zij zijn opgehaald. Kies een methode via de keuzelijst op de sorteer/filterbalk. Merk op dat de gekozen sortering van invloed is op de weergave van de tijdlijn.

Door de catalogus bladeren

We kunnen afbeeldingen chronologisch bekijken maar ook sprongen maken door de catalogus. Gebruik hiervoor hulpmiddelen mappenvak en tijdlijn.

Mappenvak

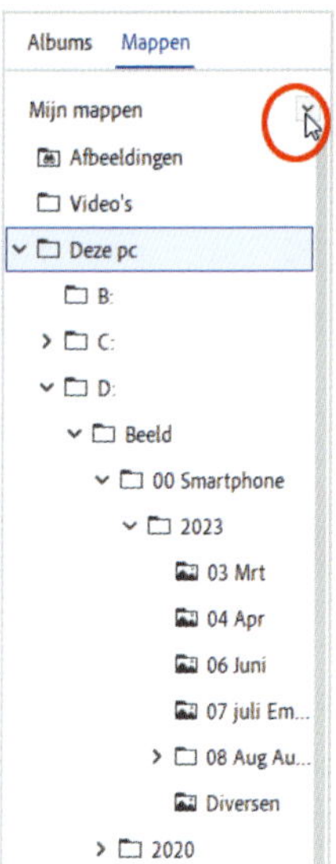

Klik eventueel op de knop **Tonen/Verbergen** (linksonder) om het mappenvak zichtbaar te maken. Dit kent twee weergaven: structuur- en lijstweergave. U wisselt hiertussen met de pijlknop bovenin. De lijstweergave toont uitsluitend mappen die aan de catalogus zijn gekoppeld, zogeheten *gecontroleerde mappen,* te herkennen aan een plaatje (verrekijker of landschap). De status gecontroleerde map betekent dat de inhoud steevast op nieuw materiaal wordt gecontroleerd zodra u de Organizer start. In het desbetreffende geval opent het een venster en geeft u de gelegenheid dit alsnog in de catalogus importeren. Niet ter zake doende mappen zijn in deze weergave dus weggefilterd.

De structuurweergave toont de hiërarchische mapstructuur voor zover ze naar gecontroleerde (sub)mappen leiden. Dit is dus eveneens een vereenvoudigde mapstructuur, maar mogelijk treft u naast gecontroleerde ook ongecontroleerde mappen (effen kleur) waarvan de inhoud voor de catalogus onbekend is, en wat tot nader order zo blijft. Desgewenst kunt u deze alsnog de status gecontroleerde map geven (waarop deze bij de volgende herstart ook op beeldmateriaal worden gecontroleerd):

1. Klik met de rechtermuisknop en kies **Aan gecontroleerde mappen toevoegen**. Staat de beoogde map er niet bij, kies dan eerst een map hoog in de hiërarchie en kies **Alle submappen tonen**.

2. Wilt u de herstart niet afwachten, dan kunt u het laden van nieuw materiaal ook forceren: klik met de rechtermuisknop en kies **Media importeren**, zie verder de paragraaf *Catalogus vullen* op pagina 3.

Werkbalk Tijdlijn

Met de werkbalk Tijdlijn kunt u vlot naar een andere batch of tijdsperiode springen. Kies bijvoorbeeld sorteervolgorde Nieuwst. Hierbij stelt ieder blokje op de tijdlijn een maand voor; de hoogte van het blokje geeft een indicatie van de hoeveelheid foto's. Klik op een blokje om naar de betreffende maand te springen.

Is de spreiding in de tijd groter dan de tijdlijn kan tonen, gebruik dan de pijlknoppen aan de uiteinden om de periode op te schuiven. Ook kan de tijdlijn als filter fungeren: verplaats de verticale schuifblokjes aan de uiteinden om de weergegeven periode in de catalogus te beperken (de indicator parkeert zichzelf hierbij automatisch aan de linkerkant van de tijdlijn).

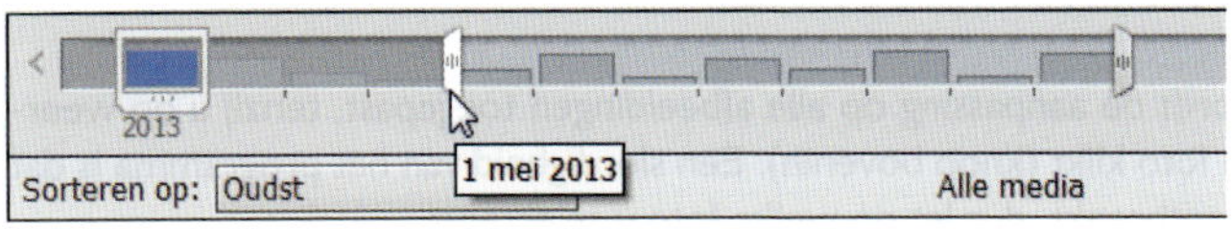

De werkbalk Tijdlijn toont de spreiding van de bestanden over de tijd. Versleep de witte blokjes om de weergegeven periode in te perken.

Werkbalk Tijdlijn werkt niet Werkbalk Tijdlijn functioneert alleen bij weergave van de volledige catalogusinhoud, dus niet als u een deelselectie hebt gemaakt, bijvoorbeeld door een map in het mappenvak te selecteren. Klik in dat geval op de knop **Terug/Alle media**. Ook de gekozen sortering is een randvoorwaarde; bijvoorbeeld sortering op naam heeft niets met tijd te maken.

Datum aanpassen

Afbeeldingen met een sterk afwijkende datum vallen onmiddellijk uit de toon op de tijdlijn. Is er sprake van een onjuiste datum, bijvoorbeeld omdat de klok van de camera verkeerd stond ingesteld, dan kunt u deze achteraf wijzigen:

1. Selecteer de aan te passen afbeelding(en).
2. Gebruik sneltoets Ctrl+J of kies **Bewerken**, **Datum en tijd aanpassen**.
3. Selecteer de optie **In een opgegeven datum en tijd aanpassen**.
4. Wijzig de gegevens en klik op **OK**.

Snelle correcties uitvoeren

Voor het aanpassen van een afbeelding gebruiken we in principe de Editor (klik op de gelijknamige knop centraal onder de knoppenbalk). Maar ook de Organizer heeft enkele bewerkingstrucjes in haar mouw, zijnde globale correcties die eventueel groepsgewijs kunnen worden toegepast. Wilt u bijvoorbeeld een serie foto's een slag lichter maken, doe dan het volgende: selecteer de desbetreffende set en klik op de knop **Repareren** onderin. De tijdelijke reparatiemodus wordt geactiveerd met rechts langs het venster verschillende correctiemogelijkheden. Klik bijvoorbeeld op de knop **Slim repareren**. Met deze functie worden automatisch de kleurbalans en het contrast aangepast (door schaduwrijke gebieden lichter te maken en lichte gebieden donkerder).

Bij andere bewerkingen zoals **Kleur**, **Licht** en **Helderheid** kunt u kiezen uit een reeks voorvertoningen. Klik erop of versleep de indicator of gebruik het muiswieltje voor verfijnde afstemming van het effect. Een rood balkje geeft de oorspronkelijke instelling aan. U kunt eventueel van categorie wisselen en effect op effect stapelen. Is het eindresultaat niet naar wens klik dan op de knop **Herstellen** om opnieuw te beginnen. Met de knop **Omdraaien** kunt u de afbeelding spiegelen.

Onderdelen van de Editor

Zorg dat u een of meer afbeeldingen in de Editor geladen hebt, bij voorkeur vanuit de Organizer met de knop **Editor**. Andere ingangen zijn de knop **Open** linksboven (de pijl ernaast laat recent geopende bestanden zien) en via het menu **Bestand**. Zet in het laatste geval het bestandstype op **Alle Bestandsindelingen**, anders filtert u mogelijk onbedoeld bepaalde bestandstypen weg. Bovenin kunt u van modus veranderen; voorlopig blijven we even in de geavanceerde modus.

De Editor kent de volgende onderdelen: van boven naar onder zien we de menubalk, modusbalk, bestandsbalk en liniaal en onderaan de statusbalk, fotovak/optiebalk en de grote knoppenbalk (met onder andere een knop om naar de Organizer over te schakelen). Links verticaal zien we de gereedschapsbalk en rechts het deelvenstervak. Sommige onderdelen kunt u in- en uitschakelen:

- Schakel de gereedschappen en het deelvenstervak in via menu **Venster**.
- Schakel de liniaal in via menu **Weergave**, **Linialen**.
- Schakel het fotovak in met de knop **Fotovak**.
- Schakel de optiebalk in met de knop **Gereedschapsopties**.

Het fotovak en de optiebalk delen dezelfde ruimte en kunnen dus niet tegelijk geopend zijn. Er wordt automatisch naar de optiebalk overgeschakeld zodra u een gereedschap kiest. Het deelvenstervak kent een variabele invulling; gebruik de knoppen rechts op de knoppenbalk: **Lagen**, **Effecten**, **Filters**, **Stijlen** en **Afbeeldingen**.

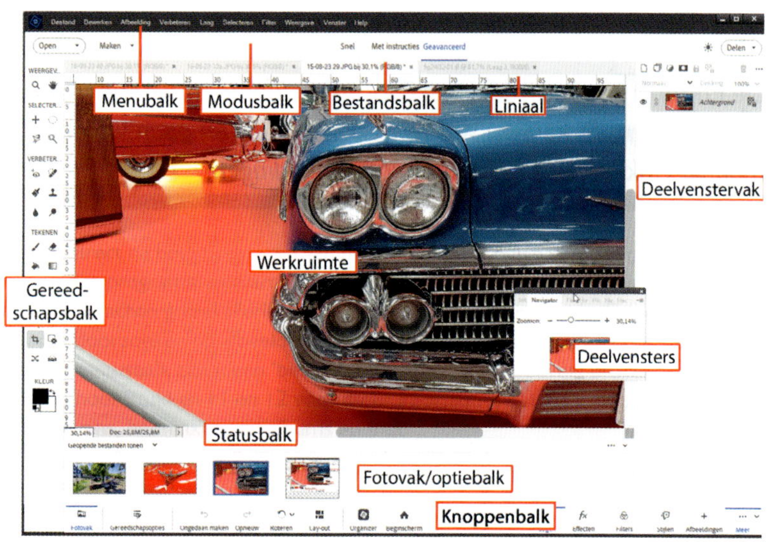

Onderdelen van de Editor.

Is de spreiding in de tijd groter dan de tijdlijn kan tonen, gebruik dan de pijlknoppen aan de uiteinden om de periode op te schuiven. Ook kan de tijdlijn als filter fungeren: verplaats de verticale schuifblokjes aan de uiteinden om de weergegeven periode in de catalogus te beperken (de indicator parkeert zichzelf hierbij automatisch aan de linkerkant van de tijdlijn).

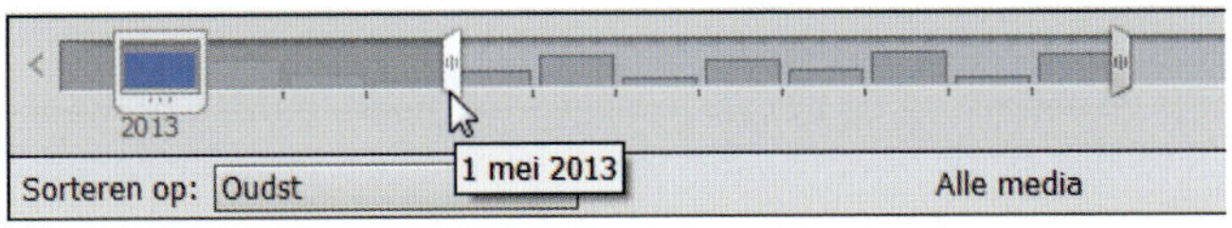

De werkbalk Tijdlijn toont de spreiding van de bestanden over de tijd. Versleep de witte blokjes om de weergegeven periode in te perken.

Werkbalk Tijdlijn werkt niet Werkbalk Tijdlijn functioneert alleen bij weergave van de volledige catalogusinhoud, dus niet als u een deelselectie hebt gemaakt, bijvoorbeeld door een map in het mappenvak te selecteren. Klik in dat geval op de knop **Terug/Alle media**. Ook de gekozen sortering is een randvoorwaarde; bijvoorbeeld sortering op naam heeft niets met tijd te maken.

Datum aanpassen

Afbeeldingen met een sterk afwijkende datum vallen onmiddellijk uit de toon op de tijdlijn. Is er sprake van een onjuiste datum, bijvoorbeeld omdat de klok van de camera verkeerd stond ingesteld, dan kunt u deze achteraf wijzigen:

1. Selecteer de aan te passen afbeelding(en).
2. Gebruik sneltoets Ctrl+J of kies **Bewerken**, **Datum en tijd aanpassen**.
3. Selecteer de optie **In een opgegeven datum en tijd aanpassen**.
4. Wijzig de gegevens en klik op **OK**.

Snelle correcties uitvoeren

Voor het aanpassen van een afbeelding gebruiken we in principe de Editor (klik op de gelijknamige knop centraal onder de knoppenbalk). Maar ook de Organizer heeft enkele bewerkingstrucjes in haar mouw, zijnde globale correcties die eventueel groepsgewijs kunnen worden toegepast. Wilt u bijvoorbeeld een serie foto's een slag lichter maken, doe dan het volgende: selecteer de desbetreffende set en klik op de knop **Repareren** onderin. De tijdelijke reparatiemodus wordt geactiveerd met rechts langs het venster verschillende correctiemogelijkheden. Klik bijvoorbeeld op de knop **Slim repareren**. Met deze functie worden automatisch de kleurbalans en het contrast aangepast (door schaduwrijke gebieden lichter te maken en lichte gebieden donkerder).

Bij andere bewerkingen zoals **Kleur**, **Licht** en **Helderheid** kunt u kiezen uit een reeks voorvertoningen. Klik erop of versleep de indicator of gebruik het muiswieltje voor verfijnde afstemming van het effect. Een rood balkje geeft de oorspronkelijke instelling aan. U kunt eventueel van categorie wisselen en effect op effect stapelen. Is het eindresultaat niet naar wens klik dan op de knop **Herstellen** om opnieuw te beginnen. Met de knop **Omdraaien** kunt u de afbeelding spiegelen.

Onder de knop ***FX*** (Effecten) vindt u een reeks kleurfilters. Deze hebben hun eigen karakteristiek, ook al delen ze soms dezelfde naam met filters in de Editor. Ze zijn niet zo zeer bedoeld om de afbeelding te verbeteren, maar om deze een eigen karakteristiek of stijl te geven. Blader met de muis door de lijst; deze is langer dan u denkt. Ogenschijnlijk rare namen als Zomer, Bueno, Olijf enzovoort maken het makkelijker te onthouden welke u toepast.

In principe wordt de aanpassing op alle afbeeldingen toegepast, tenzij u op weergave voor één foto klikt (knop bovenin). Een slordigheid van het programma is dat een indicator ontbreekt, dus let op welke foto u selecteert.

Klik op **Opslaan** als de wijziging bevalt. Dit kan ook met de knop **Klaar**, maar deze geeft tevens de mogelijkheid terug te keren zonder op te slaan. De aangepaste versie wordt opgeslagen in een kopiebestand waardoor het origineel behouden blijft. Samen vormen zij een zogenoemde versieset, te herkennen aan een pictogram binnen de miniatuur. Met het pijltje langs de rand kunt u de set uitklappen. Dit is overigens alleen zichtbaar in de detailweergave (Ctrl+D).

De snelle reparatiemodus.

Meer over de Organizer

Mocht u direct na het importeren van uw verzameling enige vertraging in de werking van het programma ervaren, dan komt dat wellicht doordat Photoshop Elements op de achtergrond allerlei analysetaken aan het uitvoeren is. Een ervan is de catalogus doorzoeken op afbeeldingen met gezichten en deze rubriceren. Linksonder op de statusbalk ziet u een 'bezig'symbool, en rechts hoeveel procent voltooid is. Zie de hoofdstukken 11 en 12 voor meer informatie, ook over het werken met metagegevens, het maken van albums en meer.

2

Werken met de Editor – snelle modus

De Editor is het onderdeel van Photoshop Elements waarin u afbeeldingen aanpast. In dit hoofdstuk verkennen we de werkomgeving en gaan we aan de slag met de snelle modus. Ook werken we met RAW-afbeeldingen.

Onderdelen van de Editor

Zorg dat u een of meer afbeeldingen in de Editor geladen hebt, bij voorkeur vanuit de Organizer met de knop **Editor**. Andere ingangen zijn de knop **Open** linksboven (de pijl ernaast laat recent geopende bestanden zien) en via het menu **Bestand**. Zet in het laatste geval het bestandstype op **Alle Bestandsindelingen**, anders filtert u mogelijk onbedoeld bepaalde bestandstypen weg. Bovenin kunt u van modus veranderen; voorlopig blijven we even in de geavanceerde modus.

De Editor kent de volgende onderdelen: van boven naar onder zien we de menubalk, modusbalk, bestandsbalk en liniaal en onderaan de statusbalk, fotovak/optiebalk en de grote knoppenbalk (met onder andere een knop om naar de Organizer over te schakelen). Links verticaal zien we de gereedschapsbalk en rechts het deelvenstervak. Sommige onderdelen kunt u in- en uitschakelen:

- Schakel de gereedschappen en het deelvenstervak in via menu **Venster**.
- Schakel de liniaal in via menu **Weergave**, **Linialen**.
- Schakel het fotovak in met de knop **Fotovak**.
- Schakel de optiebalk in met de knop **Gereedschapsopties**.

Het fotovak en de optiebalk delen dezelfde ruimte en kunnen dus niet tegelijk geopend zijn. Er wordt automatisch naar de optiebalk overgeschakeld zodra u een gereedschap kiest. Het deelvenstervak kent een variabele invulling; gebruik de knoppen rechts op de knoppenbalk: **Lagen**, **Effecten**, **Filters**, **Stijlen** en **Afbeeldingen**.

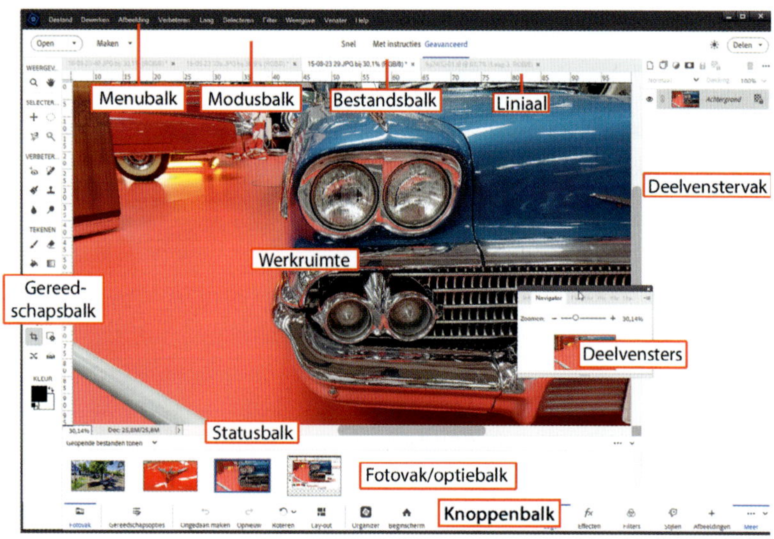

Onderdelen van de Editor.

Gereedschapsbalk

Met de gereedschappen kunt u lokaal wijzigingen aanbrengen (een vorm van controle die bij werken met menu's en vensters doorgaans ontbreekt). Merk op dat ze thematisch gegroepeerd zijn. Wat u ziet is overigens slechts een bloemlezing; de set omvat veel meer gereedschappen. Een indicatie hiervan is een zwart hoekje wanneer u de muis boven een item plaatst. Houd eventueel Alt/Option ingedrukt en klik om langs de varianten te bladeren. Verborgen varianten vindt u ook links op de optiebalk.

Optiebalk

Met de optiebalk die verschijnt zodra u een gereedschap aanklikt kunt u het gereedschap nader instellen. Ieder gereedschap heeft een basisinstelling waarnaar u altijd kunt terugkeren als u de instellingen hebt gewijzigd: klik op de menuknop (drie stipjes) rechtsboven op de optiebalk en kies **Gereedschap herstellen**. Kies eventueel **Alle gereedschappen herstellen** om dit voor alle gereedschappen te doen.

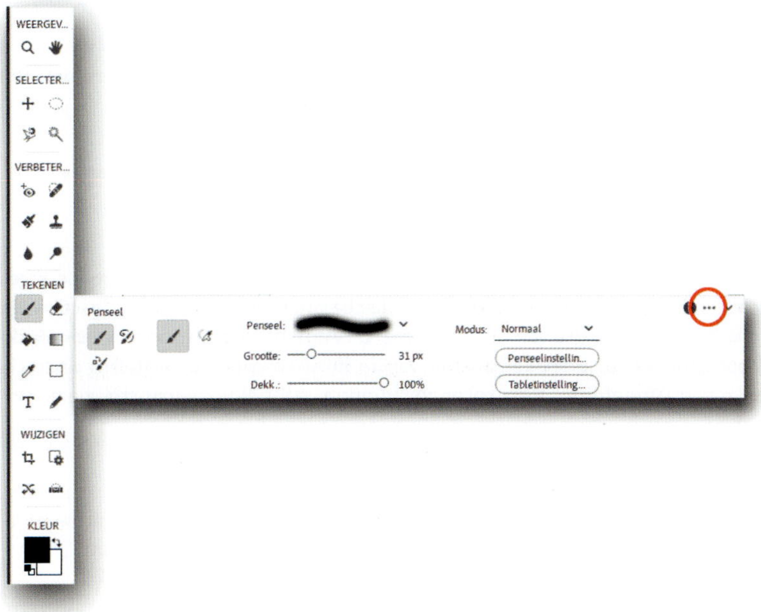

Gereedschapsbalk en optiebalk met gereedschapsvarianten, rechts de menuknop.

Wat doet het? Houd de muiscursor boven een gereedschap om de naam te zien; dit geeft een eerste indicatie waarvoor het bedoeld is (deze functie 'knopinfo' werkt ook bij de andere knoppen). Werkt dit niet, schakel dit dan in via **Bewerken**, **Voorkeuren**, **Algemeen**, optie **Knopinfo tonen**.

Gereedschap en sneltoets Gereedschappen kunt u ook activeren met een letter op het toetsenbord. Welke dat precies is, meldt de knopinfo. Sommige letters zijn van het Engels afgeleid. Zo activeert u het gummetje met de toets E (*eraser*) en het verloopgereedschap met G (van *gradient*).

In- en uitzoomen

Om aan details in een afbeelding te werken zult u we veelvuldig in- en uitzoomen. Dit kan op veel manieren: met het zoomgereedschap (vergrootglas, tevens toets Z), deelvenster Navigator, menu Weergave, het muiswiel en het toetsenbord. Om met het laatste te beginnen: gebruik sneltoetsen Ctrl+ en Ctrl– of Ctrl+1 voor inzoomen op 100% en Ctrl+0 voor inzoomen op venstergrootte.

Klik met het zoomgereedschap op de afbeelding of trek een rechthoekig kader over het beoogde gebied. Gebruik het schuifbalkje op de optiebalk voor traploos zoomen of kies een voorgedefinieerde zoomgrootte met de optieknoppen:

- De optie **Venster passend maken** doet een zwevend venster (zie de paragraaf *Meerdere afbeeldingen* op pagina 20) tijdens het zoomen groeien of krimpen binnen de grenzen van de werkruimte.
- De optie **Alle vensters** regelt dat u gelijktijdig op alle geopende vensters kunt in- en uitzoomen.

Snel wisselen Wissel tussen in- en uitzoomen door Alt (uitzoomen) of Shift (inzoomen) ingedrukt te houden.

De overige opties zoomen naar een vaste grootte: **1:1** zoomt naar 100%, de zogeheten ware grootte, **In venster** en **Voll.scherm** zoomen in naar respectievelijk volle breedte of lengte van de afbeelding, en **Afdrukgrootte** zoomt naar afdrukgrootte (dit laatste is deels afhankelijk van de afdrukresolutie. De instelling vindt u in het menu **Afbeelding**, **Vergroten/verkleinen, Afbeeldingsgrootte**, zie hoofdstuk 5).

Zoomen met muiswiel Zelfs als u een ander gereedschap hebt geselecteerd, kunt u toch zoomen. Houd de Alt-toets ingedrukt en zoom met het muiswieltje. Zonder Alt-toets kan dit ook, verander daarvoor de basisinstellingen: Ga naar **Bewerken, Voorkeuren, Algemeen** en kies **Zoomen met schuifwiel**.

Handje-gereedschap

Het zoom- en het handjegereedschap vormen een twee-eenheid en bevinden zich niet voor niets naast elkaar. Als u sterk bent ingezoomd, kunt u met het handjegereedschap de rest van de afbeelding in het zicht schuiven. Dat kan overigens ook met de schuifbalken onder en rechts van het scherm. Met de spatiebalk kunt u tijdelijk naar het schuifhandje overschakelen als u een ander gereedschap geselecteerd hebt.

Navigator

Deelvenster Navigator is eigenlijk twee gereedschappen in één, zowel zoom als schuifhandje. Bovendien houdt u altijd overzicht op de totale afbeelding. Opschuiven (het rode kader) lukt uiteraard alleen als u bent ingezoomd en delen van de afbeelding buiten het venster vallen.

Linialen

De liniaal (horizontaal en verticaal) geeft inzicht in de ware afmetingen van een afbeelding. Klik eventueel met de rechtermuisknop en kies een alternatieve maateenheid, bijvoorbeeld centimeters. De weergegeven waarde hangt mede af van de resolutie van de afbeelding, zie hoofdstuk 5. Merk op dat de positie van de muisaanwijzer met fijne stippellijntjes in de linialen wordt aangegeven. Dit helpt uw muis beter positioneren.

Linksboven, op het snijpunt van de linialen, bevindt zich het nulpunt of referentiepunt. U kunt dit verplaatsen door het naar een andere plek in de afbeelding te slepen, bijvoorbeeld ter hoogte van de linkerbovenhoek van een bepaald object. Keer terug naar de oude toestand door in het liniaalsnijpunt te dubbelklikken.

Hulplijnen

Door een of meer hulplijnen in de afbeelding te plaatsen kunt u makkelijker de afmeting van bepaalde elementen vaststellen maar vooral ook losse objecten nauwkeuriger positioneren en uitlijnen. Trek een hulplijn met ingedrukte muisknop uit de liniaal.

- Houd tijdens het slepen eventueel Alt in gedrukt om een verticale hulplijn in een horizontale te veranderen en andersom.
- Selecteer het verplaatsgereedschap (of schakel hier tijdelijk naar over met ingedrukte Ctrl-toets) om een geplaatste hulplijn te herpositioneren. Verwijder een hulplijn door deze buiten beeld te slepen of kies **Weergave**, **Hulplijnen wissen** om alle hulplijnen te wissen.
- Onderdruk tijdelijk de weergave van de hulplijn met Ctrl+2.

Raster Schakel als alternatief voor de hulplijn eventueel het raster in via het menu **Weergave**. Met **Weergave**, **Magnetisch** kunt u zowel hulplijnen als het raster magnetisch maken. Dit houdt in dat een verplaatst object binnen bepaalde marges automatisch vastklikt aan de raster/hulplijn. U kunt de fijnmazigheid van het raster instellen via **Bewerken, Voorkeuren, Hulplijnen en raster**.

Deelvensters (ont)koppelen

De basiswerkruimte bevat rechtsonder een serie knoppen waarmee u de inhoud van het deelvenstervak aanpast. Met de knop **Meer** opent u een aanvullend verplaatsbaar venster met samengestelde inhoud (dit kunt u ook activeren via menu Venster of de pijlknop uiterst rechts). Blader langs de naamtabs of gebruik deze om de onderlinge volgorde te wijzigen of zelfs een individueel venster naar een eigen plek te slepen. Terugslepen naar de groep kan natuurlijk ook.

Schakelt u via de pijlknop over naar de **Aangepaste werkruimte**, dan veranderen twee zaken. Op de eerste plaats verdwijnt de knoppenset ogenschijnlijk en duikt op als tabgroep bovenaan het deelvenstervak. Tevens kunt u losse vensters aan het venstervak koppelen (ook wel dokken genoemd). U kunt een venster in het vak slepen of ernaast waardoor dus meerdere kolommen ontstaan. Een blauw oplichtende rand geeft het koppelgebied aan.

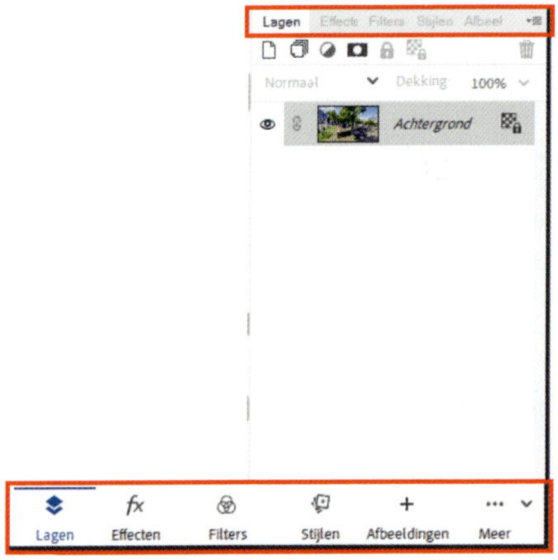

De aangepaste werkruimte verplaatst de knoppenbalk naar boven.

Versleep het deelvenster uit het groepsvenster.

Snel een schoon werkblad Met het openen en verslepen van deelvensters wordt het snel een rommeltje op uw scherm. Met de opdracht **Venster**, **Deelvensters herstellen** herstelt u de standaardweergave. Overbodige deelvensters worden gesloten en de werkbalken worden teruggezet op hun oorspronkelijke locatie.

Meerdere afbeeldingen

Vaak zult u aan meerdere afbeeldingen tegelijk werken. Blader via het fotovak of de naamtab langs de verschillende afbeeldingen. Gebruik eventueel de knop **Lay-out** om meerdere afbeeldingen tegelijk weer te geven. Voor gevorderden: desgewenst kunt u afbeeldingsvensters zwevend maken. Druk op Ctrl+K en schakel de optie

Het lay-outpaneel.

Zwevende documenten toestaan in. Koppelen aan de werkruimte werkt hetzelfde als bij deelvensters, zie de paragraaf *Deelvensters (ont)koppelen* op pagina 19, of schakel gewoon de optie uit.

In de zwevende lay-outmodus kunt u afbeeldingen eventueel buiten het programmavenster plaatsen; een prettige optie als u voldoende schermruimte hebt.

Trucs van het fotovak Via het fotovak kunt alternatieve groepen doorbladeren – niet alleen de geopende afbeeldingen maar ook willekeurig in de Organizer geselecteerde afbeeldingen en de inhoud van eerder gedefinieerde albums (zie hoofdstuk 11). Gebruik hiervoor de keuzelijst links. Dubbelklik vervolgens op een miniatuur om deze in de Editor te laden.

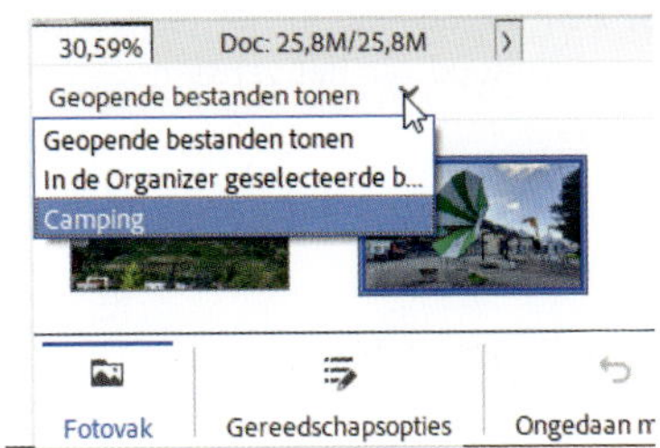

Het openen van alternatieve inhoud via het fotovak.

Verschillende werkmodi

De Editor kent drie werkmodi met elk een eigen aankleding en werkwijze en waartussen u wisselt met de knoppen **Met instructies**, **Geavanceerd** en **Snel**. Laat u niet door de namen afschrikken; de geavanceerde modus is echt niet alleen voor 'experts' bedoeld, net zo min als de instructiemodus uitsluitend voor beginners. Bijvoorbeeld wie een panoramafoto wil maken moet wel langs de instructiemodus.

- De **instructiemodus** is een taakgerichte modus, bestaande uit ruim vijftig (half)automatische handelingen. Zo'n taak kan gericht zijn op het oplossen van een probleem of op het toevoegen van 'iets extra's'. De structuur is stapsgewijs en alles is voorzien van uitgebreide toelichting. Tezamen geven zij een goede indruk van de functionaliteit van het programma.

- De **geavanceerde modus** toont de Editor met het volledige arsenaal aan gereedschappen en een uitgebreide reeks instellingsvensters. Deze modus geeft de meeste keuzevrijheid en wordt ook wel de standaardmodus genoemd.
- De **snelle modus** is gericht op snelle, globale verbeteringen op het gebied van belichting, kleur en scherpte, hoewel er ook (beperkte) opties zijn om lokale correcties aan te brengen. In vergelijking met de geavanceerde modus is de werkomgeving flink uitgekleed.

Het ABC van menu's Menuopdrachten met een vervolgpijl leiden naar een submenu, en die met drie puntjes leiden naar een dialoogvenster waarmee u nadere instellingen kunt maken. Wanneer een menuopdracht niet toegankelijk is, kan dit verschillende oorzaken hebben, bijvoorbeeld de gekozen werkmodus. Andere oorzaken hebben te maken met de actuele 'toestand' in de werkruimte, het gekozen gereedschap, of dat vooraf geen materiaal is geselecteerd.

Snelle modus

Zoals de naam verraadt is de snelle modus bedoeld om snel resultaat te halen zonder dat er specifieke kennis van zaken nodig is. De werkomgeving is een soort uitgeklede versie van de geavanceerde modus – of een aangeklede versie van de reparatiemodus uit hoofdstuk 1. We zien bijvoorbeeld links een gereedschapsbalk, bedoeld voor lokale correcties, maar deze is kariger bedeeld dan in de geavanceerde modus, en dat geldt ook voor allerlei menu's. Maar u krijgt er ook iets voor terug: een reeks (half)automatische functies, zich ophoudend in het taakvenster rechts. Met de knoppen rechtsonder bepaalt u de inhoud van het venster.

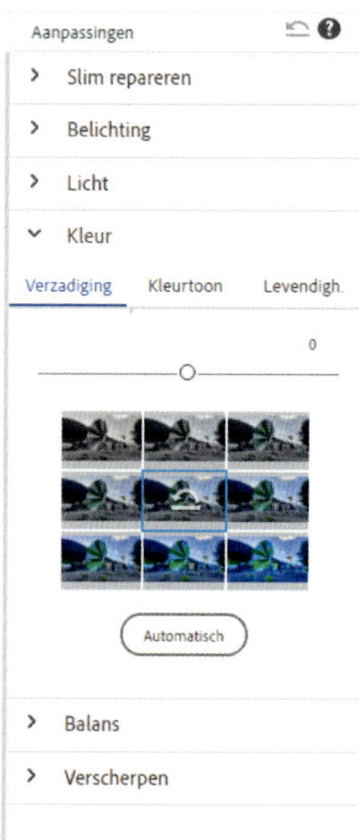

Taakvenster Aanpassing van de snelle modus.

In de snelle modus kunnen we foto's optimaliseren, maar ook een eigen stijl meegeven. In dit laatste geval wordt technische perfectie ondergeschikt gemaakt aan een bepaalde sfeer of *look*. Dit doen we door de foto op te tuigen met kant en klare kleurstijlen, structuren en kaders. Dit kan ten koste gaan van de detaillering, maar als de foto wint aan zeggingskracht spreken we van een goede deal. Maar laten we eerst kijken hoe we een foto kunnen verbeteren.

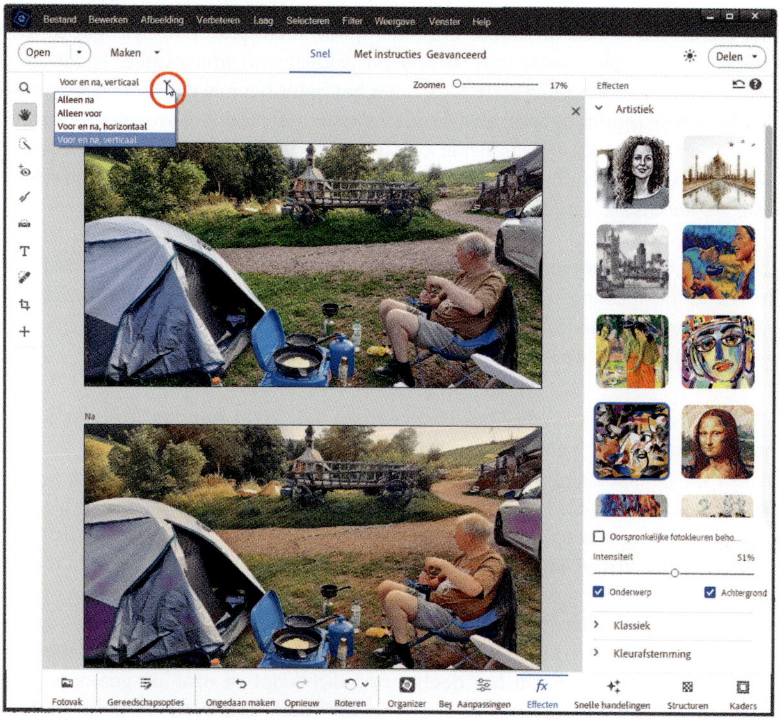

In de snelle modus kunt u het scherm splitsen om origineel en eindresultaat met elkaar te vergelijken.

Rechts het effect van correctie met Belichting.

Selecties maken

Een globale correctie is dan snel gemaakt, maar niet altijd de beste oplossing. Zo kan het zijn dat het probleemgebied wordt opgelost, maar dat tegelijk voorheen neutrale gebieden verslechteren. Of u wilt een correctie verder doorvoeren dan de functie toelaat. In die gevallen is het beter vooraf het deel van de afbeelding te selecteren dat daadwerkelijk correctie behoeft. Dit kan prima in de snelle modus, want de gereedschapsbalk links op het scherm heeft een aardige set selectiegereedschappen, zoals Selectie penseel, Snelle selectie en Automatische selectie. Maar vergeet niet dat de geavanceerde modus dezelfde opties heeft, plus meer. Aangezien een goede selectie maken soms best lastig is, wil je ieder instrument onder handbereik hebben dat ter beschikking staat. Daarom is het beter het maken van selecties in de geavanceerde modus te doen en daarna eventueel van modus te wisselen; de selectie blijft hierbij in takt. Voorts zijn er ook nog afgeleide gereedschappen met selectiekenmerken, zoals tandenborstel, ooggereedschap en retoucheergereedschappen; zie hoofdstuk 4 en 6.

Ook goed om te weten: het heeft alleen zin om handmatig selecties te maken bij correcties (aanpassingen). Bij andere trucs van de snelle modus, zoals het toepassen van structuren of kleureffecten (zie paragraaf *Eigen stijl aanbrengen* op pagina 27), worden zij overschreven.

Corrigeren in de snelle modus

Voor het verbeteren van de afbeelding gebruikt u de knop **Aanpassing**. Het gelijknamige taakvenster kent zes correctiefuncties. De meeste richten zich op één aspect van de afbeelding, met uitzondering van Slim repareren die meerdere aspecten tegelijk aanpakt. Elk kent een matrix van negen voorbeeldjes; die met de blauwe omlijning representeert de actuele situatie. De werkwijze spreekt voor zichzelf: plaats de muis boven een miniatuur en beoordeel de voorvertoning. Zodra u klikt wordt de verandering doorgevoerd. U kunt opeenvolgende wijzigingen eventueel stap voor stap ongedaan maken via de knop **Ongedaan maken** linksonder op de knoppenbalk, of in één keer met de kleine correctieknop boven in het correctievenster (blauwe pijl). Zodra u het deelvenster dichtklapt of naar de geavanceerde modus overschakelt geldt de wijziging als definitief. Eventueel verloren gegaan detail kan dan niet meer worden teruggehaald via het voorvertoningsvenster. Uiteraard kunt u wel nog steeds uw handeling ongedaan maken, zie de paragraaf *Ongedaan maken* op pagina 33. Aangezien de snelle modus veel functies met de geavanceerde modus deelt zullen we de bespreking hier beperkt houden.

- Deelvenster **Slim repareren** past de totale kleurbalans aan en verbetert details in schaduwpartijen en hooglichten. Wat in de volgende vensters wordt uitgesplitst, kan hier met een enkele klik worden uitgevoerd. Omdat deze functie gericht is op het behoud van detail zal het resultaat over het algemeen subtiel zijn.

- Deelvenster **Belichting** past de helderheid van de afbeelding aan, vergelijkbaar met het feller laten branden van een lamp. Een te sterke waarde kan het effect van overbelichting in heldere gebieden veroorzaken waardoor detail verloren gaat. Voor lichtbronnen als de zon of lantaarns is dat geen probleem, maar in bijvoorbeeld een wolkendek is dat ongewenst.

- Met deelvenster **Licht** (vergelijkbaar met Niveaus in de Organizer en geavanceerde modus) kunt u subtiel de helderheid per toongebied aanpassen waardoor u details in lichte en donkere gebieden naar voren kunt halen en het algemene contrast kunt verbeteren.

- Deelvenster **Kleur** past de kleuren in de afbeelding aan. Met **Verzadiging** past u de zuiverheid van de kleur aan. Kleuren zijn zelden 100% puur (verzadigd), maar hebben meestal een zekere hoeveelheid grijs in zich, dit verzacht de kleur. Met de schuifbalk regelt u dus de hoeveelheid grijs. Dit kan oplopen tot 100%, resulterend in een zwart-witafbeelding. Omgekeerd kunt u alle grijs wegfilteren en kleuren onnatuurlijk puur en fel maken. Onderdeel **Levendigheid** is een genuanceerde versie van Verzadiging: hier worden alleen de onverzadigde kleuren aangepast. Hierdoor wordt voorkomen dat andere kleuren die al verzadigd zijn oververzadigd raken. Overigens is ook hier enige terughoudendheid op zijn plaats: in de echte wereld komen verzadigde kleuren absoluut voor, maar het gebeurt zelden dat een scène uitsluitend verzadigde kleuren bevat. Met andere woorden, u kan een afbeelding maken die technisch gezien geen oververzadigde kleuren bevat maar toch wat onnatuurlijk aandoet. Met het onderdeel **Kleurtoon** schuiven de kleuren op: groen wordt blauw, blauw wordt paars enzovoort. U kan ruwe zeebonken groen en geel doen uitslaan, maar het is wel lastig om controle over het totaalplaatje te houden. Daarom is deze optie meer bedoeld voor beperkte gebieden.

Links de grauwe werkelijkheid, rechts een ietwat overdreven aangezette verzadiging via Kleur/Verzadiging.

- Met **Balans** kunt u de kleurtemperatuur aanpassen langs twee kleurdimensies: rood (warmer) versus blauw (koeler), en groen versus magenta. Hiermee kan u een foute witbalansinstelling in de camera corrigeren. Ook oude kleurendia's die de neiging hebben om naar paars te trekken kan u enigszins neutraliseren.

Van boven naar beneden: koude kleurtemperatuur, neutrale kleurtemperatuur en warme kleurtemperatuur.

- Deelvenster **Verscherpen** verscherpt afbeeldingen. Voor de goede orde, dit heeft niets met optisch scherpstellen van een lens te maken, dat zou betekenen dat we informatie kunnen terugwinnen die niet eens is opgeslagen. Verscherpen is een digitale truc waarbij contrast op microniveau wordt aangezet en randen harder worden gemaakt. Het is een subtiel maar belangrijk effect dat vooral de schermweergave ten goede komt; bij afdrukken is het effect minder zichtbaar. Zoom op honderd procent voor u dit toepast. Een teveel aan verscherping leidt al snel tot ruis waardoor de afbeelding een hard, kunstmatig uiterlijk krijgt. Verscherping kan ook al in de camera zijn gebeurd, dus niet iedere afbeelding heeft er baat bij.

Scherper maken Bij het scherper maken van een foto gaat er informatie verloren. Pas deze functie daarom pas als laatste toe en niet midden in een reeks handelingen.

Effectstijlen

Waar de knop **Aanpassing** gaat over verbeteren, zijn de knoppen **Effecten**, **Structuren** en **Kaders** bedoeld voor het aanbrengen van een eigen stijl. Hierbij staan de looks voorop, en niet de technische kwaliteit. De knop ***fx* Effecten** kent drie groepen presets: **Klassiek**, een nieuwe set onder de naam **Kleurafstemming** en **Artistiek**. Elk plaatje binnen de klassieke groep kent minstens vier varianten. Een buitenbeentje is de categorie **Slimme looks** die geen pasklare oplossing heeft, zoals de andere, maar de afbeelding analyseert en indeelt op een aantal veel voorkomende onderwerpen zoals landschap, interieur of vakantiesnapshot, en op grond daarvan de vier meest passende kleurstijlen voorschotelt. Een op maat gemaakte behandeling dus.

Dit nieuwe set **Kleurafstemming** is vergelijkbaar maar pakt wat verrassender uit omdat de miniaturen geen echte preview zijn. Wel kunt u de verzadiging, kleurtoon en helderheid met schuifbalkjes achteraf aanpassen. In de geavanceerde modus biedt deze groep nog een extraatje; aan de lijst presets kunt u een eigen foto toevoegen (via de knop **Importeren**) en daar de kleurstijl van toepassen.

Waar de eerste twee groepen nog redelijk behoudend zijn, gaat het er bij de groep artistieke filters veel uitbundiger aan toe. Veel kleurstijlen zijn ontleend aan bekende stromingen uit de schilderkunst (impressionisme, expressionisme, volkskunst, enzovoort) en zijn tevens voorzien van een passende structuur. Wilt u nadruk op het laatste, schakel dan de optie **Oorspronkelijke fotokleuren behouden** in. Pas eventueel de intensiteit van de stijl aan met de schuifknop onderin. Ook leuk: u kunt het effect desgewenst alleen op het hoofdonderwerp of juist de achtergrond toepassen. Schakel daartoe een van de twee opties uit. Het helpt natuurlijk wel als de foto een duidelijk onderwerp heeft. Vreemd genoeg worden eventuele handmatige selecties, aangebracht met het gereedschap Snelle selectie (sneltoets A), overschreven. Dat is ook het geval bij de twee andere sets, waardoor zij ogenschijnlijk alleen globaal kunnen worden toegepast. Dat lijkt een programmafout, maar toch is er geen man overboord. Het resultaat wordt namelijk naar een aparte laag gekopieerd, met masker. En dat betekent weer dat u achteraf in de geavanceerde modus nog steeds handmatige correcties kunt toepassen.

Een dromerige sfeer met effect Overbelicht.

Een post-impressionistisch effect uit de artistieke groep.

Effect Mozaïek in de artistieke groep.

De artistieke groep biedt de optie om een effect (in dit geval Houtsnede) op de voorgrond of achtergrond toe te passen. De oplettende kijker ziet ook het dilemma: horen tafel en glazen nu wel of niet bij het onderwerp?

Tja, wijzigen van de kleurtoon (groep Kleurafstemming) maakt het er niet altijd beter op.

Effect Kleuraccent (Artistiek).

Beperkingen snelle modus

Voorgaande is niet de enige beperking van de snelle modus. Soms is een effectstijl wel in de richting maar toch niet helemaal wat je voor ogen hebt. Bijvoorbeeld in de klassieke groep, categorie Seizoenen, bevinden zich effecten Sneeuw en Winter, maar geen van beide voldoen voor een echt winters tafereel. Dan moeten we creatief zijn en met eigen oplossingen komen. De twee combineren ligt voor de hand, maar dan blijken de contouren te veel weg te vallen. Daarom heb ik in dit geval gekozen voor de combinatie Sneeuw en effect Potloodschets, plus een masker toegevoegd voor de *finishing touch*. Voor het beoogde resultaat moeten we onvermijdelijk overschakelen naar de geavanceerde modus. Daar kunt u de effecten eveneens kiezen – ze worden slechts op een iets andere manier gepresenteerd – maar ook actief met lagen werken; zie hoofdstuk 7.

U kunt de speelsheid van uw foto verder verhogen door het met een kader te omlijsten, te vinden onder de knop **Kaders**. Helaas is de keuze vrij beperkt. Toch is ook dit niet het hele verhaal. In de geavanceerde modus zijn veel meer kaders te vinden. Maar let op, daar is de werkwijze andersom. Dat wil zeggen, u zet eerst een kader neer en sleept er vervolgens de foto bij, zie hoofdstuk 9.

De knop **Structuur** tot slot is bedoeld om structuur toe te passen. Deze zijn eigenlijk niet bedoeld om op foto's toe te passen, maar om items met een saaie achtergrond net wat meer cachet te geven zonder op te vallen; denk aan een aankondiging of menukaart.

Een afbeelding met een ansichtkaart-frame.

De kleuren net nog wat aangezet met het effect Zomer, categorie Seizoenen uit de klassieke groep.

Verslechterde omstandigheden met effect Herfst.

Dan willen we ook winter zien.

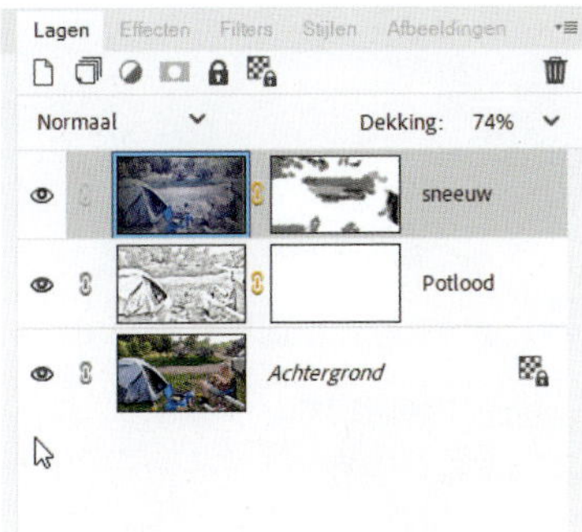

Voorgaand resultaat is niet mogelijk met het gelijknamig effect. Hiervoor is een combinatie van effecten en verdere subtiele aanpassing nodig.

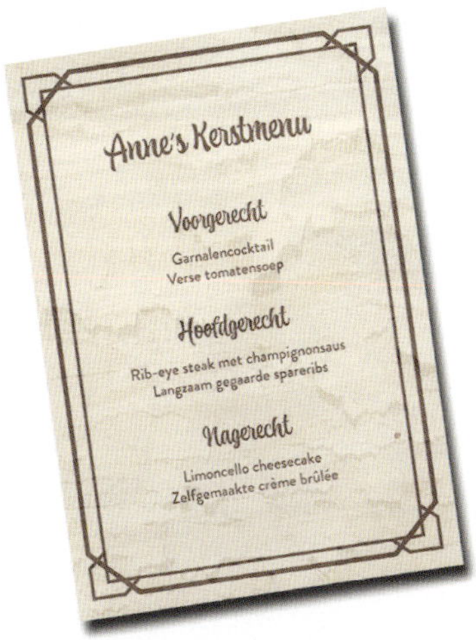

Bepaalde ontwerpen, zoals een menukaart, krijgen wat meer cachet met een structuurachtergrond.

Snelle handelingen

Snelle handelingen (zie de gelijknamige knop rechtsonder) is een nieuwe toevoeging. Het bestaat uit een uitgebreide set geautomatiseerde taken voor de meest uiteenlopende problemen, waarbij de klus in principe met één enkele klik wordt 'gefikst'. Dat klinkt als een mirakel, maar het resultaat hangt natuurlijk erg af hoe behandelbaar de patiënt is. Foto's met een duidelijke voor- en achtergrond hebben de meeste kans op genezing. Wees niet verbaasd dat er nogal wat overlap is met functies elders in het programma.

De handelingen zijn gecategoriseerd in zes groepen, met namen als **Automatisch**, **Achtergrond** en **Creatief**. Wilt u bijvoorbeeld een achtergrond vervagen of alleen maar selecteren, dan is het logisch te shoppen in de categorie Achtergrond. Categorie **AI-bewerkingen** is iets minder eenduidig (de naam lijkt nogal willekeurig gekozen), maar hier vindt u onder andere het inkleuren van een zwart-witfoto, het vervangen van luchten met weinig of geen tekening en de optie om huidskleur bij een portretfoto te verzachten. In de Creatieve groep is Lichteffect het vermelden waard. De vervolgpijl leidt doorgaans naar een instellingsvenster om het effect te verfijnen, zie bijvoorbeeld **Huid egaliseren** in de AI-groep. Maar u kunt ook zomaar naar de geavanceerde modus worden doorverwezen.

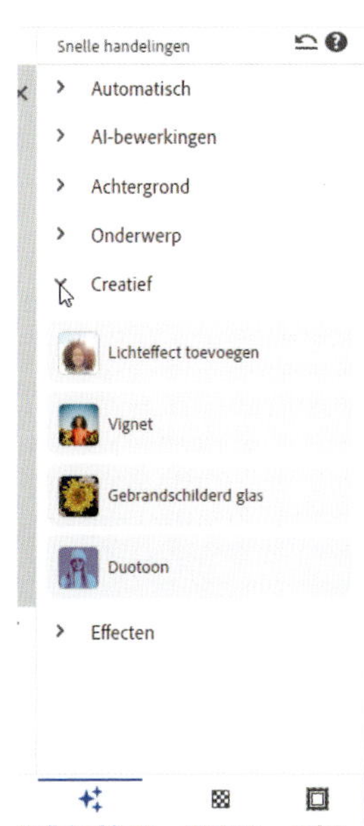

Gegenereerde nieuwe lucht. Vaak is het resultaat te hard, maar dit kunt u terug tunen in de geavanceerde modus.

Huid egaliseren kan traploos worden ingesteld.

Kunnen we van een saaie foto (inzet) nog wat maken? U mag meerdere snelle handelingen combineren; in dit geval Lichteffect en Zonsondergang (beide in de groep Creatief).

Een zwart-witfoto en een met AI ingekleurde variant. In werkelijkheid zijn de stenen overigens grijs.

Het isoleren van het onderwerp en vervagen van de achtergrond met een enkele klik via Snelle handelingen.

Ongedaan maken

Los van de gekozen werkmodus treft u onderaan de knop **Ongedaan** (blauwe kromme pijl) aan, om uw laatste handeling ongedaan te maken. Gebruik eventueel sneltoets Ctrl+Z om stapsgewijs een of meer handelingen terug te gaan. Een ongedaan gemaakte stap kunt u opnieuw uitvoeren met de blauwe pijlknop **Opnieuw**, of gebruik Ctrl+Y. De snelle modus en instructiemodus hebben daarnaast rechtsboven in het deelvenstervak een herstelknop om met een klik terug te gaan naar de begintoestand. De geavanceerde modus heeft nog iets beters: deelvenster **Historie ongedaan maken** (te activeren met functietoets F10), waarin u letterlijk kunt lezen welke stappen zijn uitgevoerd.

Voor gevorderden: het registreren van uw handelingen kost natuurlijk wel computergeheugen. U kunt het maximaal aantal te onthouden handelingen instellen via het voorkeurenvenster: druk op Ctrl+K, kies **Prestaties** en verander de waarde bij **Historiestaten.** In tabblad **Algemeen** kunt u eventueel de sneltoetsen wijzigen voor Ongedaan maken / Opnieuw uitvoeren.

Origineel en resultaat.

- **Kantelen en verschuiven (Speciale bewerkingen)** Deze rubriek biedt diverse opties om met scherptediepte te spelen waarvan Kantelen en verschuiven de meest opmerkelijke is. Hiermee kunt u via een lineair verloop de voorgrond en achtergrond onscherp maken, resulterend in een soort modelbaaneffect. Vooral van toepassing bij stadsgezichten en panorama's met een horizon. De uitwerking van het effect is overigens niet alleen het resultaat van uw instellingen, maar ook de omvang van de afbeelding speelt een rol. Bij grote afbeeldingen is het effect wat genuanceerder toe te passen. Dus als u de foto wilt verkleinen doe dat dan niet vooraf, maar pas na toepassing van het effect.

Kantelen en verschuiven geeft de suggestie van een zeer geringe scherptediepte, iets wat we vooral kennen van macrofotografie. Hierdoor zijn we geneigd te denken dat de fotograaf met zijn neus bovenop het onderwerp heeft gestaan in plaats van op tientallen meters afstand, en dit geeft een modelbaan- of poppenhuiseffect.

- **Orton-effect (Speciale bewerkingen)** Hiermee kunt u portretfoto's een dromerige sfeer geven. Klik eerst op de knop **Orton-effect toevoegen** en verplaats dan de schuifregelaar **Vervaging verhogen**.

Een zwart-witfoto en een met AI ingekleurde variant. In werkelijkheid zijn de stenen overigens grijs.

Het isoleren van het onderwerp en vervagen van de achtergrond met een enkele klik via Snelle handelingen.

Ongedaan maken

Los van de gekozen werkmodus treft u onderaan de knop **Ongedaan** (blauwe kromme pijl) aan, om uw laatste handeling ongedaan te maken. Gebruik eventueel sneltoets Ctrl+Z om stapsgewijs een of meer handelingen terug te gaan. Een ongedaan gemaakte stap kunt u opnieuw uitvoeren met de blauwe pijlknop **Opnieuw**, of gebruik Ctrl+Y. De snelle modus en instructiemodus hebben daarnaast rechtsboven in het deelvenstervak een herstelknop om met een klik terug te gaan naar de begintoestand. De geavanceerde modus heeft nog iets beters: deelvenster **Historie ongedaan maken** (te activeren met functietoets F10), waarin u letterlijk kunt lezen welke stappen zijn uitgevoerd.

Voor gevorderden: het registreren van uw handelingen kost natuurlijk wel computergeheugen. U kunt het maximaal aantal te onthouden handelingen instellen via het voorkeurenvenster: druk op Ctrl+K, kies **Prestaties** en verander de waarde bij **Historiestaten.** In tabblad **Algemeen** kunt u eventueel de sneltoetsen wijzigen voor Ongedaan maken / Opnieuw uitvoeren.

Het venster Historie in de geavanceerde modus waarin uw handelingen chronologisch worden getoond. Klik op een handeling in de lijst, alle handelingen daaronder worden ongedaan gemaakt.

RAW-bestanden

De meeste moderne camera's kunnen in meerdere formaten opslaan, vaak tegelijk zelfs; meestal betreft het JPG en RAW. De laatste is een verzamelnaam voor merkspecifieke RAW-bestandstypen zoals NEF (Nikon), ORF (Olympus), CR2 (Canon), SRW (Samsung), ARW en SRF (Sony). Het verschil met JPG zit 'm in de afhandeling.

Bij elke foto valt het licht door de cameralens op de beeldsensor, maar vanaf daar scheiden de wegen. Bij JPG wordt de informatie doorgestuurd naar de cameraprocessor die de zaak interpreteert, overbodige data weggooit en het restant gecomprimeerd opslaat. Dit resulteert in een relatief compact bestand. Bij RAW daarentegen wordt de processor overgeslagen. Alle sensordata gaan rechtstreeks en ongecomprimeerd naar een opslagbestand. Een stap overslaan lijkt sneller, maar is het niet. De winst wordt tenietgedaan door de hoeveelheid data die moet worden opgeslagen. Bij fotograferen in RAW zit de bottleneck dus bij de opslag, en dit vraagt op zijn minst om een 'snelle' opslagkaart. Waarom dan toch fotograferen in RAW? Onder professionele fotografen is het populair omdat het in principe een groter dynamisch bereik oplevert, zeg maar een betere fotokwaliteit.

Een ander kenmerk is dat interpretatie van de ruwe data nu ons eigen bordje terechtkomt. Daartoe gebruiken we een aanvullend stukje software, de zogeheten Camera Raw-plug-in. RAW-data kunnen dus niet rechtstreeks in de Editor worden geladen. Wanneer de plug-in ontbreekt zal deze worden geïnstalleerd zodra u RAW-bestanden vanuit de Organizer probeert te openen. De plug-in wordt regelmatig bijgewerkt, dus al hebt u een eerdere versie van Elements, dan nog hebt u waarschijnlijk een bijgewerkte versie nodig. Ga hiervoor in de Editor naar **Help, Camera Raw installeren**. De plug-in is best omvangrijk, dus kijk niet vreemd op als de download even duurt. Op het moment van schrijven is 15.5 de meest recente versie. Controleer uw versie met Ctrl+K.

RAW en cameramodel Bij gebrek aan een echte industriestandaard is de plug-in helaas camera-specifiek. Dit houdt in dat het van het cameramodel afhangt of de beeldinformatie gelezen kan worden. De plug-in ondersteunt echter honderden cameramodellen en wordt regelmatig bijgewerkt. Een volledige lijst is te vinden op **helpx.adobe.com/nl/camera-raw/using/supported-cameras.html**.

Werken met de Camera Raw-plug-in

De Camera Raw-plug-in is een soort minibeeldbewerkingsprogramma waarin u grofweg drie soorten aanpassingen kunt maken: kleurbeeld, belichting en scherpte. Daarna stuurt u het eventueel door naar de Editor voor verdere bewerking. Kenmerkend voor de plug-in is dat aangebrachte wijzigingen zogenoemd *non-destructief* zijn. Dat houdt in dat de oorspronkelijke informatie altijd behouden blijft. Er worden dus geen gewijzigde pixelwaarden opgeslagen, maar in plaats daarvan de originele dataset met bijbehorende instructies (beter gezegd: gewijzigde parameters) in een aparte sectie van het bestand.

Verticaal rechts bevindt zich een kleine gereedschapsbalk waarmee u de afbeelding virtueel kunt bijsnijden (zie de paragraaf Uitsnijdgereedschap verderop) en rode ogen kunt corrigeren. Belangrijker is de standaardmodus en u keert hiernaar terug met de bovenste knop, **Bewerken** of sneltoets E.

Zoomen kan met de zoomlijst linksonder, met muiswiel+Alt, of trek een kader met ingedrukte Ctrl-toets. Met het Schuifhandje (rechtsonder) kunt u de ingezoomde afbeelding opschuiven. Met **Passend** (linksonder) keert u terug naar beeldvullend.

Voorts kunt het venster splitsen in een voor- en nascherm. Met toets Q of de knop rechtsonder doorloopt u de verschillende weergaven. Het spreekt voor zich dat verschil pas is te zien nadat u instellingen hebt gewijzigd. Werkt u liever met een enkel scherm, dan kunt u nog steeds snel wisselen tussen de standaardinstelling en uw aangepaste versie. Gebruik hiervoor de backslash-toets (\) of de tweede knop rechtsonder. Alternatief: houd de muis tijdelijk ingedrukt op het oogje.

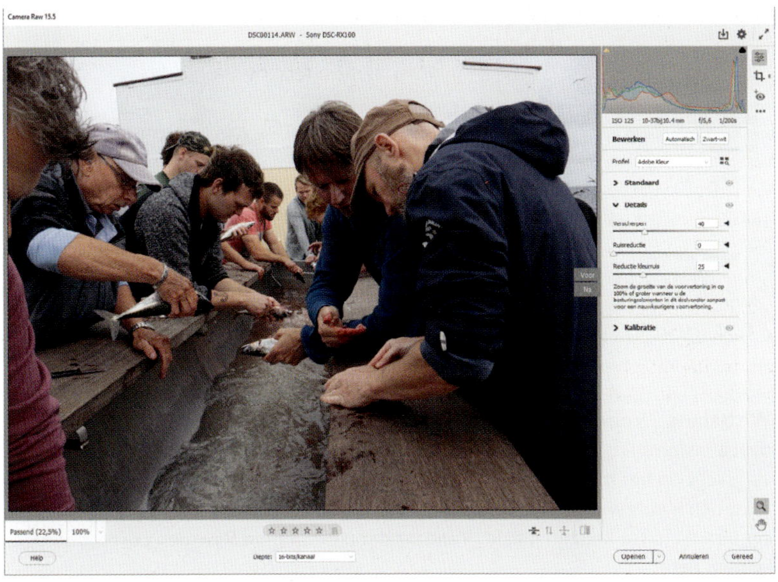

De werkomgeving van de Camera Raw plug-in.

De grafische weergave rechtsboven noemen we het histogram en laat de verdeling van tooninformatie zien en fungeert eventueel als hulpmiddel bij uw aanpassingen. Klik bijvoorbeeld op de knop **Automatisch** om het beeld te optimaliseren (en nogmaals om de correctie ongedaan te maken), of kies een kant-en-klaar profiel; zie volgende paragraaf.

De bewerkingsmodus kent drie uitklapvensters. Binnen **Standaard** past u handmatig belichting en kleurbeeld aan, met het **Details**-venster de scherpte en de hoeveelheid ruis. Het derde onderdeel, **Kalibratie**, is wat minder interessant maar toont een keuzelijst met processen die als het ware het referentiekader bieden waarbinnen wordt gewerkt. Rechtsboven bevindt zich een knop om het resultaat op te slaan in DNG, een door Adobe ontwikkeld generiek RAW-formaat.

Profielen

Een profiel is een kant-en-klare stijl die u op de RAW-afbeelding kunt toepassen. De meegeleverde set kunnen we omschrijven als geoptimaliseerd maar toch met een eigen karakter. Een profiel is geen opgeslagen schuifbalkconfiguratie, zoals u wellicht merkt. De informatie is afkomstig uit een apart XMP-bestand buiten ons gezichtsveld. Voor ons slechts van belang is dat we bovenop het gekozen profiel onze eigen aanpassingen kunnen maken. De lijst profielen kent twee weergaven, Lijst en Raster; de laatste is met voorbeeldjes. Wissel hiertussen met de knop **Meer profielopties** (drie stipjes). Klik op **Bladeren** of de naastgelegen knop om andere categorieën te openen. Klikt u op de ster voor de naam van het profiel (of in het voorbeeld), dan promoveert u dit tot favoriet en verschijnt een kopie in de gelijknamige keuzelijst. Op dezelfde manier kunt het profiel afwaarderen. De lijstweergave geeft de set wat overzichtelijker weer. Sommige categorieën, zoals Artistiek of Modern activeren een extra functie, een schuifbalkje waarmee u de sterkte van het effect traploos kunt instellen.

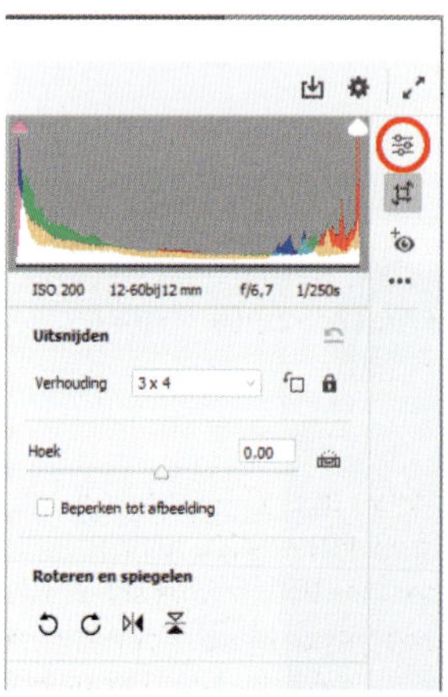

Klik op de knop Bewerken om na gebruik van een gereedschap terug te keren naar de bewerkingsmodus.

Witbalans Voor natuurgetrouwe kleuren dient de witbalans van de camera in overeenstemming te zijn met de karakteristieken van de lichtbron en het omgevingslicht op het moment van fotograferen. Bij een foute handmatige instelling ontstaat een kleurzweem. Een automatisch witbalans is geen volledige garantie dat de camera de juiste keuzen maakt. Vandaar dat u in Camera Raw een correctiemogelijkheid hebt.

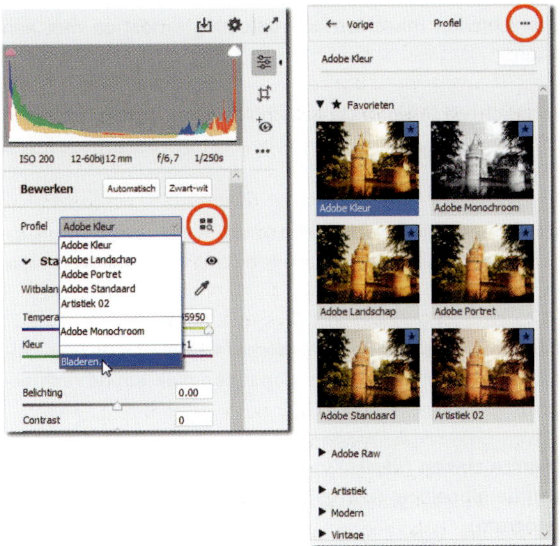

Blader door de profielenkeuzelijst. Schakel eventueel de voorbeeldweergave (Raster) in.

Witbalans instellen

In de bewerkingsmodus onder uitklapvenster **Standaard** kunt u de witbalans instellen; dit houdt in dat u het algemene kleurbeeld aanpast. Dit kan op drie manieren. Bijvoorbeeld via keuzelijst **Witbalans**. Het idee is meestal het corrigeren van kleurzweem en vervangen door een neutraal kleurbeeld (grote kans dat dit lukt met optie **Automatisch**), maar dat hoeft niet per se. Gebruik als alternatief het gereedschap Witbalans (pipetknopje) en klik op een deel in de afbeelding dat neutraal wit, grijs of zwart zou moeten zijn (maar nu niet is). Bedenk dat er geen 'beste' stand is; het is altijd een persoonlijke keuze. Gebruik eventueel de schuifbalken **Kleur** en **Temperatuur** om subtiele veranderingen in het kleurbeeld aan te brengen die meer bij uw smaak passen.

JPG en Camera Raw-plug-in Zoals gezegd is de plug-in bedoeld voor RAW-bestanden. Maar bent u erg gecharmeerd van bijvoorbeeld de opties om de witbalans te corrigeren, dan kunt u in principe ook JPG-bestanden laden. Kies daartoe in de gewone Editor **Bestand**, **Openen in Camera Raw**. Het alternatief is de opdracht **Kleurzweem verwijderen** in de instructiemodus.

Belichting aanpassen

Ook in de bewerkingsmodus in het Standaard-deelvenster vindt u schuifbalken om de belichting aan te passen. Schuifbalk **Belichting** geeft alle pixels dezelfde behandeling: donkere gebieden worden lichter, lichte gebieden worden nog lichter (ook schuifbalk **Contrast** past een globale behandeling toe). Dat heeft het gevaar in zich dat de lichte gebieden helemaal dichtlopen waarin geen detail meer is te ontdekken. Dit wordt ook wel het bijsnijden van pixels genoemd. Voor lichtbronnen zoals de zon en lantaarns en lichtweerspiegelingen is dat normaal, maar bij overige gebieden is dat minder gewenst. Het omgekeerde is overigens ook met donkere gebieden mogelijk. Om dit te voorkomen kunt u de waarschuwingsknoppen aanzetten in de bovenhoeken van het histogram. De dichtgelopen donkere en lichte gebieden worden respectievelijk blauw en rood weergegeven (als alternatief kunt u onder het slepen de Alt-toets ingedrukt houden; dan ziet u een vergelijkbaar effect). Voorts is het afkappen van de informatieverdeling aan weerszijden van het histogram een goede indicator.

De volgende schuifregelaars bieden misschien een oplossing omdat ze met een beperkt toongebied werken:

- Met de schuifbalk **Hooglichten** (*Highlights*) maakt u de hoge lichten in de foto helderder of donkerder. Op die manier kunt u proberen meer detail in de lichte gebieden te krijgen.
- Met de schuifbalk **Schaduwen** (*Shadows*) maakt u schaduwen lichter of donkerder en kunt u proberen meer detail in de donkere gebieden te krijgen (vergelijkbaar met steunflits).
- Met de schuifbalk **Witte tinten** (*Whites*) vermindert of verhoogt u de hoeveelheid puur wit in de afbeelding (corresponderend met een piek aan de rechterkant van het histogram).
- Met de schuifbalk **Zwarte tinten** (*Blacks*) vermindert of verhoogt u de hoeveelheid puur zwart in de afbeelding (corresponderend met een piek aan de linkerkant van het histogram).

Met de schuifbalk **Lokaal cont.** past u het contrast rond randen in de afbeelding aan. Overgangen worden hiermee zachter. Met name huids- en gelaatskleuren profiteren hiervan omdat ze een zachte bijna dromerige gloed krijgen, maar dit gaat wel ten koste van de details. Daarom past het effect minder goed bij ogen en haren die je graag scherp wilt houden. Schuifbalken **Levendigheid** en **Verzadiging** doen hetzelfde als eerder besproken.

Waarschuwing voor dichtgelopen lichte gebieden.

Verscherpen en ruisonderdrukking

Schakel na het instellen van kleur en belichting over op uitklapvenster **Details**.

1. Schakel over naar maximale schermweergave met de knop rechtsboven of toets F.
2. Zoom in op 100% (zoomvak linksonder) en gebruik het handjegereedschap om belangrijke delen in zicht te schuiven.

Deelvenster Details waarmee u scherpte en ruisonderdrukking kunt instellen.

3. Verplaats schuifknop **Verscherpen** om de afbeelding te verscherpen.

   De ene camera levert van zichzelf al scherpere beelden af dan andere, maar als vuistregel is het zelden nodig om een hogere waarde dan 65 te kiezen. Merk op dat verscherping een toename van ruis tot gevolg kan hebben, dus verscherp nooit meer dan nodig. Met de schuifbalk **Ruisreductie** kunt u het nadelige effect dempen.

4. Een wat minder voorkomende vorm is kleurruis. Deze uit zich in de vorm van 'verdwaalde' gekleurde pixels, meestal in schaduwrijke gebieden. Dit kunt u bestrijden met schuifknop **Reductie kleurruis**.

Een Raw-foto zonder nadere aanpassingen (inzet). En dezelfde foto met toegepast profiel Artistiek 02.

Links een foto met veel kleurruis, rechts de onderdrukte versie.

Uitsnijdgereedschap

Met het uitsnijdgereedschap kunt u een uitsnede van de afbeelding maken voor u deze naar de Editor doorstuurt; dat kan ook via de keuzelijst. Ook nu weer: de weggesneden pixels blijven gewoon bewaard. Pas de uitsnede eventueel aan via de hoekpunten. Wilt u een alternatieve lengte-breedteverhouding maar lukt dat niet, klik dan op het slotje. Verdraai de uitsnede door buiten het kader met de muis te slepen. Voorts vindt u opties om de afbeelding te spiegelen of te roteren. Een slordig genomen foto met scheve horizon kan hier ook worden hersteld. Klik op de knop **Rechttrekken** en trek een lijn langs de horizon.

Doorsturen naar de Editor

Sla de afbeelding eventueel op als DNG als u anderen (op andere computers) aan het bestand wilt laten werken. Gebruik hiervoor de onopvallende knop boven het histogram. Er verschijnt een dialoogvenster waarin u nadere zaken kunt instellen zoals de opslaglocatie en de compatibiliteit met eerdere versies. Als u Alt ingedrukt houdt blijft dit venster achterwege. Controleer voor u de afbeelding doorstuurt of de bitdiepte op 8 bits staat ingesteld (centraal onderaan). Sommige effecten in de Editor werken namelijk alleen met 8 bits; ook bij JPG is 8 bits de standaard. Klik vervolgens op **Openen**. Is doorwerken in de Editor niet de bedoeling, kies dan **Gereed** – ook dan blijven de gewijzigde instellingen gewoon bewaard.

Meerdere RAW-bestanden verwerken Voor gevorderden: eenmaal gekozen instellingen kunt u makkelijk op andere foto's toepassen. Dit is handig als u grote aantallen foto's onder gelijke omstandigheden hebt gemaakt (denk aan studiofotografie) en dezelfde behandeling wilt geven. Open hiertoe meerdere RAW-bestanden en pas een van de foto's aan. Selecteer vervolgens de overige foto's in de filmstrip die u eenzelfde behandeling wilt geven en klik op de Edit-knop in een van de voorbeelden. Het synchronisatievenster opent; klik daar op **OK**.

JPG in Camera RAW Bevalt de plug-in u zo goed dat u ook er wel JPG-bestanden doorheen wilt halen, open deze dan vanuit de Editor met **Bestand**, **Openen in Camera Raw**.

3

Instructiemodus

De Editor kent drie aankledingen: naast de snelle modus en geavanceerde modus is er de instructiemodus. Dit is de meest gestructureerde werkomgeving en bestaat uit enkele tientallen taken die volgens een stappenplan naar een vooraf gesteld einddoel toe werken. De beginnende gebruiker zal zich hiertoe aangesproken voelen omdat bij veel taken nauwelijks enige kennis vereist is. Ook geven zij tezamen een goed overzicht waartoe Photoshop Elements in staat is. We bespreken de meest interessante.

Instructiemodus

Het eigene van de instructiemodus is misschien het best te omschrijven met een stukje beeldspraak. Zo kunnen we de geavanceerde modus zien als een goed uitgeruste keuken waarbij de opdracht luidt: hier zijn de pannen, daar de lepels, breng uw ingrediënten mee en ga uw gang. De opdracht in de instructiemodus daarentegen luidt: geef me je hand, we gaan een appeltaart bakken. Structuur en instructie zijn de kernwoorden en het einddoel is vooraf duidelijk. Dit heeft voor- en nadelen. Je weet direct waar je aan toe bent en krijgt min of meer een soort *succes gegarandeerd*-certificaat bijgeleverd. Ook kan de instructiemodus door haar veelzijdige inhoud u wellicht op nieuwe ideeën brengen. Maar tegelijk is het ook een keurslijf waar je een beetje gemakzuchtig van wordt. Merk bijvoorbeeld op dat alle menu's zijn uitgeschakeld. Nu is het gelukkig wel zo dat men na afloop van zo'n taak altijd door kan schakelen naar een van de andere modi.

Overeenkomsten met de snelle modus zijn er ook. Zo kunt u beide splitsen in een voor- en nascherm en stapsgewijs kunt u terugkeren naar een eerdere toestand met knop **Ongedaan maken** of naar de begintoestand met knop **Afbeelding herstellen**; met **Annuleren** keert u terug naar het takenoverzicht. Is een en ander naar tevredenheid, gebruik dan de knop **Volgende** om het resultaat te bevestigen, te delen op sociale media of in andere modi verder te bewerken. Wilt u inzoomen, gebruik dan muiswiel+Alt-toets, en de spatiebalk om het ingezoomde deel op te schuiven.

De ruim zestig taken zijn verdeeld over meerdere rubrieken, zoals **Basisbeginselen**, **Grappige bewerkingen** en **Photomerge**. Het aantal is zo groot, en de overlap behoorlijk, dat u misschien door de bomen het bos niet meer ziet. Daarom vindt u rechts op de menubalk een zoekfunctie. Typ bijvoorbeeld termen als *landschap*, *tekst*, *collage*, *beweging* of *achtergrond* en u krijgt de taken te zien die iets met dat thema doen.

mijn.cc/psel2413

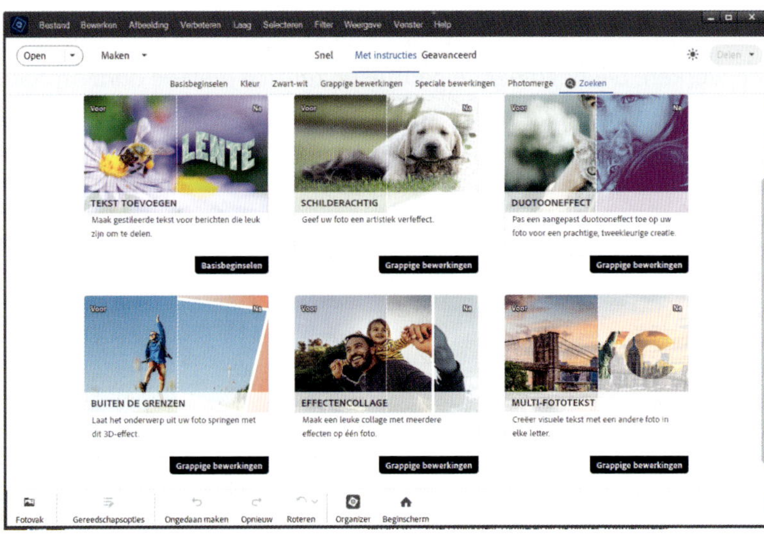

Instructiemodus met rechts de zoekfunctie.

- **Huidskleur corrigeren (Basisbeginselen)** Dit is bedoeld voor portretfoto's. Klik met het pipet op een huidskleur. Hiermee kunt u een huidtint subtiel aanpassen en een bestaand blosje op de wangen iets versterken. Merk op dat de achtergrond helaas ook mee kleurt. Als u dit niet wilt, dient u vooraf in de andere modi een selectie te maken.

Effect Huidskleur corrigeren uit de rubriek Basisbeginselen.

- **Vigneteffect (Basisbeginselen)** Dit zorgt voor lichtafval langs de randen. Dit maakt een foto al snel wat intiemer. Het effect heeft ook een variant waarbij u de randen juist kunt overbelichten.

- **Object verwijderen (Basisbeginselen)** Met deze optie kunt u objecten doen verdwijnen. Het gat wordt automatisch opgevuld met gelijkend omgevingsmateriaal.

Prettig bij het doen verdwijnen van objecten is dat het selectiegebied niet heel nauw hoeft te omsluiten.

- **Object verplaatsen en schalen (Basisbeginselen)** Soms verbetert de compositie van een foto als het hoofdobject op een andere plek wordt gezet. De werkwijze lijkt op het voorgaande maar in plaats van doen verdwijnen sleept u het geselecteerde object naar een andere plek (zie afbeelding op volgende pagina). Let op dat als u het object 'dieper' in de afbeelding plaatst het ook iets kleiner schaalt via een hoekpunt van het selectiekader. In de praktijk zal de functie meestal wat nabewerking nodig hebben, daarom treft u als laatste stap het snel retoucheerpenseel. Hiermee kunt u te veel mee gekopieerd materiaal verbloemen.

Linksonder de oorspronkelijke plek; deze wordt automatisch opgevuld nadat het object een nieuwe bestemming heeft gekregen. Vergeet het object niet te schalen als het perspectief van de afbeelding dat vereist.

- **Tekst toevoegen (Basisbeginselen)** Hiermee kunt u tekst langs rechte en kromme lijnen plaatsen. Dat kan een zelf getekende lijn zijn, of de contour van een grillig selectiegebied, of van een kant-en-klare vorm. De laatste is meestal te prefereren omdat individuele letters bij grillige vormen de neiging hebben te kantelen wat de leesbaarheid niet ten goede komt. Eventueel kunt u dit bestrijden met een paar toegevoegde spaties. Ook voor het optimaal positioneren bieden een paar spaties aan het begin van de tekst soms uitkomst. Handig is dat de opmaak ook direct onder handen wordt genomen, met schaduwen en mooie verloopkleurtjes. Op zich is de functionaliteit niet nieuw (zie hoofdstuk 9), maar wel nieuw voor deze modus.

In dit voorbeeld is gekozen voor de optie Tekst op vorm.

- **Kleurzweem verwijderen (Kleur)** Kleurzweem ontstaat door een verkeerd ingestelde witbalans op de camera. Bij RAW-opnamen kunt u dat oplossen met de Raw-plug-in (zie hoofdstuk 2); JPG-opnamen zijn op deze werkwijze aangewezen. Klik met een pipet op een gedeelte dat wit, grijs of zwart zou moeten zijn en de kleurbalans wordt hersteld. Klikt u op een 'verkeerd' gebied, dan introduceert u juist extra kleurzweem.

- **Verzadigd film Effect (Kleur)** Versterkt de kleuren alsof het een verzadigde dia of technicolorfilm is. Het effect is te vergelijken met de schuifbalk **Verzadiging** uit **Kleur verbeteren**.

Rechts Verzadigd filmeffect uit rubriek Kleur.

- **Lomo-effect (Kleur)** Lomo is van oorsprong een soort anticamera uit Rusland. Te slecht voor woorden, maar daarom kreeg het apparaat een cultstatus. Het effect maakt opzettelijk een puinhoop van de kleuren en creëert lichtafval rond de randen (vignettering).

Het lomo-effect met 'vieze' kleuren dat ook wel weer iets aparts heeft.

- **Zwart-wit kleuraccent (Zwart-wit)** Benadruk een onderwerp binnen de foto door de achtergrond zwart-wit te maken. Dit doet u door een 'bewaarkleur' te kiezen, de dominante kleur van het object. Er zijn twee methoden: kies de hoofdkleur met behulp van vier voorvertoningen of klik met een pipet op de dominante kleur van het hoofdonderwerp. Hoe meer het hoofdonderwerp een uitgesproken kleur heeft, des te sterker het contrast tussen voor- en achtergrond. U kunt het effect plaatselijk dempen of versterken met de knop **Effect verfijnen**. Als het hoofdobject geen onderscheidende kleur heeft of juist bontgekleurd is, kies dan variant Zwart-wit selectie. Vervolgens kunt u met een selectiepenseel de contouren van het onderwerp aangeven waarvan de kleur bewaard moet blijven.

Zwart-wit kleuraccent benadrukt het hoofdonderwerp door middel van kleur.

Zwart-wit kleuraccent kan ook een subtiel resultaat opleveren. Ook hier is rood als bewaarkleur gekozen, maar omdat er kennelijk niet veel rood in de afbeelding zat, resulteert dit in een vrijwel zwart-wit resultaat. Het weinige rood in de huidskleur is vervolgens versterkt door de verzadiging te verhogen.

- **High key en Low key (Zwart-wit)** Hiermee kunt u van een kleurenfoto een zwart-witfoto maken waarin respectievelijk lichte tonen of juist schaduwen overheersen. Deze effecten zijn vooral geschikt voor portretten. High key maskeert eventuele oneffenheden, Low key suggereert meer drama.

Links een low key portret. Rechts een high key portret.

- **Lijntekening (Zwart-wit)** Dit maakt zoals de naam al doet vermoeden een lijntekening van de foto. Niet elke foto is even geschikt; deze moet voldoende contrast van zichzelf hebben.

Het effect Lijntekening komt het best tot zijn recht bij foto's met contrastrijke rechte lijnen.

- **Perfect portret (Speciale bewerkingen)** Alle gereedschappen om een portret een verjongingskuur te laten ondergaan zijn hier bij elkaar gebracht. De belangrijkste zijn het vervagingsgereedschap om een poreuze huid te maskeren en het retoucheerpenseel om rimpels en andere oneffenheden glad te strijken.

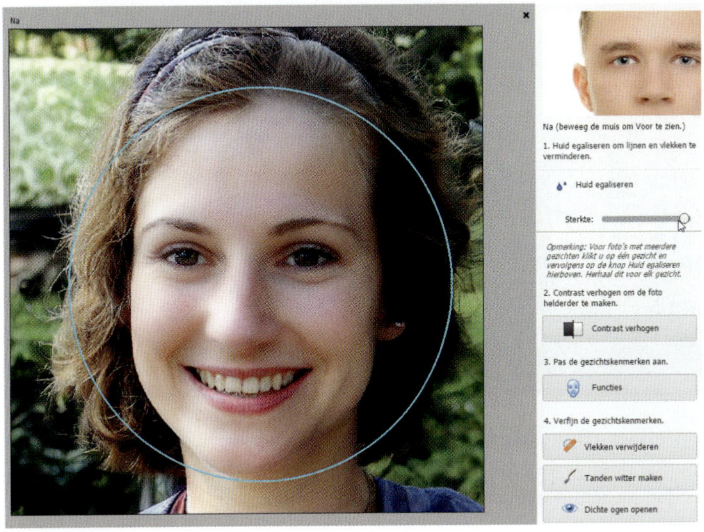

Alle gereedschappen om een portret jonger te maken zijn hier bijeen gebracht.

Origineel en resultaat.

- **Kantelen en verschuiven (Speciale bewerkingen)** Deze rubriek biedt diverse opties om met scherptediepte te spelen waarvan Kantelen en verschuiven de meest opmerkelijke is. Hiermee kunt u via een lineair verloop de voorgrond en achtergrond onscherp maken, resulterend in een soort modelbaaneffect. Vooral van toepassing bij stadsgezichten en panorama's met een horizon. De uitwerking van het effect is overigens niet alleen het resultaat van uw instellingen, maar ook de omvang van de afbeelding speelt een rol. Bij grote afbeeldingen is het effect wat genuanceerder toe te passen. Dus als u de foto wilt verkleinen doe dat dan niet vooraf, maar pas na toepassing van het effect.

Kantelen en verschuiven geeft de suggestie van een zeer geringe scherptediepte, iets wat we vooral kennen van macrofotografie. Hierdoor zijn we geneigd te denken dat de fotograaf met zijn neus bovenop het onderwerp heeft gestaan in plaats van op tientallen meters afstand, en dit geeft een modelbaan- of poppenhuiseffect.

- **Orton-effect (Speciale bewerkingen)** Hiermee kunt u portretfoto's een dromerige sfeer geven. Klik eerst op de knop **Orton-effect toevoegen** en verplaats dan de schuifregelaar **Vervaging verhogen**.

Een dromerige stijl met het Orton-effect.

- **Scherptediepte (Speciale bewerkingen)** Dit lijkt op Kantelen en verschuiven, zij het dat hier met een cirkelvormig scherptegebied wordt gewerkt (variant **Eenvoudig**). Vaak wordt dit gebruikt om intieme close-up-portretten met minimale scherptediepte na te bootsen. Variant **Aangepast** geeft meer controle, in die zin dat u met een selectiepenseel nauwkeurig kunt aangeven welk deel niet vervaagd mag worden. Dit geeft een goede basis, maar vaak is nog een *finishing touch* nodig, en dat kan alleen in de geavanceerde modus. Gebruik een penseel om het masker nauwkeurig in te stellen, zie hoofdstuk 7.

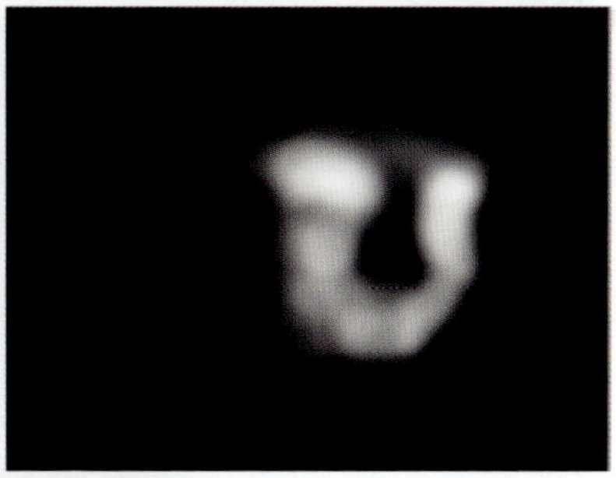

Origineel en laagmasker. Foto: Steve McCurry.

Met Scherptediepte bootst u een intieme portretfoto na. Door de scherpte van de foto tot bepaalde elementen te beperken met behulp van een extra laag en een masker kunt u de aandacht van de kijker richten.

- **Kadermaker (Speciale bewerkingen)** Hiermee kunt u een foto gebruiken als kader voor een andere foto. Gebruik de selectiegereedschappen om een binnengebied te selecteren, dus niet het kader zelf. Wat de vorm betreft hebt u twee mogelijkheden: zelf tekenen met penseel of veelhoeklasso, of gebruikmaken van vormen en contrastverschillen binnen de foto zelf. In dat geval gebruikt u de toverstaf of het snelle selectiepenseel. Mocht het met de laatste gereedschappen makkelijker zijn om een buitenrand te selecteren, keer de selectie dan wel om met Ctrl+shift+i. Hoe groter het selectiegebied, des te meer ruimte overblijft voor de latere foto. U kunt het kader eventueel opslaan om later op andere foto's toe te passen. Het wordt in de verzameling opgenomen in de subcategorie Eigen kaders. Schakel tot slot over naar de geavanceerde modus om het nieuw gemaakte kader daadwerkelijk toe te passen. Doe dit door een andere foto vanuit het fotovak erheen te slepen. Vervolgens kunt u die foto op maat schalen met de schuifbalk linksboven.

Een foto voorzien van een eigen kader.

Sleep in de geavanceerde modus een foto naar het kader en gebruik de schuifbalk om de projectiegrootte in te stellen.

- **Zoomexplosie (Grappige bewerkingen)** Zoomexplosie voegt dynamiek aan de afbeelding toe. Omdat het effect zich vanuit het midden verspreidt, kan het nodig zijn om de afbeelding vooraf bij te snijden als het object onvoldoende gecentreerd is. Met de knop **Scherpstellingsgebied toevoegen** kunt u bepaalde gebieden van het effect ontdoen. Hoewel u een lijntje trekt, is het dempend effect cirkelvormig. Hoe langer de lijn, des te geleidelijker de overgang tussen bewerkt en onbewerkt.

Effect Zoomexplosie voegt dynamiek aan de foto toe.

- **Buiten-de-grenzen (Grappige bewerkingen)** Met Buiten-de-grenzen wekt u de suggestie van een derde dimensie door een stukje beeld uit het fotokader te laten 'ontsnappen'. De truc is simpel maar effectief: het fotokader wordt in perspectief gezet en kleiner gemaakt dan de foto in werkelijkheid is. Vervolgens kunt u met een speciaal selectiepenseel delen die buiten het kader vallen tevoorschijn halen. Door de aard van het gereedschap werkt dit vooral bij objecten met een contrasterende achtergrond. Mocht de selectie niet naar wens zijn, bedenk dan dat u in de geavanceerde modus eventuele selectiefouten kunt herstellen.

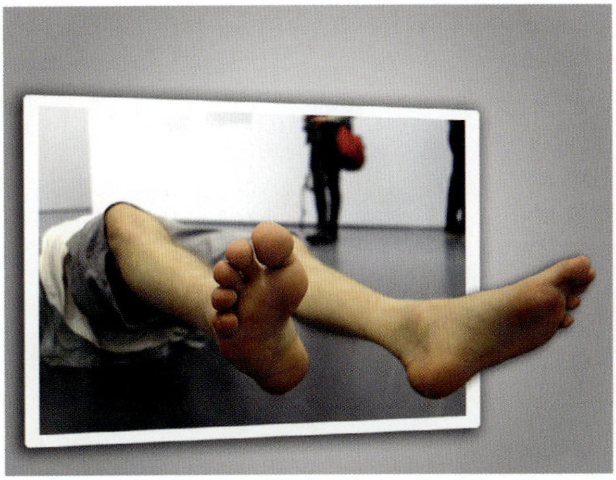

Het deels buiten het fotokader plaatsen met het Buiten-de-grenzen-effect.

- **Schilderachtig (Grappige bewerkingen)** Hiermee geeft u de afbeelding een schilderachtig effect door met een penseel onaffe randen te suggereren. Het doet denken aan een vuil raam dat vluchtig is schoongeboend en daardoor een soort kijkglas wordt. Een leuk effect dat op vrijwel iedere afbeelding toepasbaar is. Met de vervolgstappen kunt u een canvasstructuur en een schildereffect toepassen – ook leuk, maar niet iedere afbeelding leent zich hier even goed voor. Het schildereffect verminkt de afbeelding enigszins en dat moet de scène wel kunnen 'handlen'.

Effect Schilderachtig.

- **Effectencollage (Grappige bewerkingen)** De afbeelding wordt opgedeeld in meerdere segmenten, maar wel zo dat het totaalbeeld behouden blijft. Vervolgens wordt op elk segment een apart effect losgelaten. Ideaal om een saaie foto op te pimpen.

- **Snelle overlay (Grappige bewerkingen)** Kleine elementen op de voorgrond kunnen een foto meer diepte geven en speelser maken; dit geldt met name voor landschapsfoto's. Ontbreekt het eraan, dan kan dit achteraf worden

Toegevoegde content met Snelle overlay geeft de foto wat meer diepte.

toegevoegd met Snelle overlay, een kleine bibliotheek met fotorealistisch materiaal, voornamelijk bestaande uit plantjes en bladeren. Hiermee kunt u hoeken van de afbeelding opvullen, waardoor de aandacht bij het centrale object blijft. Met schuifknoppen kunt u de tint van het toegevoegde materiaal aanpassen en zo beter in overeenstemming brengen met het totaalbeeld. Ook kunt u onscherpte toepassen voor meer dieptewerking.

De bibliotheek bestaat vooral uit natuurlijk materiaal.

Effectencollage, een effectieve manier om een saaie foto op te pimpen.

- **Weerspiegeling (Grappige bewerkingen)** Hiermee kunt u een spiegelend wateroppervlak suggereren. Leuk idee, maar er zijn maar weinig scènes waarin dit effect goed tot zijn recht komt.

- **Pop-art (Grappige bewerkingen)** Dit effect is een knipoog naar Andy Warhol en verdeelt de foto in vier versies met elk een eigen hoofdkleur. Dit werkt het best bij scènes die van zichzelf niet al te druk zijn en voldoende contrast hebben. Maak de foto eerst vierkant met het uitsnijdgereedschap in de geavanceerde modus (Alt-toets ingedrukt houden) voor u het effect toepast.

- **Fotostapel (Grappige bewerkingen)** Dit deelt een individuele foto ogenschijnlijk op in meerdere foto's door creatief gebruik van fotoranden.

Fotostapel-effect.

- **Puzzeleffect (Grappige bewerkingen)** Dit geeft de foto een jigsaw-puzzelstructuur waarbij u zelfs individuele stukjes uit de achtergrond kunt halen.

Puzzeleffect.

- **Snelheidseffect (Grappige bewerkingen)** Hiermee geeft u een onderwerp de suggestie van snelheid mee door toevoeging van vervagingsstrepen. Dit gaat in drie stappen: eerst geeft u nauwkeurig de contouren van het object aan, vervolgens pas u het effect toe (gebruik het draaiwieltje om de richting van het effect te bepalen) en als derde poetst u het effect op de afbeelding weg waar dat ongewenst is. Dit laatste kan soms wat lastig zijn binnen de instructiemodus. In de meeste gevallen biedt de knop **Effect verfijnen**, waarbij u handmatig te werk gaat, beter resultaat dan **Scherpstellingsgebied toevoegen**. Gebruik eventueel toetsen [en] (rechthoekige haakjes dus) om de diameter van het penseel aan te passen. Tip: soms heeft het resultaat baat bij een vierde stap, namelijk perspectief toevoegen. Dit doet u in de geavanceerde modus, zie hoofdstuk 8.

Het snelheidseffect komt vaak wat beter tot zijn recht als u een beetje perspectief toevoegt.

- **Snel pannen (Grappige bewerkingen)** Een variant op het voorgaande, maar nu wordt de hele achtergrond onscherp gemaakt – behalve de objecten die u vooraf selecteert. Het krijgt het effect van een meebewegende camera. Een nadeel is dat de selectiegereedschappen beperkte mogelijkheden hebben, maar niet getreurd: in de geavanceerde modus kunt u de puntjes op de i zetten door het masker achteraf aan te passen.

Effect Snel pannen.

- **Dubbele belichting (Grappige bewerkingen)** Hiermee verkrijgt u een surrealistisch effect door belichtingsinformatie van twee foto's op elkaar te laten inwerken. Hiertoe worden een paar hulpfoto's meegeleverd, maar het staat u vrij een tweede foto uit uw eigen catalogus te kiezen. Ondanks een paar instellingsopties is het resultaat vrij onvoorspelbaar, maar dat is juist de bedoeling. Termen als psychedelisch of hallucinerend zijn beter van toepassing. Dit is nog te versterken door bij de laatste stap een kleurfilter toe te passen. Merk op dat het resultaat in de geavanceerde modus uit vele lagen (zie hoofdstuk 7) is opgebouwd. De gevorderde gebruiker kan het effect hier wat meer naar zijn hand zetten door het op ongewenste plaatsen uit te gummen.

Effect van dubbele belichting. In de geavanceerde modus kunt u het effect iets meer naar uw hand zetten.

- **Duotooneffect (Grappige bewerkingen)** Met dit effect reduceert u het kleurbeeld, vergelijkbaar met zwartwit, maar dan met twee kleuren naar eigen keuze. Gebruik dit effect als u de 'nadrukkelijkheid' van het beeld wilt afzwak-

Een duotooneffect met lineair verloop.

ken. Het beeld wordt er meestal niet mooier op maar 't kan handig zijn als u andere accenten wilt leggen; denk aan een toegevoegde tekst of als onderdeel in een collage. Kies een lichte en donkere tint om voldoende contrast in de afbeelding te houden. Pas het effect eventueel toe als verlooptint en probeer hierbij diverse verlooprichtingen uit voor het beste resultaat. Omdat het een kleurfilter over een zwart-witfoto is, kunt u ook de dekking van het effect instellen. Tot slot, vergeet niet naar stap 4 door te scrollen waar u desgewenst een masker op het effect kunt toepassen.

- **Waterverfeffect (Speciale bewerkingen)** Hiermee geeft u uw afbeelding een aquarel-look. Schrik niet als deze bij stap 1 in een zwart-witbitmap verandert. Dit is een tussenfase die rechtgetrokken wordt bij stap 2 (Waterverf papier). Gebruik bij stap 4 hooguit een lichte toets om verloren detail terug te krijgen, anders wordt het effect te zeer verstoord.

Waterverfeffect – deze taak biedt ook de optie om tekst toe te voegen.

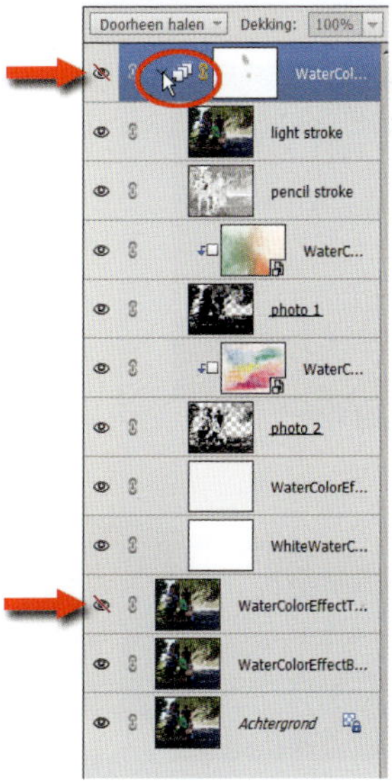

In de geavanceerde modus ziet u dat het waterverfeffect uit vele laagjes is opgebouwd. Merk op dat de bovenste laag een groepslaag is die u kunt dichtvouwen. Om het origineel terug te zien hoeft u slechts twee lagen uit te schakelen.

- **Vormoverlay (Grappige bewerkingen)** Met Vormoverlay kunt u het hoofdobject in een speelse uitsnede plaatsen. Vervolgens kunt u de aandacht op het hoofdobject versterken of verminderen door een aanvullend effect op het buitengebied toe te passen of door de transparantie aan te passen.

Met Vormoverlay zet u het hoofdonderwerp in een speelse uitsnede.

- **Achtergrond vervangen (Speciale bewerkingen)** Met dit effect kunt u uw hoofdonderwerp tegen een andere achtergrond plaatsen. Ook nu weer kunt u een eigen achtergrond gebruiken of er een kiezen uit een voorbeeldset. De meeste tijd gaat in het maken van een goede selectie zitten. Maak ook zeker gebruik van de hulpmiddelen om de puntjes op de i te zetten, zoals Penseel Randen verfijnen bij stap 4. Als u dan nog niet tevreden bent, bedenk dat de selectie in een masker wordt omgezet waardoor u ook achteraf aanpassingen kunt maken in de geavanceerde modus.

Een overbelichte achtergrond vervangen.

- **Perfect huisdier (Speciale bewerkingen)** Het schijnt dat huisdieren tot de meest gefotografeerde onderwerpen behoren, dus speciaal voor dierenbezitters is deze functie toegevoegd (al moeten we de naam met een korreltje zout nemen). Een paar zaken in het stappenplan vallen op: u kunt ongewenste objecten (zoals een halsband) wegpoetsen, maar de uitleg is zo summier dat u beter te rade kunt gaan bij hoofdstuk 4. Wel handig is de selectiehulp om voorgrond van achtergrond te onderscheiden waarna u de laatste bijvoorbeeld kunt vervagen. Bedenk wel dat de bewerking destructief wordt toegepast, dus misschien is het handiger al u eerst een kopie maakt.

Met en zonder halsband.

- **Achtergrond uitbreiden (Speciale bewerkingen)** Soms past een foto niet in het kader dat u voor ogen hebt. Het meest extreem is een staande foto liggend afdrukken (of andersom), maar er zijn ook bescheidener problemen van deze aard denkbaar, bijvoorbeeld een foto in 4:3-formaat naar het langwerpiger 16:9-formaat herleiden of juist in een vierkant kader persen. In dergelijke gevallen biedt deze functie uitkomst. U kunt uit een aantal voorgedefinieerde canvasgroottes kiezen, maar zit niets van uw gading erbij, kies dan de onderste optie in de lijst, **Aangepast**. Geef vervolgens de gewenste pixelhoogte of -breedte op. Qua opvulling hebt u twee mogelijkheden: uitrekken van de bestaande informatie (**Uitbreiden**) of vertrouwen op computer-gegenereerde gekloonde informatie (**Automatisch vullen**). Mijn ervaring is dat het laatste meestal het beste resultaat geeft. Kiest u voor het eerste, geef dan met een penseel aan welk gebied in ieder geval niet vervormd mag worden.

Een vierkant canvas opgevuld met een rechthoekige foto. Alles buiten het rode kader is in dit geval door de computer erbij verzonnen. Eventueel zichtbare naden kunnen met de laatste stap prima worden weggepoetst.

- **Meme maken (Grappige bewerkingen)** Meme maken combineert meerdere zaken: u plaatst een foto in een kleurrijk kader, voegt een pakkende tekst toe en geeft de foto zelf eventueel een make-over door een foto-effect toe te passen. Vergeet bij stap 2 niet met verschillende lettertypen te experimenten. Tip: bij de eerste stap, het maken van het kader valt er niet veel te kiezen, maar dat komt bij stap 4 helemaal goed.

Met Meme maken combineert u een foto met een pakkende tekst in een leuk jasje.

U kunt uit twaalf verschillende kaders kiezen.

- **Multi-fototekst (Grappige bewerkingen)** Hiermee vult u de body van een tekst met individuele foto's tegen een passende achtergrond. Hierbij komt de veelzijdigheid van het fotovak goed van pas. U kunt tijdens het proces individuele foto's aanwijzen die u als vulmiddel wilt gebruiken, maar handiger is om deze vooraf in de Organizer te selecteren (zonder ze in de Editor te laden) en te zorgen dat ze in het fotovak zichtbaar zijn (zie de tip *Trucs van het fotovak* op pagina 21). Merk ook op dat u de individuele letters kunt verplaatsen. Dit maakt geen deel uit van het stappenplan maar het is dus wel mogelijk, en het resultaat is dan wat speelser dan rechttoe-rechtaan tekst. Standaard zet de functie het verschil tussen voor- en achtergrond wat scherper aan dan in het voorbeeld. We zijn hier iets van afgeweken omdat we dat het eindresultaat ten goede vonden komen. Ook dit is geen onderdeel van de functie zelf maar iets dat u na afloop in de geavanceerde modus kunt doen: verander de dekking van de juiste laag (derde van onderen). Schakel daartoe wel de vergrendeling uit.

Men neme een achtergrondfoto (inzet)… Als u hieraan iets wilt veranderen doe het dan vooraf, want tijdens of na toepassing van de functie Multifototekst is dat niet meer mogelijk. Zorg ook dat het beeldmateriaal klaar staat waarmee u de tekst wilt vullen. Omdat we dit het eindresultaat ten goede vonden komen is het dekkingspercentage van de achtergrond iets verhoogd.

- **Tekst- en randoverlay (Grappige bewerkingen)** Met deze functie kunt u uw afbeelding net even specialer maken door er een mooi kader omheen te plaatsen, eventueel met een begeleidende tekst. Controleer goed de leesbaarheid en verplaats de tekst bij stap 4 eventueel naar een andere positie. Voldoet geen enkel van de vaste plekken, dan is het nog altijd mogelijk om achteraf in de geavanceerde modus een andere plek te zoeken. Bedenk wel dat het masker in het lagenpalet dan ook moet worden aangepast. Dat dient in principe om de kaderlijn te onderbreken en doorgestreepte tekst te voorkomen. Bij de laatste stap kunt u een tekststijl toepassen, maar is het u opgevallen dat ook kan via de optiebalk tijdens tekstinvoer? Met name de stijl Slagschaduw vergroot de leesbaarheid bij moeilijke achtergronden. Hebt u die optie gemist, ga dan eventueel een of meer stappen terug met de knop **Ongedaan maken**.

Tekst- en rand-
overlay.

- **Gedeeltelijke schets (Grappige bewerkingen)** Met deze functie kunt u een deel van de afbeelding een getekend uiterlijk geven. De moeilijkheid zit 'm misschien in het nauwkeurig aangeven wat wel en niet onder het effect mag vallen. Daarom is het in zekere zin een oefening in het gebruik van de selectiegereedschappen. Achter de coulissen wordt er met een masker gewerkt, daardoor kunt u fouten in beide richtingen herstellen.

Gedeeltelijke
schets.

- **Patroonpenseel (Grappige bewerkingen)** Met deze optie kunt u de afbeelding opvrolijken door het te bestrooien met 'eye candy'. Dat kunnen sterretjes zijn, herfstblaadjes, hartjes, noem maar op. Er worden 15 patroonstempels meegeleverd die u op twee manieren kunt aanbrengen: met een enkele druk op de knop Vulling of met iets meer controle door over de afbeelding te schilderen. Met het gummetje kunt u een teveel aan strooigoed wegpoetsen. Omdat Adobe Sensei op de achtergrond haar werk doet, kunt u met de optie Onderwerp beveiligen het hoofdobject automatisch vrijwaren van geklieder, en daarnaast specifiek de achtergrond vervagen (stap 4). Wilt u gebieden buiten dit effect houden, gebruik dan het verminderpenseel. U kunt de diameter instellen met de toetsen [en] (haakjes dus) op uw toetsenbord.

Een afbeelding opluisteren met het patroonpenseel.

- **Perfect landschap (Grappige bewerkingen)** Hiermee kunt u onder meer heiigheid verminderen die kenmerkend is voor veel landschappen en vergezichten. Daarnaast kunt u overbelichte, detailloze luchten vervangen door een wat dramatischer wolkendek zonder dat u moeizame selecties van de horizon hoeft te maken. Dubbelklik gewoon op een voorbeeld uit de galerij om een andere lucht toe te passen en laat u niet afschrikken door het voorlopige resultaat. De kans is groot dat slechts een deel van de lucht geprojecteerd wordt, en misschien niet het mooiste of meest passende deel. Dit komt doordat de luchtfoto en uw eigen foto qua grootte niet op elkaar zijn afgestemd. Met de knop **Verplaatsen** kunt het geprojecteerde wolkendek opschuiven, zelfs tot de randen van de luchtfoto zichtbaar worden waarna u deze kunt schalen. Pas eventueel ook de transparantie en randovergang met de schuifknoppen aan. Kiest u een wolkendek met een uitgesproken kleur, dan kunt u desgewenst de atmosferische gloed toevoegen die bij de betreffende lucht hoort. Dit is natuurlijk geen *raytracing* (dat is voorbehouden aan 3D-programma's), maar een tweedimensionale variant daarvan.

Een dramatischer lucht toegevoegd met Perfect landschap. Het origineel (inzet) heeft weinig tekening in lucht.

mijn.cc/psel2405

Photomerge

Photomerge is de verzamelnaam voor een groep taken waarbij u meerdere foto's samenvoegt. De bekendste is de panoramafoto waarbij foto's gedeeltelijk over elkaar worden geschoven, maar er zijn varianten, bijvoorbeeld die waarbij foto's vrijwel volledig bovenop elkaar liggen en minder geslaagde delen worden weggepoetst. Het is verstandig om vooraf alle bestanden te sluiten die niets met de photomerge te maken hebben en alleen de beoogde foto's geopend te hebben. Start een photomerge vervolgens via de rubriek **Photomerge** (dit kan overigens ook vanuit de Organizer via het menu **Bewerken**). Met uitzondering van Panorama wordt u geacht met niet meer dan twee foto's te werken. Als u achteraf een derde foto bij uw photomerge wilt betrekken, sla dan eerst het tussenresultaat op, sluit de bronoto's, open de derde en herhaal het proces. Bewerkingen direct voorafgaand aan het panorama maken dienen eerst te worden opgeslagen. De panoramafunctie betrekt zijn informatie namelijk van de harde schijf, niet van het werkgeheugen. Omdat het principe tussen de diverse varianten onderling weinig verschilt, zullen we niet alle bespreken.

- Variant **Panorama** plakt gedeeltelijk overlappende foto's naadloos aaneen.
- Variant **Group shot** vervangt een 'flatteus' geportretteerd figuur in een groepsfoto door een beter shot van dezelfde persoon uit een vergelijkbare groepsfoto.
- Variant **Faces** doet technisch hetzelfde als groepsfoto maar richt zich op het vervangen van gezichten tussen personen onderling. Het gezicht van persoon A in het portret van persoon B dus.
- Variant **Scene cleaner** verwijdert storende onderdelen in een scène met hulp van een of meer vergelijkbare foto's waarop die onderdelen niet staan. Denk aan geparkeerde auto's op een plein. Anders dan bij de groepsfoto mag u in het rechterveld gummen.
- Variant **Exposure** voegt de best belichte onderdelen uit verschillende foto's van dezelfde scène samen. Denk aan een scène met en zonder flits.
- Variant **Compose** combineert elementen uit foto's waarvan de scène verschillend mag zijn, het creatieve plak- en knipwerk zullen we maar zeggen.

Panoramafoto maken

Bij een panorama denken we meestal aan een natuurlandschap met een brede horizon, maar het mogen ook verticaal gestapelde foto's zijn, denk aan een kerk die niet in een keer op het plaatje past. Zolang er maar overlap is.

1. Selecteer de foto's in het fotovak en kies **Panorama**.
2. Kies een lay-out via de keuzelijst.

   De lay-out bepaalt welke vervorming nodig is om de afbeeldingen naadloos tot elkaar te herleiden. Er is geen beste lay-out; dit is afhankelijk van de karakteristieken van het beeldmateriaal. Bij standaardinstelling **Automatisch** maakt het programma zelf een keuze. Bevalt het resultaat niet, gooi het dan weg en start het proces opnieuw.

3. Vul onder **Instellingen** de optie **Afbeeldingen samenvoegen** in. Deze lost kleur- en belichtingsverschillen rond overgangsgebieden aan de randen op. Dit geldt ook voor **Vignet verwijderen** als foto's last hebben van lichtafval rond de randen. Ook optie **Vullen met behoud van inhoud** is aan te bevelen.

Het is zeer lastig om foto's handmatig aaneen te smeden zonder lelijke lasnaad. Als we de toren in het midden uitlijnen heeft het flatgebouw rechts een probleem, en andersom.

Kies een alternatieve lay-out als de automatische variant geen goed resultaat geeft. Een naadloze samenvoeging is het eindresultaat. De informatie buiten het kader (hier weergegeven ter illustratie) is er door de computer bij 'verzonnen'. Eventueel kunt u dit wegsnijden.

Omdat de betrokken foto's zelden perfect zijn uitgelijnd zullen ze een beetje worden gedraaid en verschoven. Om geen informatie te verliezen wordt het rechthoekig kader, het zogeheten canvas, iets verruimd. Dit betekent ook dat er op sommige plekken aan de randen lege ruimten ontstaan. Deze worden met de optie **Vullen met behoud van inhoud** opgevuld met 'verzonnen' beeldmateriaal. Het is belangrijk om te controleren of de computer goed werk heeft geleverd. Het verschil wordt duidelijk als u in de geavanceerde modus de bovenste laag in- en uitschakelt. Is dit niet het geval, dan hebt u twee mogelijkheden: snijd de afbeelding dusdanig bij dat er alleen origineel beeldmateriaal binnen het kader valt, of pas handmatig correcties toe met retoucheergereedschappen; zie hoofdstuk 4.

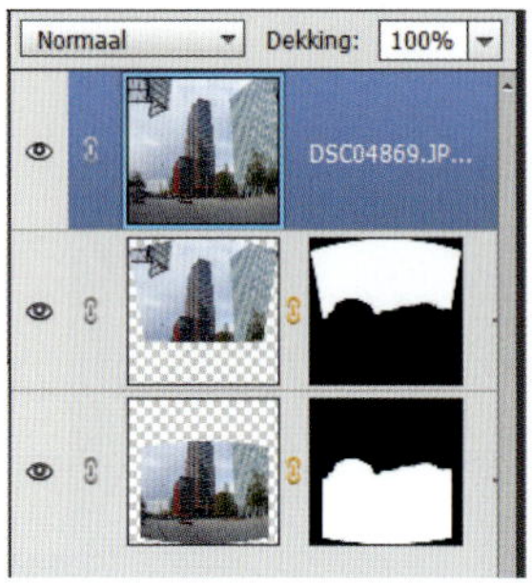

Schakel de bovenste laag in en uit om te zien wat de computer er zelf heeft bij verzonnen.

Panorama fotograferen Het eindresultaat in Photoshop Elements is in hoge mate afhankelijk van de kwaliteit van de bronafbeeldingen. Een statief is een belangrijk hulpmiddel om de horizon gelijk te houden. Zorg voor ongeveer eenderde overlap. Probeer objecten op de voorgrond te vermijden.

Gezichten vervangen

Of u nu een persoon (groepsfoto), een gezicht of een hinderlijke lantaarnpaal (scènecorrectie) in een foto vervangt, het principe blijft hetzelfde: we hebben een foto met een probleem en een foto met een oplossing. Hier bespreken we vervangen van een gezicht.

1. Selecteer twee portretfoto's en kies **Photomerge Faces**.

   U ziet twee vakken: **Bron** (gevuld) en **Definitief** (leeg).

2. Sleep de basisfoto vanuit het fotovak naar het rechtervak. Klik vervolgens in het fotovak om de bronafbeelding (donor) in te stellen.

   Hierna moeten de vakken met twee verschillende portretten gevuld zijn. Vervolgens gaat u met behulp van markeringspunten de gezichten tot elkaar vervormen:

3. Zoom eventueel in met het vergrootglas, en klik op de knop **Het gereedschap Uitlijnen.**

4. Versleep in de linker afbeelding de genummerde markeringspunten bovenop de ogen en de mond. Doe dit ook voor de rechter afbeelding en klik op **Foto's uitlijnen**.

5. Schakel de optie **Lijnen tonen** in en geef in de linker afbeelding met behulp van het potlood het gebied aan dat u wilt kopiëren. Bekijk het resultaat, pas eventueel met de gum het kopieergebied aan en klik op de knop **Gereed**.

In feite werkt het maken van de perfecte groepsfoto hetzelfde, alleen is het daar de bedoeling dat de uitgelijnde figuren dezelfde persoon zijn. Lijn altijd uit, ook bij **Scènecorrectie**, voor het beste resultaat.

Bronmateriaal.

Teken met het potlood het gebied dat u wilt kopiëren en bekijk het resultaat.

Bij Scènecorrectie kunt u zonder ingewikkelde selecties te hoeven maken elementen uit vergelijkbare afbeeldingen samenvoegen.

Photomerge-exposure

Bij Photomerge-belichting combineert u de best belichte delen uit verschillende foto's van dezelfde scène. Maak twee foto's bij voorkeur met een statief, met twee verschillende belichtingen, bijvoorbeeld een met flits en de ander zonder.

1. Selecteer beide foto's en kies **Photomerge-exposure**.
2. Kies tab **Automatisch**, optie **Eenvoudig overvloeien** en klik als het resultaat bevalt op de knop **Volgende**.
3. Bevalt het resultaat niet, kies dan de optie **Slim overvloeien** en pas met de schuifregelaars een toongebied aan.
4. Bevalt het resultaat nog niet, klik dan op de tab **Handmatig**.
5. Sleep de basisfoto vanuit het fotovak naar het vak Definitief. Klik vervolgens in het fotovak om de bronafbeelding (donor) in te stellen.
6. Open eventueel het deelvenster **Geavanceerd opties** en lijn de foto's uit zoals hiervoor besproken.
7. Schakel de optie **Lijnen tonen** in en geef in de linker afbeelding met behulp van het potlood het gebied aan dat u wilt kopiëren.
8. Pas eventueel met de gum het kopieergebied aan.

Klein geheimpje: de varianten lijken zo sterk op elkaar, dat u bij wijze van spreken op een gezichtenfoto een Photomerge-belichting kunt afhandelen, en andersom. Dit kan van pas komen indien het resultaat in de bedoelde versie onbevredigend is, juist vanwege die kleine verschillen. In de gezichtenversie is de kleurovergang beter geregeld, maar in de scèneversie mag u in de rechter afbeelding aanvullende lijnen tekenen en weggummen waardoor u iets nauwkeuriger kunt aangeven welk gebied u wil kopiëren.

Photomerge-compose

Met Photomerge-compose kopieert u een element uit foto A naar foto B. Verschil met bijvoorbeeld Scene cleaner is dat hier geen sprake van twee gelijkende foto's hoeft te zijn. Dit betekent wel dat een veel nauwkeuriger selectie moet worden gemaakt. Het is ook meer dan zomaar plakken en knippen; het gekopieerde element wordt zo goed mogelijk op de nieuwe omgeving afgestemd. Denk daarbij aan schaalgrootte en aanpassing aan de omgevingskleur.

1. Sleep de foto waaruit u een selectie wilt maken naar het werkveld.
2. Maak een voorlopige selectie met het gereedschap **Snel**. Dit maakt een selectie 'magnetisch'– het werkt snel maar is niet altijd even nauwkeurig. Nadat de selectie in hoofdlijnen is gemaakt, schakel dan over op de zustergereedschappen voor kleine correcties. Zoom eventueel in en schuif het beeld op met de spatiebalk. Met **Omtrek** kunt u de selectielijn tekenen, met **Verfijnen** kunt u de lijn op zijn plaats duwen. Als u weinig ervaring met selecteren hebt, laat dan het venster Geavanceerde randverfijning voorlopig rusten, of zorg in ieder geval dat de selectie in hoofdlijnen goed staat voordat u hiermee aan de slag gaat. Meer informatie vindt u in hoofdstuk 6.

3. Klik op **Volgende**. Uw selectie wordt automatisch in de ontvangende afbeelding geplaatst. Positioneer het element en schaal het met behulp van de hoekpunten van het kader.

4. Poets abusievelijk meegekomen stukjes beeld weg met penseel **Verbergen**. Zet de dekking hierbij op 100%. Met **Onthullen** kunt u dezelfde stukjes beeld tevoorschijn halen; dit geldt zelfs voor delen die bij het selecteren waren uitgesloten. Klik op **Volgende**.

5. Klik op de knop **Kleur automatisch afstemmen** of klik op **Herstel** als het resultaat niet bevredigend is en pas de integratie met de achtergrond handmatig aan met de schuifregelaars en eindig met knop **Gereed**.

Origineel.

Resultaat.

4

Corrigeren en retoucheren

Vanaf dit hoofdstuk werken we voornamelijk in de geavanceerde modus van de Editor. We maken kennis met de correctiefuncties en retoucheergereedschappen. Zij zijn bedoeld om foutjes in een afbeelding weg te werken of een scène net iets mooier te maken dan de werkelijkheid. Ook bespreken we diverse opties om beweging aan foto's toe te voegen.

Corrigeren versus retoucheren

Corrigeren en retoucheren ligt dicht bij elkaar, maar wat is het verschil? Corrigeren is het herstellen van opnamefouten. Als u uw fotocollectie doorbladert komt u vast allerlei foto's tegen waar iets op aan te merken valt. Vaak is het probleem terug te voeren op slechte lichtomstandigheden of een verkeerde instelling van de camera, resulterend in globale problemen. De foto is te licht of te donker, bevat bewegingsonscherpte of heeft een onbedoelde kleurzweem. Met corrigeren proberen we die fouten te herstellen met als doel de werkelijkheid zo dicht mogelijk te benaderen.

Retoucheren daarentegen is erop en erover. De realiteit is hier het vertrekpunt en vervolgens proberen we de wereld mooier maken dan ie is. Dat doen we onder andere door het wegmoffelen van schoonheidsfoutjes. Dat kunnen letterlijke schoonheidsfoutjes zijn zoals ouderdomsvlekken, rimpels, een iets te dikke taille of een pukkeltje in het gezicht, maar ook fotografische schoonheidsfoutjes zoals een vinger voor de lens, een verdwaald been aan de rand van de foto, een elektriciteitsmast aan de horizon van een landschap, vlekjes en krassen door vuil op de lens, noem maar op.

Er is nog een (traditioneel) onderscheid: correctieproblemen zijn meestal globaal van aard en retoucheerproblemen lokaal. Dat vertaalde zich van oudsher naar verschillende soorten hulpmiddelen (menu's, schuifbalken en dialoogvensters versus gereedschapskist met allerlei penselen). Gedurende de jarenlange ontwikkeling van het programma heeft echter een flinke kruisbestuiving tussen de verschillende gereedschappen en werkwijzen plaatsgevonden en is dit onderscheid niet langer aan de orde.

Bewegingsonscherpte is een van weinige problemen die niet valt te corrigeren.

Automatische correctiefuncties

Hoe bepalen we of een afbeelding correctie nodig heeft? Op de eerste plaats kunt u afgaan op uw persoonlijke smaak, maar u kunt ook kijken naar het histogram, zie paragraaf *Histogram* op pagina 74.

Een kenmerk van dit soort afbeeldingen is namelijk dat zij het toonbereik niet volledig of onevenwichtig benutten. Als de basis van de grafiek zich niet over de volle breedte van de ruimte uitstrekt, zal een automatische correctiefunctie de informatie herverdelen, waarbij de volledige ruimte wel benut wordt.

Misschien vraagt u zich af waarom er meerdere correctiefuncties zijn. Een beetje flauw maar wel een correct antwoord is: omdat het kan. En het kan omdat aan individuele pixels meerdere aspecten kleven, zoals een helderheidswaarde en diverse kleurwaarden. Hierdoor is het mogelijk de totale hoeveelheid informatie op verschillende manieren te herverdelen, waarbij het resultaat net iets anders uitpakt. Dat de verschillen soms gering zijn heeft enerzijds te maken met het feit dat zij alle technische optimalisatie nastreven maar ook met de karakteristieken van de afbeelding zelf. Daarom is lastig te voorspellen welke correctie het beste effect geeft en is het vooral een kwestie van uitproberen. Wel kunt u ervan uitgaan dat zij in de regel tot een helderder, contrastrijker en kleurrijker beeld leiden.

Bijvoorbeeld **Autocontrast** herverdeelt op grond van algemene helderheidswaarden, **Autoniveaus** herverdeelt de informatie op een dieper niveau, per kleurkanaal, wat betekent dat de kleurbalans kan mee veranderen. **Automatische kleurcorrectie** heeft dezelfde aanpak als Autocontrast maar dan voor kleur: het baseert zich op opgetelde kleurwaarden, niet per kleurkanaal. **Slim repareren**

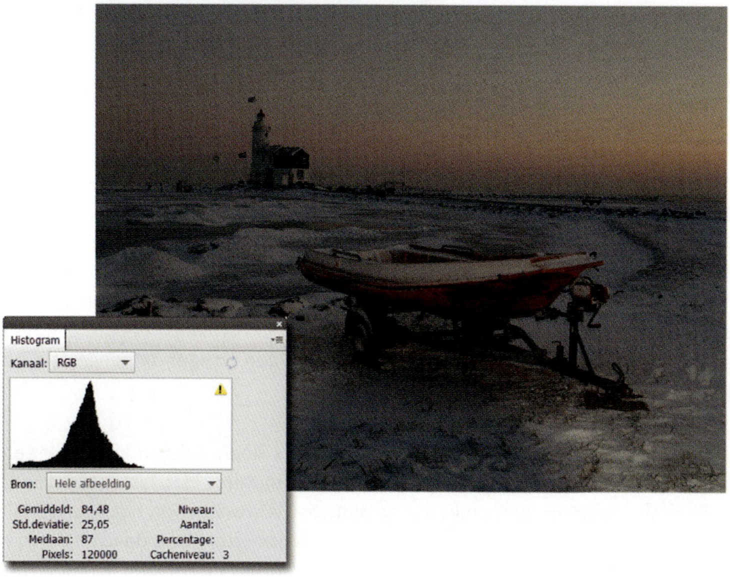

Origineel met histogram.

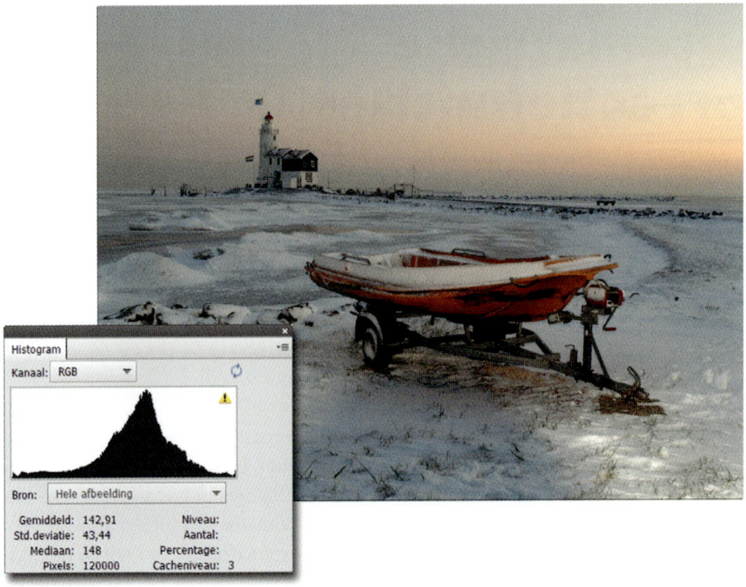

Histogram na correctie met Autoniveaus.

Eerst gecorrigeerd met Automatische kleurcorrectie, daarna met Helderheid/contrast.

doet dit wel en levert doorgaans een iets subtieler resultaat. Het gaat volledig verzadigde kleuren uit de weg, verbetert details in de schaduw- en hooglichtgebieden maar gebruikt niet noodzakelijkerwijs het hele toongebied.

Bij sommige automatische functies valt toch nog wat in te stellen. Kies bijvoorbeeld **Automatische slimme tint** en kies een hoekvoorbeeld of sleep het punt over het raster tot de juiste correctie is bereikt. De voorbeelden worden samengesteld op grond van uw eerdere voorkeuren.

Histogram

Als u handmatig gaat corrigeren kunt u dat op zicht doen, maar u kunt ook een hulpje inschakelen: het histogram (F9 of menu **Venster**). Het histogram toont afbeeldingsinformatie op een grafische en statistische manier, van het toonbereik om precies te zijn. De horizontale as toont de lichtintensiteitswaarden van donker naar licht, verdeeld in 256 stappen. De verticale as drukt het relatief aantal pixels voor die waarde uit. In andere woorden: het histogram toont welke mate van detail elk toongebied bevat. We onderscheiden drie toongebieden: schaduwen (links), middentonen en hooglichten (rechts). Hoe hoger de kolommen, des te meer detail in dat specifieke toongebied. Als de informatie tegen de zijkanten op klotst is er sprake van dichtgelopen gebieden zonder detail ('bijgeknipt' heet dat). Oorzaak? De hoeveelheid contrast van de scène in werkelijke wereld is kennelijk groter dan de cameraprocessor aan kan. Bij huis- tuin en keukenfotografie valt daar best mee te leven, maar voor professionals is dat een gruwel. Het is precies de reden waarom zij vaak met paraplu's en reflectieschermen in de weer zijn: om het contrast in de scène te verminderen. Samengevat: het histogram leert ons op een andere manier en bewuster naar de afbeelding kijken; het kan ons bijvoorbeeld ervoor behoeden om te gaan over corrigeren, tenzij we dat nadrukkelijk willen.

1. Kies eventueel in de keuzelijst **Kanaal** een apart kleurkanaal.

   De keuze **Lichtsterkte** toont de lichtsterkte van de kleuren rood, groen en blauw samen.

2. Sleep eventueel met ingedrukte muisknop binnen het histogram om statistische gegevens van een bepaald gebied te bekijken.

Dynamisch histogram Bij het maken van bewerkingen past het histogram zich automatisch aan. Dit is ook te zien als u een selectiekader trekt en dit over de afbeelding verplaatst. Afhankelijk van de cache-instellingen moet u soms op een waarschuwingsdriehoekje klikken om het histogram te verversen.

Handmatig belichting corrigeren

mijn.cc/psel2406

Foto's die van zichzelf een hoog contrast hebben vinden niet zo veel baat bij de automatische functies, terwijl er toch iets mis met de belichting kan zijn. Daarom vinden we in het menu **Verbeteren, Belichting aanpassen** drie handmatige correcties.

- **Helderheid/contrast** De oudste van alle correctiefuncties is Helderheid/contrast; deze zat al in versie 1 van Photoshop. Met schuifbalk **Helderheid** is het alsof u een lamp feller laat branden; het totale beeld wordt helderder, maar daardoor lopen lichte gebieden het risico dat het witte vlekken worden zonder detail. Niet al te subtiel dus. Met schuifbalk **Contrast** maakt u het verschil tussen de lichtste en donkerste delen van de foto groter (of kleiner). Een nadeel kan zijn dat u in een-en-dezelfde handeling lichte gebieden helderder en donkere gebieden donkerder maakt, terwijl u misschien maar een van de twee gebieden wilt aanpassen – ook niet al te subtiel dus.

- **Schaduw/hooglichten** Dit werkt een stuk subtieler en is een soort tegenpool van de contrastregelaar. Hiermee kunt u schaduwen juist lichter maken en al doende details in de donkere gebieden naar voren halen, en onafhankelijk daarvan lichte gebieden donkerder maken, waardoor meer tekening in bijvoorbeeld een wolkenpartij komt. Dit is een aanmerkelijk genuanceerdere aanpak. Waar u wel voor moet waken is dat het algemene contrast van de afbeelding op niveau blijft, anders dreigt het gevaar van een duffe, saaie uitstraling. Schuifbalk **Contrast middentonen** kan dit effect enigszins dempen.

- **Niveaus** Deze functie, ook te activeren met Ctrl+L, is misschien de meest gebruikte handmatige correctie. Hiermee kunnen we drie toongebieden apart behandelen. Door de blokjes onder het histogram te verschuiven past u het toonbereik aan. Schuift u het zwarte blokje naar binnen, dan worden donkere gebieden donkerder. Schuift u het witte blokje naar binnen, dan worden lichte gebieden helderder. Nu heeft niet iedere afbeelding een dergelijke behandeling nodig. Als er al sprake is van dichtgelopen gebieden (zie de paragraaf *Histogram* op pagina 74) heeft dat niet zo veel zin, maar bij een histogram waar detailinformatie vooral in het midden zit en de afbeelding geen 100% wit en zwart bevat (denk aan het silhouet van een vrijstaande berg) is dit een ideale aanpassing. In dat geval is het gebruikelijk om het zwarte en witte blokje zo dicht mogelijk tegen de uiteinden van de informatieverdeling te plaatsen. Hierdoor wordt de lichtinformatie herverdeeld over de volledige bandbreedte zonder risico op bijknippen. Voor de afbeelding betekent dit dat deze contrastrijker wordt zonder dat detail verloren gaat. Met het grijze blokje in het midden kunt u de middentonen wat lichter of donkerder maken zonder hoge lichten en schaduwen negatief te beïnvloeden. Voor afbeeldingen met dichtgelopen gebieden kunt u schuifbalk **Uitvoerniveaus** gebruiken. Dit werkt min of meer omgekeerd aan **Invoerniveaus**. Door de blokjes naar binnen te slepen beperkt u het aantal toegestane lichtintensiteitswaarden en dus het contrast. In feite gooit u informatie weg, en daarom moet u dit met de nodige terughoudendheid gebruiken. De afbeelding wordt er als het ware een beetje grijzer door, en dat kan voor te contrastrijke afbeeldingen best een verbetering zijn. Maar het blijft een noodoplossing; voor de parapluutjes uit de vorige paragraaf is het immers te laat.

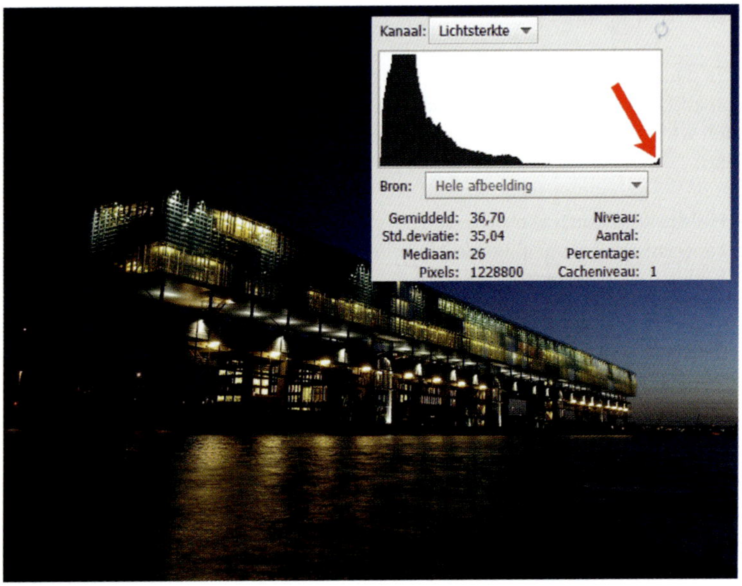

Deze afbeelding heeft weinig baat bij de automatische correctiefuncties omdat dit hele kleine beetje informatie herverdeling tegenhoudt. In dat geval is het beter om dit stukje informatie op te geven en op handmatige correctie over te gaan.

Handmatig gecorrigeerd met Niveaus. In dit geval was meer nabewerking nodig. Het lichter maken brengt namelijk ruis aan het licht. Dit kan worden tegengegaan met ruisonderdrukking (menu Filter).

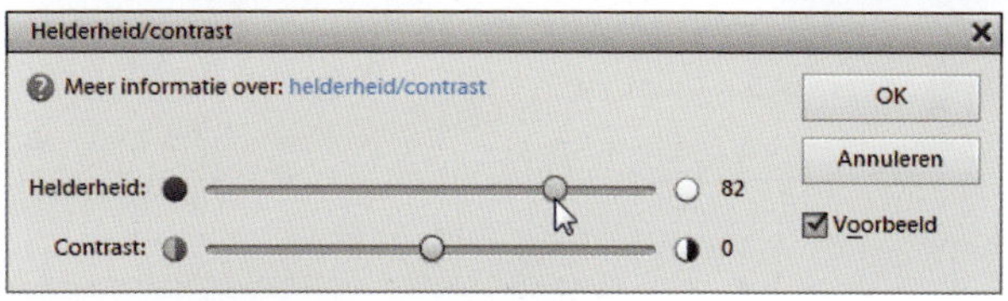

Wanneer u de belichting handmatig aanpast met Helderheid/contrast…

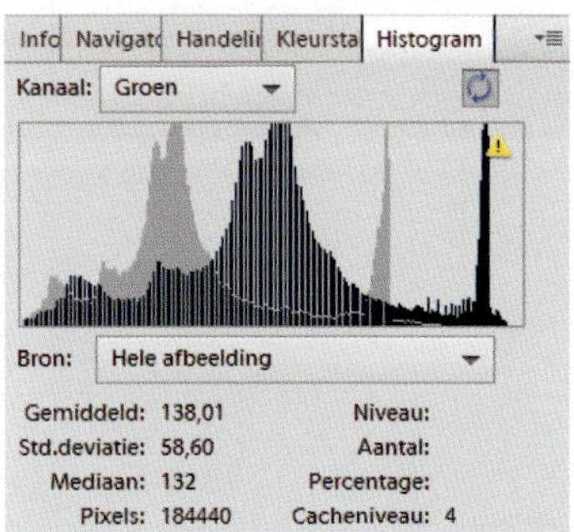

… kunt u via het interactieve histogram precies zien tot hoe ver u kunt gaan.

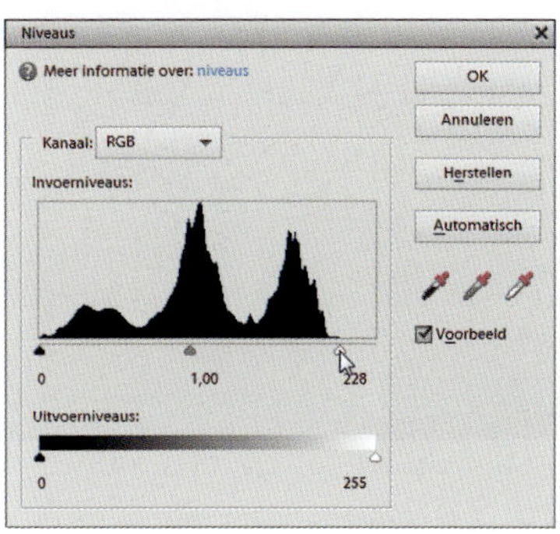

Door het witpunt naar links te slepen (opdracht Niveaus), wordt de informatie herverdeeld over de lichtere regionen.

Tot slot, in het vak **Kanaal** kunt u een apart kleurkanaal kiezen; bij standaard RGB past u alle drie de kanalen tegelijk aan. Als u slechts één of twee kleurkanalen aanpast verandert niet alleen de helderheid, maar ook de kleurbalans. Als de onbenutte ruimte vooral in het heldere gebied ligt (rechts), zal het effect het duidelijkst zijn. Als u alle drie de kleurkanalen handmatig aanpast komt u ongeveer op hetzelfde resultaat uit als de knop **Automatisch**. De automatische functie benadert de kanalen dus ook apart – en daardoor kan er een verschil in kleurbalans ontstaan (in tegenstelling tot Autocontrast, dat de drie kanalen als eenheid beschouwt). U moet dan ook niet verbaasd zijn als handmatig RGB aanpassen in Niveaus precies hetzelfde resultaat oplevert als Autocontrast. Met die kennis halen we in feite de legitimiteit van de functie Autocontrast onderuit; u kunt immers alles af met het venster Niveaus.

Autoniveaus (boven) levert een ander plaatje op dan Autocontrast (onder). Bij de versie linksboven is alleen het roodkanaal aangepast.

Voor gevorderden: in het menu **Verbeteren, Kleur aanpassen** vindt u een reeks opdrachten waarmee u kleur in de afbeelding kunt aanpassen. Zij vormen een nuttige aanvulling op deelvenster Kleur in de snelle modus. Kies bijvoorbeeld **Kleurtoon/verzadiging aanpassen** (Ctrl+U). Net als in de snelle modus kunt u met de schuifbalk **Verzadiging** kleuren versterken of verzwakken. Kleuren zijn zelden 100% puur (verzadigd), maar hebben meestal een zekere hoeveelheid grijs in zich; dit verzacht namelijk de kleur. Met de schuifbalk regelt u dus de hoeveelheid grijs. Dit kan oplopen tot 100%, waarbij u een zwart-witafbeelding overhoudt. Omgekeerd kunt u kleuren onnatuurlijk fel maken.

Met schuifbalk **Kleurtoon** kunt u kleuren opschuiven langs het kleurenwiel. Blauw wordt bijvoorbeeld groen, geel oranje enzovoort. Alle kleuren schuiven op en daardoor hebt u weinig controle over het eindresultaat, tenzij u het bedoelde object vooraf selecteert. Een andere manier van controle is aangeven welke kleur u wilt aanpassen. Maak uw keuze via de keuzelijst of klik met het linker pipet in de afbeelding op de bedoelde kleur. U kunt de reikwijdte van het behandelgebied uitbreiden met het middelste pipet of gebruik het exclusiepipet om gebieden uit te sluiten. Het is lastig om alle onbedoelde kleuren buiten de deur te houden, maar met deze methode komt u een heel eind. Merk op dat u de bandbreedte van het werkgebied ook kunt instellen met de schuifbalk onderin. De bovenste kleurenbalk geef het bereik aan, de onderste de resultaatkleur en daartussen bevinden zich de hangrepen. De optie **Vullen met kleur** is bedoeld om grijswaardenafbeeldingen een monochrome kleur te geven nadat zij naar de RGB-modus zijn omgezet.

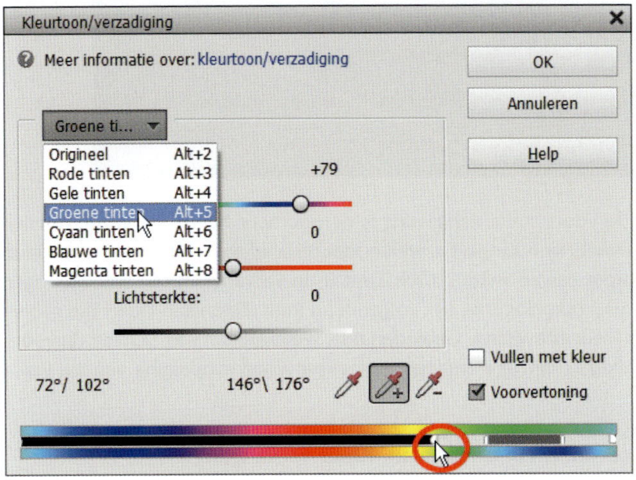

Kies een kleurbereik en pas dit eventueel aan met pipet of schuifbalk.

Kleurenwiel.

Kleurzweem Kleurzweem ontstaat meestal bij fotograferen onder moeilijke lichtomstandigheden. De automatische witbalans van de camera laat het dan afweten. U kunt kleurzweem verwijderen met de opdracht **Verbeteren**, **Kleur aanpassen**, **Kleurzweem verwijderen**. Met het gereedschap Pipet kunt u op delen in de afbeelding klikken die geen kleur horen te bevatten, die dus zwart, wit of grijs horen te zijn. Klikt u met opzet op een gebied dat wel kleur bevat, dan is de kans groot dat u hiermee een kleurzweem introduceert. Ook venster Niveaus heeft deze pipet, drie zelfs. Het principe is hetzelfde: klik met de grijze pipet op een grijs gebied. Is dat niet voorhanden, klik dan met de zwarte pipet op een als zwart bedoeld gebied, en wit idem dito.

Kleurzweem ontstaat vaak bij onnatuurlijke verlichting. De kunst is een goede plek vinden binnen de foto die als referentie kan dienen voor herstel. Dat zal niet altijd mogelijk zijn.

Kleur vervangen

Een variant op de voorgaande aanpassing is de opdracht **Kleur vervangen**. Hier kunt u nog nauwkeuriger aangeven welke kleurgebieden u wilt vervangen door deze met een pipet aan te wijzen. Ook kunt u de vervangkleuren nauwkeuriger instellen. Houd wel rekening met het volgende: u kunt alleen aan kleurrijke gebieden een andere kleur toewijzen. Gebieden met weinig kleur van zichzelf (bijvoorbeeld grijze wolken), zijn daarentegen gevoeliger voor aanpassing van de lichtsterkte.

1. Kies **Verbeteren**, **Kleur aanpassen**, **Kleur vervangen**.
2. Klik met het gereedschap Pipet op een kleurgebied in de afbeelding of in het voorbeeldvenster om een masker in te stellen (de pixels onder het (zwarte) masker worden met rust gelaten, de rest wordt behandeld).
3. Breid het selectiegebied uit met de knop **Toevoegen aan kleurmonster**. U vermindert deze met de knop **Weghalen uit kleurmonster**.
4. Pas de grootte van het selectiegebied aan met de schuifbalk **Tolerantie**. Bij een hoge tolerantie worden minder pixels gemaskeerd en blijven er meer over voor wijziging.

5. Stel de vervangkleur in met de schuifbalken **Kleurtoon**, **Verzadiging** en **Lichtsterkte**. Klik eventueel op het onderste kleurvak om de vervangkleur aan te passen.

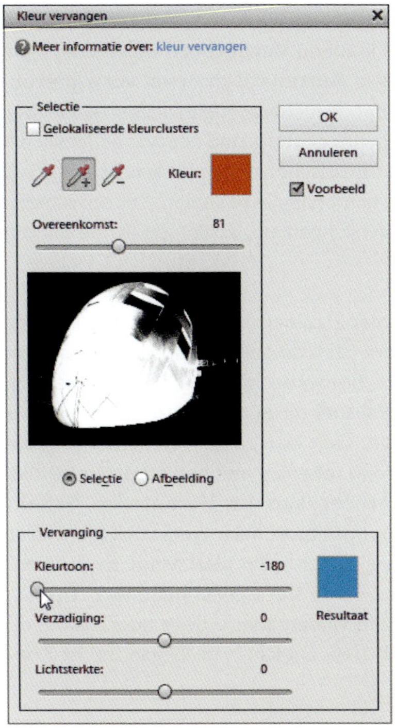

Dialoogvenster Kleur vervangen.

Aangepast met Kleur vervangen.

mijn.cc/psel2407

Correctiefuncties voor specifieke problemen

Behalve algemene correctiefuncties vindt u in menu **Verbeteren** ook oplossingen voor zeer specifieke problemen, bijvoorbeeld **Automatisch nevel verwijderen**, bedoeld voor heiige en mistige foto's. Niet dat de luchtvochtigheid als sneeuw voor de zon verdwijnt, maar hiermee kunt u de heiige achtergrond net wat gedetailleerder en contrastrijker maken. Vindt u de automatische versie niet krachtig genoeg, kies dan **Nevel verwijderen** om het effect handmatig in te stellen. Let op: schiet u hierin door dan levert dat onnatuurlijke afwijkingen op, zoals een lichtkrans om objecten.

Vast herkenbaar is specifiek probleem nummer 2: *camera shake*. Het is best lastig de camera perfect stil te houden op het moment dat u de ontspanknop indrukt. Als dit onder slechte lichtomstandigheden gebeurt, bijvoorbeeld binnenshuis en met een relatief lange sluitertijd, zien we het effect al snel terug in de foto. In dat geval is **Automatische schokreductie** de remedie. Ook hier geldt: heb niet al te grote verwachtingen, maar alle beetjes helpen. Houd rekening met een stevige rekentijd. Vindt u de automatische versie niet goed genoeg, kies dan **Verbeteren**, **Schokreductie**. Deze variant is niet alleen traploos instelbaar, maar werkt ook iets sneller omdat analyse op schokkerigheid binnen een kleiner kader plaatsvindt. Experimenteer eventueel met de locatie van het kader en de sterkte van het effect. Tip: om een goede testfoto binnen uw verzameling te vinden kunt u deze doorzoeken op foto's met een lange sluitertijd, bijvoorbeeld 1/10. Dit kan in de Organizer via **Zoeken**, **Op Details**.

Meer specifieke problemen en hun aanpak komen aan bod in de volgende paragraaf.

Een slag minder mistig met Nevel verwijderen.

Rechts het subtiele effect van schokreductie.

Mensen mooier maken

We hoeven de bladen maar op te slaan en de perfecte dames stralen ons tegemoet. Immers, perfectie verkoopt. Inmiddels weet vrijwel iedereen dat er digitaal flink aan de dames gesleuteld wordt, maar zeg nu zelf, wie wil er niet op zijn voordeligst op de foto? Veelgeretoucheerde elementen zijn huid, lippen, tanden, ogen en lichaamsvorm. Voor sommige problemen volstaan bestaande gereedschappen en technieken, maar dit is ook steeds vaker het terrein van Adobe Sensei (kunstmatige intelligentie die de afbeelding analyseert met behulp van specifieke algoritmes). Een voorbeeld van het laatste is de optie om huidtinten te verzachten. Dit levert minder verlies aan detail en een natuurlijker resultaat dan bijvoorbeeld een softfocusfilter of vervagingseffect. De uitdaging blijft echter om zich niet te laten verleiden tot overdreven aanpassingen. Dat de voorbeelden hier soms wel wat overdreven zijn is uitsluitend om het effect te illustreren.

Perfect Portret Als u voor de *full monty* gaat, is Perfect Portret in de instructiemodus wellicht een goed alternatief: sneller resultaat, maar minder instelmogelijkheden.

Huidproblemen aanpakken

Bij portretfotografie ligt het object letterlijk onder het vergrootglas, dus is niet verwonderlijk dat daar de behoefte aan retouche groot is; met name aan het huidoppervlak. Omdat het effect zogeheten 'destructief' op de pixels wordt toegepast, raad ik aan eerst een kopielaag te maken met Ctrl+J. Kies vervolgens **Verbeteren**, **Huid egaliseren** en pas de sterkte met de schuifknop aan. Hiermee wordt niet alleen de huid verzacht, maar worden ook kleine oneffenheden gedempt of zelfs volledig gemaskeerd. Omdat Adobe Seinsei hier aan het werk is, hoeft u niet aan te geven wat wel en niet onder 'huid' wordt verstaan; zo worden in principe de ogen ontzien. Met de knoppen **Voor** en **Na** kunt u goed controleren of dit het geval is. Mocht u toch enig verlies aan schepte ervaren, dan hebben we altijd de originele laag nog. Met het gumgereedschap (of een masker, zie hoofdstuk 7) kunt u dan over de ogen tekenen waarna de onderliggende scherpere laag tevoorschijn komt. Het spreekt voor zichzelf om hierbij een penseel te gebruiken met wat zachtere randen voor een vloeiender overgang.

Voor grotere correcties aan de huid, zoals pukkeltjes en zelfs rimpels, gebruikt u het retoucheerpenseel (toets J). Bij deze methode wordt gebruikgemaakt van delen in een afbeelding die de imperfecties niet hebben; het leent als het ware de structuur van het ongehavende gebied en past die toe op de imperfectie.

1. Houd Alt ingedrukt en klik op een 'gaaf' donorgebied.

   Kies een strategische positie: houd rekening met de richting van de penseelstreek die u wilt uitvoeren.

2. Verplaats de cursor naar het probleemgebied en sleep.

Kies bij het corrigeren van huidvlekjes en puistjes een donorgebied dat zo dicht mogelijk bij het behandelgebied ligt. *Tip*: is er geen geschikt gebied te vinden, dan mag het donorgebied ook van een andere afbeelding afkomstig zijn. U bereikt in dat geval de beste resultaten met twee min of meer gelijkende afbeeldingen. Zet de vensters naast elkaar met de knop **Ordenen**. Als variant kunt u met de optiebalk ook de structuur van een patroon overnemen, maar het resultaat wordt er meestal niet fraaier op. Kies bij voorkeur als bron de optie **Monster**.

De laatste aanpassing zou correctie van de huidskleur kunnen zijn. Kies hiervoor menu **Verbeteren**, **Kleur aanpassen**, **Huidskleur aanpassen**. Klik vervolgens met het pipet op de huid en pas de kleur aan met de schuifknoppen. Hoewel de huid het meest van de wijzigingen zal profiteren, valt niet te voorkomen dat de achtergrond eenzelfde kleurwijziging ondergaat. Wilt u de originele achtergrondkleuren behouden, dan zult u ook hier met een masker of het gumgereedschap aan de slag moeten.

Tip: als laatste handeling kunt u de behandelde laag opnieuw verscherpen, via menu **Verbeteren**, **Automatisch verscherpen**. Dit is weliswaar min of meer het tegenovergestelde van egaliseren van de huid, maar de problemen zullen niet in dezelfde orde terugkeren.

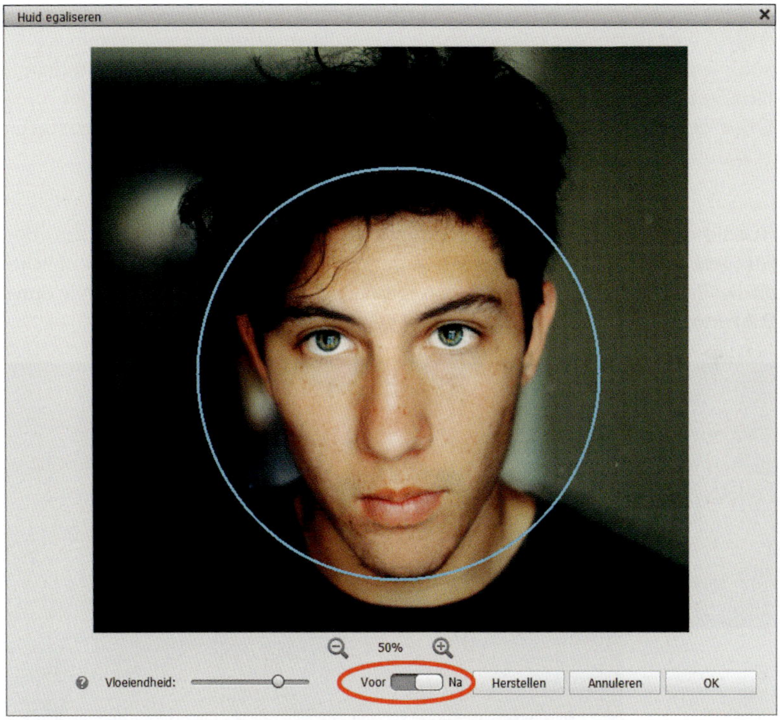

Controleer bij het egaliseren van de huid met de Voor/na-knop of de ogen buiten schot blijven.

Rimpels behandeld met het retoucheerpenseel.

Rode flitsogen verwijderen

We hebben al eerder opgemerkt dat de automatische functie om rode flitsogen te verwijderen niet altijd even goed werkt. De handmatige variant werkt daarentegen behoorlijk feilloos. Zoom vooraf op beide ogen in door met het zoomgereedschap een selectiekader te trekken.

1. Kies gereedschap Oog en klik op een rood gedeelte van een oog of trek met een ruime rechthoek om het oog en klaar is Kees.

2. Is het resultaat niet helemaal naar wens (soms blijft nog wat rood achter), maak de wijziging dan ongedaan en stel een donkerder waarde in op de optiebalk.

Rode ogen zoeken Hoe vindt u snel foto's met rode ogen in de catalogus? Door tags en metagegevens te doorzoeken. Het helpt enorm als u eerder automatische analyse hebt uitgevoerd (zie hoofdstuk 11). In dat geval kunt u snel met behulp van automatische tags foto's met gezichten bij elkaar zoeken. Een tweede criterium is flitsergebruik, aangezien rode ogen altijd het gevolg zijn van flitslicht. Kies in de Organizer de opdracht **Zoeken**, **Op details** en geef als zoekcriterium **Flitsstatus** is **afgegaan**.

Huisdieren zijn een gewild fotografieobject, maar ook zij kunnen gevoelig zijn voor flitsogen; al pakt dat bij hen net iets anders uit, namelijk in de kleur geel of lichtblauw. En daar reageert het Rode-ogengereedschap niet op. Vult u echter de optie **Dierenogen** in, dan komt het helemaal goed.

Gecorrigeerde dierenogen.

Tanden witter

U hebt vast al het tandenborsteltje gezien in de snelle modus. Dit is inderdaad het gereedschap om tanden witter te maken.

1. Zoom sterk op de tanden in en kies de tandenborstelknop in de gereedschapsbalk.

2. Kies een diameter in de optiebalk (niet te groot, een te grote diameter beïnvloedt onbedoeld ook de lippen) en sleep over de tanden.

3. Hebt u per ongeluk toch onbedoelde gebieden behandeld? Kies de verwijderknop op de optiebalk, maak eventueel de diameter iets kleiner en sleep over het overbodige gebied om de selectie te verkleinen.

   Keer terug naar degeavanceerde modus. De tandencorrectie is in een zogeheten *aanpassingslaag* ondergebracht. De transparantie van de laag staat op vijftig procent.

4. Wijzig de laagdekking voor een sterker of zwakker effect.

Extra aanpassingslaag Vindt u het tandeneffect niet sterk genoeg, maak dan een extra aanpassingslaag Kleurtoon/verzadiging (uiteraard met hetzelfde masker) en verminder via de instellingen de verzadiging en verhoog de helderheid.

Geavanceerde modus Ook in de geavanceerde modus kunt u tanden witter maken. Gebruik hiervoor gereedschap Slim penseel. Kies via de optiebalk categorie **Portret** of **Alle doeleinden**. Hierbinnen vindt u een penseel met het juiste effect.

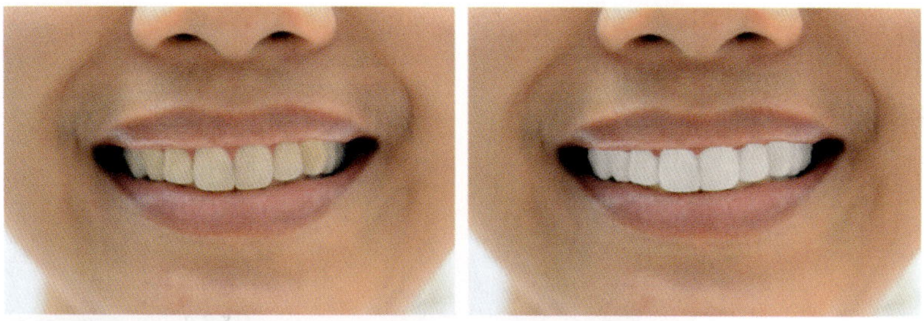

Tanden witter maken is een subtiel klusje.

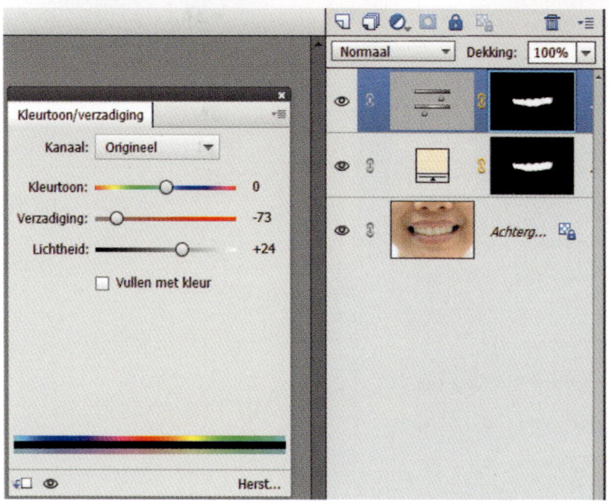

Als u het resultaat niet sterk genoeg vindt kunt u een extra aanpassingslaag Kleurtoon/verzadiging toevoegen en hier de helderheid verhogen en verzadiging verminderen.

Lippen roder

Om lippen roder te maken gebruiken we het gereedschap **Slim penseel** (F) in de geavanceerde modus.

1. Open de minatuurkeuzelijst in de optiebalk, kies de categorie **Portret** en hierbinnen de optie **Lippen roder maken**, en sleep over de lippen; ze worden ter plekke rood gekleurd.

2. Pas de omvang van het behandelde gebied eventueel aan met de toevoeg- of aftrekmodus van het penseel (in de optiebalk of het lokale palet). Dubbelklik eventueel op het rode of groene vakje om een andere kleurtint te kiezen.

3. Klik eventueel op de knop **Randen verfijnen** om de overgang wat zachter te maken. Versleep schuifknop **Doezelaar** en voer uit naar **Laagmasker**.

4. Pas eventueel de dekking van de aanpassingslaag aan in het lagenvenster (zie hoofdstuk 7).

Lippen roder met Slim penseel.

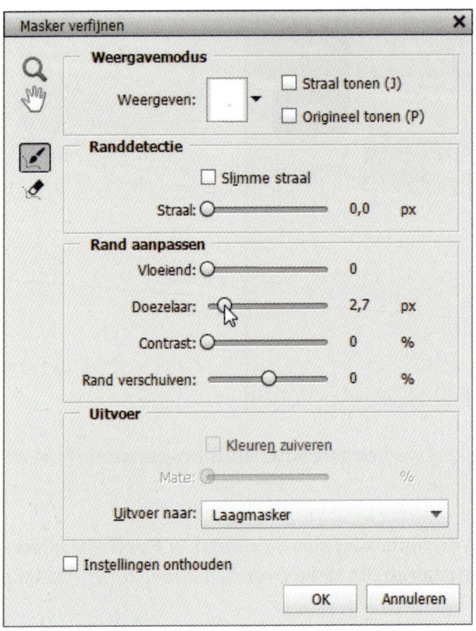

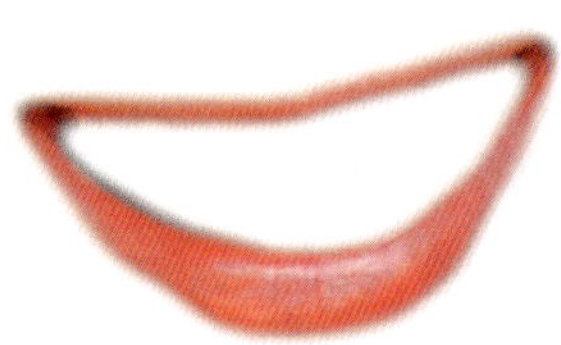

Pas eventueel achteraf de doezelwaarde van de selectierand aan.

Sprekender ogen

Op dezelfde manier als hierboven kunt u iemand extra heldere ogen geven. Kies als categorie **Portret** en daarbinnen **Ogen lichter maken**. Sleep vervolgens met het penseel een selectiekader rond beide ogen. Pas de helderheid eventueel aan met de dekking in het lagenvenster.

Resultaat.

Gesloten ogen openen

Een opmerkelijke functie waarmee u één klap mislukte foto's van de prullenbak redt is die waarmee u gesloten ogen kunt openen. Dit klinkt als te mooi om waar te zijn, maar het is eigenlijk vrij simpel. Er wordt namelijk leentjebuur gespeeld met de ogen van een andere foto. Er is een setje 'donor'voorbeelden bijgevoegd, maar u kunt ook shoppen in uw eigen verzameling. Het hoeft geen portret van dezelfde persoon te zijn, maar het resultaat wordt wel beter naar mate de lichtomstandigheden en de invalshoek overeenkomen.

1. Kies het gereedschap Oog en klik op knop **Dichte ogen openen** (zie ook het menu **Verbeteren**).

   De functie moet het probleemgebied wel herkennen. Als de cirkel niet om de juiste plek ligt heeft het geen zin om verder te gaan.

2. Klik op een voorbeeldfoto of op **Organizer** om een foto uit uw eigen catalogus te halen.

3. Kies links een subcategorie (bijvoorbeeld **Personen** of **Trefwoordtag**) om het zoekgebied te beperken en selecteer een of meer foto's.

Ook hier helpt het als u eerder een automatische analyse hebt uitgevoerd; dan kunt u bijvoorbeeld de tag Personen of Familie als filteroptie inschakelen. Wilt u terug naar de voorbeeldset verwijder dan uw eigen selectie stuk voor stuk.

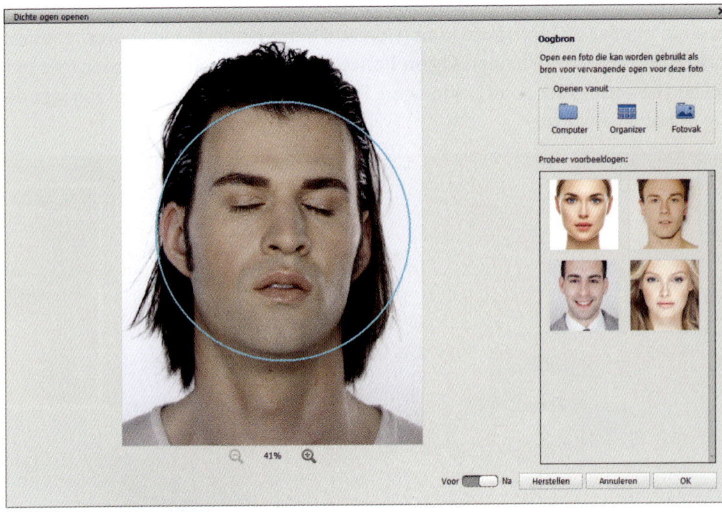

Gesloten ogen kunnen een foto verpesten, maar het programma voorziet in diverse donorogen.

Eindresultaat. De reddingsoperatie slaagt overigens alleen als de belichting onderling niet te veel afwijkt. Als alternatief kunt u eventueel donorfoto's uit uw eigen verzameling gebruiken.

Andere gezichtskarakteristieken

mijn.cc/psel2412

De functie **Gezichtskenmerken aanpassen** (menu **Verbeteren**) is bedoeld om portretfoto's te corrigeren. Zo kunt u een gezicht wat vriendelijker maken door mondhoeken iets op te trekken. Maar er is nog veel meer mogelijk: grotere ogen, vollere lippen, een bredere kaaklijn enzovoort. Voorwaarde is wel dat de geportretteerde recht in de lens kijkt. De functie werkt ook bij groepsportretten. Klik in het laatst geval op de persoon die u wilt behandelen; de gezichtsring moet blauw van kleur zijn. Kies hierna een gezichtsonderdeel en pas de kenmerken met de schuifbalken aan. Let op: de gezichtsring valt niet over alle portretten even goed. Helaas is dit nog niet handmatig aan te passen.

Ook het hoofd als geheel kunnen we aanpassen door het een paar graden te draaien. Dat kan in diverse richtingen. We kunnen het een knikje geven (een variant die nauwelijks vervorming geeft) of het gezicht iets naar links of rechts draaien, of naar boven of beneden.

Als u goed kijkt ziet u dat de mondhoeken ietsje zijn opgetrokken.

Ook het gezicht een paar graden kantelen behoort tot de mogelijkheden.

Doos van Pandora

Het Slim penseel is de doos van Pandora; het is echt een manusje van alles. Behalve lippen roder, tanden witter en ogen sprekender maken bevat het tientallen andere schildereffecten. Het penseel lijkt sterk op het gereedschap Snelle selectie (zie hoofdstuk 6), in die zin dat het gevoelig is voor de karakteristieken van de afbeelding: het voegt gelijkende, aaneengesloten gebieden aan de selectie toe. Dit kan efficiëntieverhogend werken, maar het kan zich ook tegen de gebruiker keren als deze andere bedoelingen heeft. Vindt u dit gedrag hinderlijk, schakel dan over naar het zustergereedschap **Gedetailleerd slim penseel** in de optiebalk. Hierbij worden alleen pixels geselecteerd die daadwerkelijk door het penseel zijn aangeraakt. Een ander gemeenschappelijk kenmerk is de selectiemodus: u kunt wisselen tussen uitbreiding en verkleining van het actuele selectiegebied. Wissel hiertussen met het plus- en minpenseel, of met behulp van de Shift- en Alt-toets.

Het unieke kenmerk is de grote hoeveelheid uiteenlopende effecten die u kunt toepassen, zie de miniatuurlijst op de optiebalk. Het is eigenlijk te veel om op te noemen: u kunt bijvoorbeeld grijze luchten blauwer maken (categorie Natuur), lokaal het contrast versterken, met allerlei transparante verlooptinten het kleurbeeld wijzigen of zelfs psychedelische kleuren toevoegen. Merk ook op dat het effect op een aparte aanpassingslaag wordt toegepast. De originele informatie blijft dus in tact en via het lagenvenster kunt u de sterkte van het toegepaste effect achteraf bijsturen.

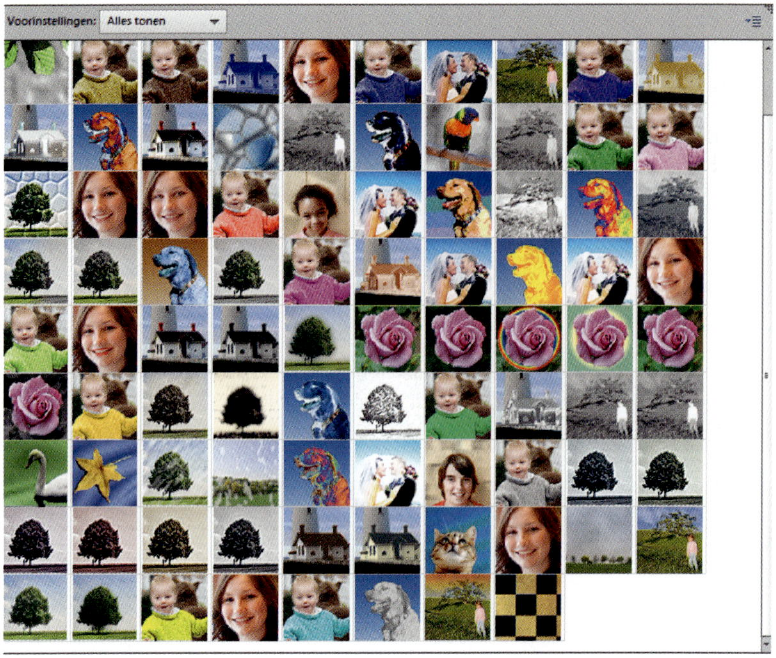

De effecten van het slim penseel zijn talloos.

Naar zwart-wit omzetten

Soms is zwart-wit gewoon mooier. Zwart-wit is sober maar heeft de grootste rijkdom aan contrast en dat maakt de foto vaak dramatischer en stemmiger. Ook als een foto van zichzelf grijzig is en fletse kleuren bevat, knapt deze er vaak van op als we hem naar zwart-wit omzetten. In de snelle modus kan dat bijvoorbeeld door in deelvenster Kleur de verzadiging tot nul terug te brengen. De geavanceerde modus heeft meer instelopties:

1. Kies **Verbeteren**, **Omzetten in zwart-wit**.

2. Kies linksonder in het dialoogvenster een grijswaardenstijl, liefst een die past bij de scène, bijvoorbeeld voor landschappen of portretten.

3. Breng met de schuifbalken in het vak **Intensiteit aanpassen** eventueel een nadere verfijning aan.

Wilt u slechts een gedeelte van de afbeelding zwart-wit maken, kies dan in de instructiemodus **Zwart-wit selectie** of **Zwart-wit kleuraccent** (beide in de categorie Foto-effecten) of kies in de geavanceerde modus het slim penseel (zie de paragraaf *Doos van Pandora* op pagina 91). Maak de selectie en kies een effect uit de categorie Zwart-wit. Hier houden de mogelijkheden niet op. Ook veel effecten uit het filtermenu zetten de afbeelding om naar zwart-wit, zie de volgende paragraaf. De laatste mogelijkheid is de meest rigoureuze: het wijzigen van de kleurruimte naar grijswaarden, zie hoofdstuk 5.

Links: met name bij architectonische foto's kan zwart-wit meer drama geven.
Rechts: gedeeltelijke omzetting naar zwart-wit kan met het slim penseel of in de instructiemodus.

Van zwart-wit naar kleur

Binnen zekere marges is het mogelijk om kleur aan zwart-witfoto's toe te voegen, bijvoorbeeld met behulp van de aanpassingslaag Fotofilter, maar dit is een tijdrovend proces. Voor elke gewenste kleur hebt u een apart laagfilter nodig en u zult met maskers moeten werken om de kleur niet op onbedoelde delen te morsen. Ook moet u er rekening mee houden dat lichtere gebieden makkelijker in te kleuren zijn dan donkere. Een alternatieve methode biedt de optie **Foto inkleuren**.

1. Neem een zwart-witfoto en kies vervolgens **Verbeteren**, **Foto inkleuren**. Klik vervolgens op een van de voorvertoningen rechts op het scherm.

   Wilt u kleine correcties plegen op de toegepaste inkleuring, dan zet de schuif bovenin op **Handmatig**.

2. Selecteer met het snelle penseel of toverstafje het gebied dat u wilt aanpassen.

   Merk op dat u gerust van selectiegereedschap kunt wisselen; zie hoofdstuk 6 voor meer informatie.

3. Klik op de knop **Tool Druppel** en vervolgens binnen het selectiegebied om nog specifieker aan te geven om welk gebied het u is te doen.

   Op grond van de aangeklikte pixel wordt berekend welke vervangingskleuren mogelijk zijn.

4. Kies een kleur en klik vervolgens op het symbool in de afbeelding om de inkleuring toe te passen.

Merk op dat als het selectiegebied groot genoeg is u zelfs meerdere druppelsymbolen kunt plaatsen – dit betekent dus ook dat u meerdere kleuren kunt toevoegen.

Een automatisch ingekleurde zwartwitfoto. Vaak krijgt de foto hierdoor een retro-achtig effect.

Eigen stijl met Filters

Geleidelijk zijn we het pad van corrigeren en retoucheren aan het verlaten en concentreren we ons steeds meer op foto's een eigen stijl geven. Dit deden we al in de snelle modus, maar ook de geavanceerde modus biedt keuze uit tientallen filters die daarbij helpen. Sommige zijn bedoeld om vervorming tegen te gaan of juist te introduceren, andere voegen vervaging of verscherping toe en weer andere hebben artistieke pretenties. Kenmerkend voor de laatste groep is dat ze bepaalde afbeeldingsinformatie wegfilteren of de bestaande informatie opschudden. Pas bijvoor-

Filter Beeldroman, Geverfd grijs.

beeld filter **Beeldroman** toe (menu **Filter**, **Schets**). Ook aardig in dezelfde groep zijn **Stripverhaal** en **Pen en inkt**. Klik vervolgens op een voorinstelling (een van de miniaturen) en pas het effect eventueel aan met de diverse schuifbalken. Maak de randen van het effect eventueel iets zachter door een of twee keer op de knop **Toevoegen** te klikken (dit is een soort anti-aliasfunctie). Tip: om snel een indruk te krijgen bladert u langs de verschillende filters via de opdracht **Filter**, **Filtergalerie.**

Zelfs binnen een filter kunt u nog veel kanten op. Dit is ook Beeldroman maar dan categorie Fijne details.

Blader langs de verschillende filters met de filtergalerie.

Het toepassen van een structuur met Mozaïektegels.

Compositie verbeteren

De compositie van een foto kan om allerlei redenen verstoord raken. Een fotograaf is meestal op het centrale object geconcentreerd en daardoor kunnen elementen de afbeelding binnensluipen (meestal aan de rand) die er niet thuishoren. Deze kunnen we natuurlijk wel verwijderen, maar we willen niet dat er een gat in de afbeelding ontstaat. Doe daarom het volgende. Teken losjes een selectie om het object en kies **Bewerken, Selectie opvullen** en in de keuzelijst **Inhoud behouden**. Het element wordt niet alleen verwijderd, maar het gat wordt tevens opgevuld met materiaal uit de nabije omgeving.

Een ander compositieprobleem kan zijn dat objecten in de afbeelding onderling weinig relatie lijken te hebben. In dat geval kunt u proberen een object te verplaatsen teneinde de onderlinge interactie te vergroten. Dat is best een uitdaging, want het zijn natuurlijk niet echt losse objecten. Maar goed, we zijn er om uitdagingen aan te gaan. Gebruik hiervoor het selectiegereedschap **Verplaatsen met behoud van inhoud**.

1. Selecteer het gereedschap en kies de optie **Verplaatsen** (de andere optie resulteert in een kopie).

2. Teken een selectie om het object (en dat hoeft niet per se heel nauwkeurig, afhankelijk van de achtergrond) en versleep het naar een andere plek.

3. Merk op dat het programma het achtergebleven gat opvult. Pas met schuifbalk **Retoucheren** het resultaat eventueel aan; let hierbij op de begin- en eindlocatie.

Een goed eindresultaat hangt van de lokale omstandigheden af, maar ook van de kwaliteit van de selectie: deze mag niet te strak maar ook niet te ruim zijn. Tip: u mag andere selectiegereedschappen gebruiken alvorens te verplaatsen. Een klein bufferrandje van pakweg drie pixels om een strakke selectie geeft over het algemeen het beste resultaat.

Storende elementen verwijderen.

Verbeterd met Verplaatsen met behoud van inhoud. Merk op dat de oorspronkelijke plek van het jongetje netjes is opgevuld.

Overige retoucheergereedschappen

De complete set retoucheergereedschappen vinden we in de groep Verbeteren op de gereedschapsbalk (vervolgpijlen duiden op aanvullende gereedschappen). Voor zo ver nog niet de revue gepasseerd, nemen wij deze hieronder door. Tip: met toetsen] en [, de rechte haakjes dus, kunt u snel de penseeldiameter aanpassen. Meer nuttige informatie over penseeleigenschappen vindt u in hoofdstuk 10. Voorts wil ik wijzen op het gereedschap **Opnieuw samenstellen** dat zich niet in de groep bevindt, maar wel degelijk retoucheerkenmerken bezit, zie hoofdstuk 5.

Snel retoucheerpenseel

Net als het gewone retoucheerpenseel (zie de paragraaf *Mensen mooier maken* op pagina 83) is het gereedschap Snel retoucheerpenseel geschikt om schoonheidsfoutjes in een gezicht weg te halen. In tegenstelling tot het gewone retoucheerpen-

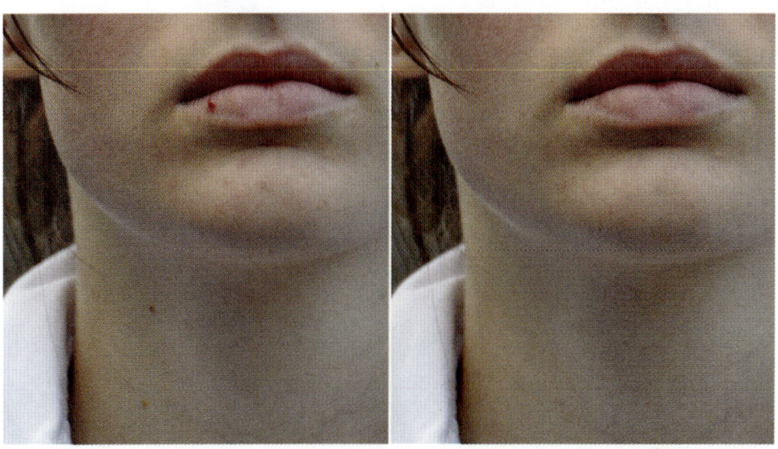

Zoek de verschillen: het snel retoucheerpenseel is uitstekend geschikt om kleine oneffenheden in de huid te corrigeren.

seel gebruikt u geen kloongebied, maar wordt *on the fly* nieuwe informatie gegenereerd met behulp van afbeeldingsinformatie rondom en onder het penseel. U kunt rustig een penseel met harde randen gebruiken; het gereedschap zelf zorgt voor zachte overgangen. Het resultaat is vaak verrassend goed, al bent u sterk afhankelijk van de direct omliggende informatie. Is het resultaat niet als gewenst, experimenteer dan met het type nieuwe informatie dat wordt gegenereerd: **Structuur maken** werkt vaak goed bij het weghalen van rimpels en bij het doen verdwijnen van een lantaarnpaal tegen een bewolkte lucht hadden wij het meeste succes met het type **Inhoud behouden**.

Vraag: hoe geven we dit paard zijn vrijheid terug?

Antwoord: met het Snel retoucheerpenseel!

Vervagen

Met het gereedschap **Vervagen** kunt u onder andere oneffenheden dempen, bijvoorbeeld in een huid. Het wordt vaak als een voorbehandeling ingezet, waarna het retoucheerpenseel de klus afmaakt. Ten tweede kunt u harde overgangsranden van 'geplakt' beeldmateriaal zachter maken. Vaak ziet dit materiaal er daadwerkelijk geplakt uit, en dit kunt u verminderen door met een kleine penseeldiameter over de randen te slepen. Het gereedschap is minder geschikt om complete achtergronden te vervagen, teneinde meer aandacht naar het object op de voorgrond te trekken. Daar zijn andere methoden geschikter voor, zie de functie Kantelen en verschuiven van de instructiemodus in hoofdstuk 3, en onderstaande tip.

Het betere vervagen De retoucheergereedschappen zijn bedoeld voor het subtielere werk. Is het effect van **Vervagen** niet sterk genoeg? Ga dan naar het menu **Filter** en kies **Vervagen**, **Gaussiaans vervagen**.

Verscherpen

Gereedschap **Verscherpen** geeft een effect dat het tegenovergestelde is van vervagen. Het maakt het behandelde gebied iets meer "crispy". Het gevaar bij verscherpen is echter de introductie van ruis. Terughoudendheid is dus gepast – en zoom in op 100% voor een afgewogen oordeel. Wilt u de gehele afbeelding aanpakken, gebruik dan de automatische knop in het deelvenster Scherpte in de snelle modus.

Voor gevorderden – Als u meer controle wilt hebben over de mate van verscherping, kies dan **Verbeteren**, **Scherpte aanpassen**. Hierbij kunt u in een dialoogvenster de scherpte traploos aanpassen. Gebruik de schuifbalken **Hoeveelheid** en **Radius** om de sterkte van het effect te variëren.

Verscherpen is altijd de sluitpost Wat uw handelingen ook zijn, voer het verscherpen altijd pas als laatste uit. Zet hierbij het zoompercentage op 1:1, zodat u goed kunt zien wat dit voor het ruisniveau betekent.

Natte vinger

Het gereedschap Natte vinger beoogt het effect van vingerverven na te bootsen. Vaag loopt de penseelstreek uit in een verwaaid effect. Het kopieert de kleur van de plaats waar de streek begint en duwt deze in de richting waarin u sleept. Dit kan nogal wat rekenwerk kosten, vooral als u een groot type penseel kiest en een hoge sterkte instelt in de optiebalk. Als u de optie **Vingerverf** op de optiebalk inschakelt, wordt het effect gecombineerd met de actuele voorgrondkleur uit de gereedschapsbalk.

Kloonstempel en patroonstempel

Met de kloonstempel kunt u een deel van de afbeelding tijdens het schilderen rechtstreeks naar een ander deel kopiëren. Stel dat u de toren in de afbeelding op de volgende pagina wilt weghalen. U kunt er dan wel met een voorgrondkleur overheen schilderen, maar die oplossing is nogal opzichtig. Een alternatief is een stuk uit de lucht kopiëren en dat eroverheen leggen. Dit is wat de kloonstempel doet, alleen zonder selecteren, kopiëren en plakken en het maken van een aparte laag. De kloonstempel werkt eenvoudig:

1. Kies een penseeltype en stel de opties in de optiebalk in (gebruik bij voorkeur een penseel met zachte randen).

2. Alt+klik op de plek die u wilt kopiëren.

3. Laat vervolgens de muisknop los en dirigeer deze naar het begin van de plek die u wilt bedekken.

4. Klik opnieuw en beweeg de muis.

Met de kloonstempel wordt informatie al schilderend van elders gekopieerd.

Parallel aan de muis beweegt een kruisaanwijzer die het kloonpunt aangeeft waarvandaan de pixels worden gekopieerd. Dreigt het kloonpunt onbruikbare informatie door te geven, Alt+klik dan op een nieuwe plek en ga door met klonen.

Met de kloonstempel kan men ook informatie vanuit een andere afbeelding kopiëren.

Met de patroonstempel schildert u niet met gekopieerde gedeelten uit de afbeelding, maar met een kant-en-klaar patroon dat automatisch wordt herhaald. In de praktijk biedt dit gereedschap weinig meerwaarde. Kies een patroon in de optiebalk, stel eventueel de andere opties in en schilder in de afbeelding.

Toongereedschappen

De toongereedschappen (toets O) met de wat vreemde namen Spons, Doordrukken en Tegenhouden behoren tot de subtielste uit de gereedschapsbalk. In feite doen ze waar we dit hoofdstuk mee zijn begonnen: ze passen kleur en belichting aan, met dit verschil dat u nu op lokaal niveau werkt. Met **Spons** maakt u kleuren verzadigder of juist minder verzadigd, afhankelijk van de modus op de optiebalk. Met **Doordrukken** (wit handje) kunt u de helderheid van per toongebied verminderen. Het is vooral bedoeld om details in hooglichten naar voren te halen, bijvoorbeeld in wolkenluchten. In het keuzevak **Bereik** kunt u echter ook de andere toongebieden selecteren. **Tegenhouden** doet het omgekeerde: het probeert detail in donkere gebieden naar voren te halen door deze lichter te maken. Ook hier kunt u andere toongebieden kiezen. Met schuifbalk **Belichting** stelt u de sterkte van het effect in. De kracht van deze gereedschappen zit 'm erin dat zij zichzelf beperken tot het ingestelde toongebied. Dit betekent (in de meeste gevallen) dat u niet eerst een selectie met selectiegereedschappen hoeft te maken. U kunt dus losjes over een grensgebied met lichte en donkere pixels bewegen, en het gereedschap weet dan zelf wel welke pixels het moet behandelen en welke niet. Een fijne afgeleide toepassing van de gereedschappen Tegenhouden en Doordrukken is het suggereren van schaduw en lichtval. Hierdoor kunt u platte objecten meer tot leven laten komen door ze ogenschijnlijk diepte mee te geven.

Ziet u welke letter is geschreven met de spons (minder verzadiging)?

Met Tegenhouden en Doordrukken kunt u schaduw en lichtval suggereren waardoor objecten meer tot leven komen.

mijn.cc/psel2411

Beweging aan foto's toevoegen

Een stap verder dan het klassieke retoucheren is de optie om beweging aan foto's toe te voegen. Dit is beter bekend onder de naam animatie. Deze ontwikkeling is in 2021 ingezet en kent inmiddels drie varianten: bewegende foto's, overlays en elementen. Uiteraard laat het resultaat zich in een boek wat moeilijk demonstreren, daarom zijn enkele voorbeelden toegevoegd bij de oefenbestanden. Aangezien het effect nogal wat rekentijd kost en de bestandsomvang bij grote afbeeldingen exponentieel kan oplopen, is het verstandig de foto eerst op maat te maken, zie hoofdstuk 5. Bijvoorbeeld 600 pixels voor een online afbeelding is vaak breed zat.

Bewegende foto's

Deze variant wekt de suggestie alsof de foto vanuit een bewegend (film)camerastandpunt is gemaakt. Er is een 2D- en 3D-variant. De eerste is niets bijzonders en vergelijkbaar met het verschuiven van een foto over het bureaublad. De suggestie van 3D is natuurlijk leuker. Niet iedere foto leent zich hier overigens voor; deze heeft wel voldoende contrast nodig en liefst ook een centraal object dat zich van de achtergrond onderscheidt. Dat is namelijk de scheidslijn tussen stilstand en beweging. U kunt verschillende bewegingseffecten toepassen, zoals links/rechts, op en neer, maar ook zoomen, eveneens resulterend in een 3D-achtige beleving.

1. Kies **Verbeteren**, **Bewegende foto's**.

2. Controleer of de schuifknop **3D-effect** is ingeschakeld en dubbelklik op een effect uit de keuzelijst. Gebruik de afspeelknop onder in het scherm.

3. Klik op **Exporteren** om de informatie in een animatiebestand op te slaan.

Merk op dat u keuze hebt uit twee formaten, GIF en MP4. Kies MP4 voor eigen gebruik – dat geeft namelijk een betere kwaliteit – en kies GIF as u het resultaat wilt delen. Pas de bestandsomvang eventueel verder aan door afmetingen of beeldkwaliteit te wijzigen. Bedenk dat wat u aan kilobytes uploadt, de ontvangende partij moet downloaden, dus *lean and mean* is het credo. Dit soort materiaal wordt zelden op haar optische kwaliteit beoordeeld maar op het bewegend effect.

Er is niet veel voor nodig dit hangmatmeisje letterlijk te laten schommelen...

Bewegende overlays

Bewegende overlays maakt een statische foto eveneens dynamisch, maar dan via toegevoegde ronddartelende content. U hebt keuze uit drie categorieën. Onder de noemer **Overlays** vindt u allerlei soorten globaal strooisel, zoals confetti, sneeuw, hartjes, sterren of vuurwerk. In de categorie **Frames** vindt u opties om de afbeelding een bewegend kader te geven, en de categorie **Afbeeldingen** bevat lokaal te plaatsen animaties, zoals rook of vuur.

1. Kies **Verbeteren**, **Bewegende overlays**.

2. Kies een van de categorieën (bijvoorbeeld **Overlays**) in de keuzelijst rechtsboven en dubbelklik op een animatieontwerp. Klik op de afspeelknop onderin om het effect te beoordelen.

3. Schakel **Onderwerp beveiligen** in als de animatie zich alleen rondom het onderwerp mag afspelen maar niet eroverheen. Klik op de knop **Overlay verfijnen** en schakel de optie **Selectie tonen** in als u het te beschermen onderwerpgebied met een penseel handmatig wilt aanpassen. Let op: met de modus **Aftrekken** vergroot u het afgeschermde gebied, met **Toevoegen** verkleint u het.

4. Klik op **Exporteren** om de informatie in een animatiebestand op te slaan; zie de vorige paragraaf.

Merk op dat u geplaatste animaties kunt schalen (handig bij bijvoorbeeld frame-animaties). Versleep hiervoor de hoekpunten. Minder makkelijk misschien is het materiaal verplaatsen. Normaliter doen we dit door de (animatie)pixels te verslepen, maar misschien door transparantie en een grillige vorm zijn zij moeilijk te pakken. De truc hier is de muis iets langer op een hoekgreep ingedrukt houden. Na een paar tellen verander het kader, en dit kader is wel makkelijk te verplaatsen. Als dit toch niet lukt, gebruik dan de pijltoetsen op het toetsenbord.

Combineren mag U kunt animaties uit verschillende categorieën combineren, en soms animaties binnen dezelfde categorie (bijvoorbeeld rook en vuur uit de categorie Afbeeldingen). Dit geldt echter niet voor frames – waarom zou je ook? Wel neemt de bestandsomvang dan flink toe.

Dwarrelende hartjes, u kunt zich er vast iets bij voorstellen.

Een vlammend kader.

Met Bewegende overlays kunt u aan dit winterlandschap zowel een sneeuwbui als dansende vlinders toevoegen.

Bewegende elementen

mijn.cc/psel2414

In tegenstelling tot Bewegende overlays wordt bij Bewegende elementen geen extra materiaal toegevoegd, maar de suggestie van beweging op bepaalde delen van de afbeelding zelf toegepast. Welk deel precies bepaalt u met de selectiegereedschappen. Verwacht geen mooie scherpe animaties, het gaat om de suggestie. Het geselecteerde element moet wel enige tekening hebben. Aldus kunt u de maan laten draaien, een vlag laten wapperen of een waterval laten stromen.

1. Kies **Verbeteren**, **Bewegende elementen**.
2. Gebruik de selectieknoppen **Achtergrond** of **Lucht** (bij afbeeldingen met luchten) om het beoogde deel van de afbeelding te selecteren waarop de beweging van toepassing moet zijn. Ook de knop **Automatisch** is een goed vertrekpunt. Trek hiermee een kader om het beoogde object.
3. Met de optie **Masker** kunt u spieken wat wel en niet (rood) tot de selectie behoort. Pas de selectie eventueel aan met het gewone of snelle penseel (zie hoofdstuk 6 voor het abc van selecteren).
4. Klik op de pijlknop bij sectie 2 en trek op de afbeelding een lijn waarmee u de richting van het effect aangeeft. De pijl hoeft zich niet per se binnen het selectiegebied te bevinden. Verwijder de pijl door op het minuscule pictogram te klikken.
5. Klik op de afspeelknop onderin om het effect te beoordelen. Zet het effect eventueel op pauze en pas de snelheid aan via de schuifbalk.
6. Klik op **Exporteren** om de informatie in een animatiebestand op te slaan.

Psychedelisch effect Merk op dat u meerdere pijlen kunt trekken. Teken bijvoorbeeld vier pijlen vanuit de hoeken naar het middelpunt waardoor het lijkt alsof het materiaal een wat psychedelisch effect heeft. Ook kunt u per (geselecteerde) pijl de snelheid aanpassen.

Deze vlag laten wapperen op de maan is geen probleem met Bewegende elementen. Nu maar hopen dat deze niet om andere redenen als fake wordt afgedaan...

5

Afbeeldingsgrootte

In dit hoofdstuk bespreken factoren die afbeeldingsgrootte en bestandsgrootte beïnvloeden. Centraal hierbij staan resampling en uitsnijden, maar ook de kleurmodus waarin wordt gewerkt is van invloed.

mijn.cc/psel2401

Te veel of te weinig informatie

Op het moment dat door de fotograaf de ontspanknop wordt ingedrukt, ligt de hoeveelheid informatie die de foto bevat vast. Deze hoeveelheid drukken we uit in het aantal pixels; hoe meer pixels, des te groter de afbeelding. Of we al die informatie nodig hebben hangt van het doel af waarvoor we de foto gebruiken. Blijkt de foto bijvoorbeeld een schot in de roos en wilt u deze op posterformaat afdrukken, dan hebt u alle pixels nodig die u krijgen kunt. Maar als weergave op een beeldscherm het enige lot is, kun je terecht de vraag stellen waarom de foto dan groter zou moeten zijn dan het beeldscherm zelf. En dit geldt natuurlijk ook als we deze online delen. Het overschot aan pixels kan dan in een nadeel omslaan, in die zin dat zij onnodig ruimte in beslag nemen, er langer over doen om te laden en ook allerlei bewerkingsopties nemen meer tijd in beslag. Omgekeerd kan een afbeelding ook te weinig pixels bevatten. Als u een bepaalde ruimte te vullen hebt met vastgelegde afmetingen, maar het afbeeldingsbestand komt niet aan het aantal vereiste pixels, hebben we evenzeer een probleem.

Meten is weten Het scherm geeft diverse hints over de grootte van de afbeelding. Klik bijvoorbeeld met de rechtermuisknop op de liniaal en zet deze op pixels. Meer informatie toont de statusbalk. Houd de muis ingedrukt op het informatievak linksonder. Klik op de zwarte pijl en kies een variabele, bijvoorbeeld **Documentafmetingen**. Wilt u de bestandsomvang in kilobytes en megabytes weten, kies dan **Documentgrootte**.

Afbeeldingsgrootte en afdrukgrootte

De omvang van een digitale afbeelding wordt uitgedrukt in pixels; pixelbreedte en pixelhoogte om precies te zijn. Met elkaar vermenigvuldigd levert dit de totale pixelomvang om. Omdat ook bekend is hoeveel geheugenruimte 1 pixel in beslag neemt, kan het beslag van de gehele afbeelding op het werkgeheugen worden berekend. Deze informatie vindt u terug in de statusbalk en het venster Afbeeldingsgrootte. Open dit met Ctrl+Alt+I of met **Afbeelding, Vergroten/verkleinen, Afbeeldingsgrootte**.

Dit venster dient twee doelen. U kunt de afdrukgrootte controleren bij een gegeven resolutie en de afbeelding groter of kleiner schalen (zie volgende paragraaf). Het begrip resolutie slaat hier op informatiedichtheid; de standaard maateenheid is pixels per inch (ppi).

Schakel de optie **Nieuwe pixels berekenen** uit en de optie **Verhoudingen behouden** in. Wijzig de resolutie in de helft van de huidige waarde en zie wat met de documentafmetingen (standaard uitgedrukt in cm) gebeurt: deze verdubbelt.

Merk ook op dat de bestandsomvang (pixelafmetingen) gelijk blijft. Wat we dus doen is met dezelfde hoeveelheid informatie een groter oppervlak bestrijken, en dat is alleen mogelijk doordat de dichtheid van de informatie afneemt. Het is alsof we soep inschenken in grotere, maar ondiepere borden: het lijkt meer maar de hoeveelheid soep blijft dezelfde. Wat dit betekent voor de afdrukkwaliteit laat zich raden: dezelfde hoeveelheid informatie uitspreiden over een groter oppervlak heeft onvermijdelijk verlies van kwaliteit tot gevolg.

Omgekeerd geldt: hoe hoger de informatiedichtheid (resolutie), des te hoger de afdrukkwaliteit (en des te kleiner de afmetingen). U kunt de afdrukkwaliteit echter niet onbeperkt verhogen, want het laatste woord heeft de kwaliteit van de printer. Daarom een vuistregel: drukkers willen graag dat u materiaal op 300 ppi aanlevert; drukt u materiaal thuis af op een inkjetprinter dan is een waarde van 200 ppi meestal voldoende voor de optimale kwaliteit. Veel verwarring over deze materie bestaat doordat printerfabrikanten een totaal andere maat gebruiken om hun waar aan te prijzen: dpi (dots per inch) – dit heeft niks te maken met ppi.

Resamplen

Stel dat u een foto buiten de deur wilt afdrukken, maar de kwaliteitsnorm van 300 ppi doen de afmetingen dusdanig inkrimpen dat het beoogde posterformaat van 30 bij 50 cm niet gehaald wordt. Dan zit er niks anders op dan de afbeelding te resamplen. Dit is het fysiek 'opblazen' van de foto waarbij het aantal pixels echt toeneemt. Dit kan de afdrukcentrale voor u doen maar het is beter zelf de regie in handen te houden. Het heeft natuurlijk wel een keerzijde: de technische kwaliteit blijft weliswaar gelijk (op 300 ppi dus), maar de visuele kwaliteit neemt wel degelijk af. Het is soep verdunnen met water. Immers de oorspronkelijke pixelinformatie komt verder uit elkaar te liggen en de tussenliggende ruimte wordt opgevuld met nieuwe pixels waarvan de computer naar eer en geweten maar vooral op goed geluk de waarden berekent. Het goede nieuws echter is dat u enige speelruimte hebt. De

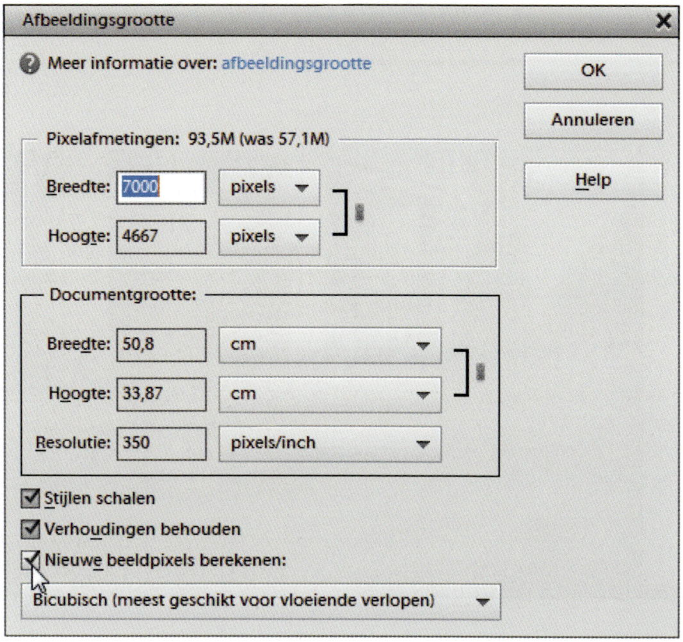

Dialoogvenster Afbeeldingsgrootte.

praktijk leert dat u de actuele omvang met ongeveer 30% kunt vergroten zonder dat de kwaliteit zichtbaar afneemt. Daarboven wordt het een lastiger verhaal. Voor resamplen (ook wel upsampling genoemd) schakelt u de optie **Nieuwe pixels berekenen** in waardoor u waarden kunt wijzigen in de bovenste twee velden **Breedte** en **Hoogte** in het vak **Pixelafmetingen**. Voer vervolgens een andere waarde in en merk op dat de pixelomvang nu wel verandert.

Op dezelfde manier kunt u een afbeelding kleiner maken, ook wel downsampling genoemd.

U kunt verschillende berekeningsmethoden kiezen, zie de keuzelijst onderin. Hoewel de verschillen marginaal zijn kunt u voor vergroting het best **Bicubisch vloeiender** aanhouden en voor verkleining **Bicubisch scherper**.

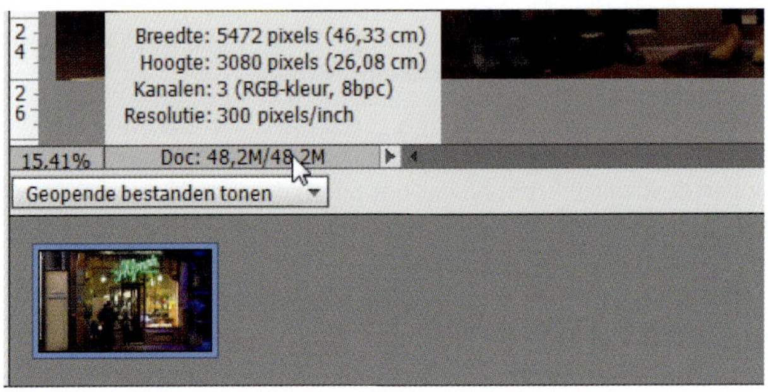

De statusbalk toont ook informatie over de afbeeldingsgrootte.

Kleiner maken door slepen Misschien wilt u een afbeelding liever op gevoel kleiner maken dan door exacte waarden in te voeren. Kies in dat geval **Afbeelding**, **Vergroten/verkleinen**, **Schaal** en sleep een hoekpunt naar binnen. De achtergrond wordt automatisch omgezet in een gewone laag.

Een alternatieve manier om een afbeelding kleiner te maken is de opdracht Schaal.

Als u de optie Verhoudingen behouden uitschakelt, zal de afbeelding bij resampling vervormen. Er zijn echter wel betere manieren om een model slanker te krijgen.

Afbeelding uitsnijden

Een andere manier om een afbeelding kleiner te maken is uitsnijden met het uitsnijdgereedschap, te activeren met toets C. De optiebalk toont een paar suggesties voor bijsnijden, maar meestal wilt u vorm en locatie van de uitsnede zelf bepalen. Zolang u nog niet op een suggestie hebt geklikt kunt u met ingedrukte muisknop een eigen vorm op de afbeelding tekenen. Klikt u wel op een suggestie (kies er een waarvan de randen in zicht blijven), dan kunt u met de blokjes in de hoeken en zijkanten de vorm alsnog aanpassen. Verdraai de uitsnede eventueel door buiten het uitsnijgebied te slepen; met ingedrukte Shift-toets roteert u in stappen van 15 graden. Verplaats de uitsnede door binnen het uitsnijgebied te slepen. Sluit altijd af met de bevestigingsknop (groene V).

Wat het resultaat van de uitsnede is hangt ook af van wat in de optiebalk staat ingesteld. Het gaat daarbij niet alleen om vorm, maar ook naar welke grootte wordt uitgesneden. Zo kent de keuzelijst een aantal beperkingen qua lengte-breedteverhouding. Kiest u bijvoorbeeld 12x12 cm, dan krijgt u alleen maar rechthoekige suggesties, en elke uitsnede zal ook daadwerkelijk 12 x 12 cm groot zijn. De keuzelijst is dus handig als u een afdruk op maat wilt maken voor een passe-partout met bepaalde afmetingen. De meest voorkomende fotomaten zijn hierin opgenomen. Wilt u een uitsnede van 10 bij 15 cm, maar wel rechtstaand, klik dan op de knop met de dubbele pijl om de lengte- en breedtewaarden om te wisselen. Er is overigens wel ergens een komma vergeten want wie wil er nu een foto van 64 bij 5 cm hebben?

Met **Geen beperkingen** uit de keuzelijst kunt u een uitsnede met een afwijkende lengte-breedteverhouding maken. Zolang u het vak **Resolutie** ongemoeid laat, is er in inderdaad sprake van sprake van uitsnijden naar een kleinere beeldomvang zoals je normaliter mag verwachten. Maar hoe gek het ook klinkt, u kunt ook uitsnijden naar een grotere beeldomvang, namelijk wanneer uitsnijden gepaard gaat met resampling. Dit gebeurt bij de optie **Fotoverhoudingen**. Deze houdt niet alleen vast aan de lengte-breedteverhouding van de actuele foto, maar resampelt het uitgesneden resultaat ook naar de oorspronkelijke afmetingen. Met andere woorden, de hoeveelheid beeldinformatie neemt af, maar het aantal pixels blijft gelijk. Als u de waarde in het vak **Resolutie** ophoogt, eindigt u zelfs met een groter pixeloppervlak. Houd daarom altijd de pixelafmetingen in de gaten, zowel voor als na de uitsnede; deze zijn te zien links onder de afbeelding naast het zoompercentage.

Tot slot kunt u ook nauwkeurig de gewenste breedte en/of hoogte van uw uitsnede opgeven in een bepaalde maateenheid. Gebruik hiervoor de invulvakken **Breedte** en **Hoogte**. Klik met de rechtermuisknop om de juiste maateenheid op te geven en voer dan de waarde in.

Uitsnijden en compositie

mijn.cc/psel2402

Een belangrijk aspect van uitsnijden is dat het de compositie beïnvloedt. U snijdt het randgebeuren weg, waardoor het centrale deel meer aandacht trekt. En verfijnder: door bijvoorbeeld de linkerrand weg te snijden kunt u een bepaald object net wat centraler zetten. Het gaat hier dus over vlakverdeling. Er zijn bepaalde regels, of beter gezegd richtlijnen, die daar iets zinnigs over kunnen zeggen. Waarom heeft de ene foto een harmonischer compositie dan de andere? Sommige fotografen hebben er een intuïtief gevoel voor, maar je kunt dit ook leren door kennis te nemen van die richtlijnen. De bekendste is de regel van derden. Die houdt in dat belangrijke lengte-elementen in de afbeelding zoals een boom of een horizon niet in het midden, maar op ongeveer eenderde worden geplaatst. U kunt hier tijdens het fotograferen al rekening mee houden, zodat u bij het uitsnijden kunt volstaan met de puntjes op de i te zetten. Dit doet u eenvoudig door in de optiebalk Rastertype **Regel van derden** in te schakelen en het uitsnijgebied dusdanig te verslepen, dat een lijn of snijpunt over het object valt.

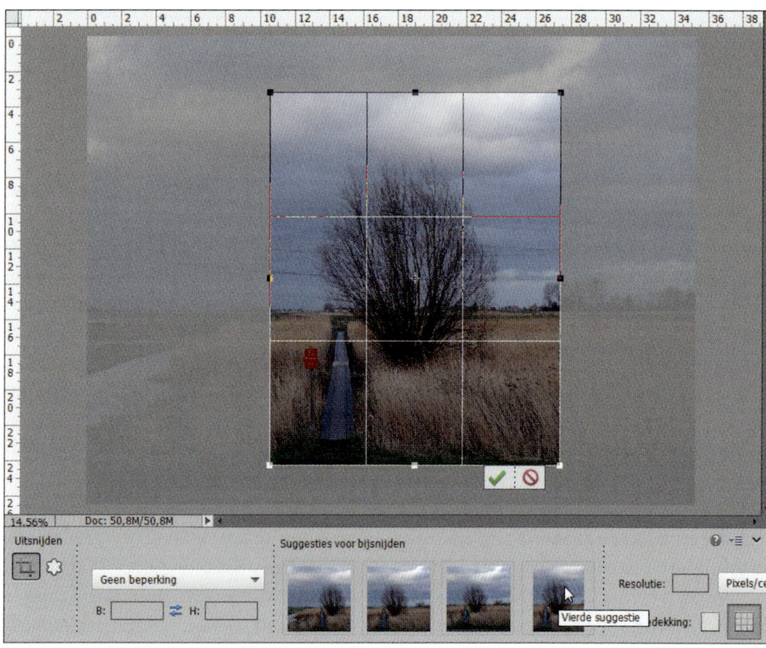

Het uitsnijdgereedschap analyseert wat het hoofdobject is en maakt op grond daarvan een viertal suggesties.

Het positioneren van objecten volgens de regel van derden.

Uitsnijden met perspectief

Met de gereedschapsvariant **Uitsnijden met perspectief** kunt u tegelijk ongewenste perspectiefvorming verminderen of juist toepassen. Houd het op kleine correcties, anders wordt het resultaat al snel lelijk. Een voorbeeld is een schilderij dat niet helemaal frontaal is gefotografeerd, en dus niet goed in het kader past dat u voor ogen hebt. U kunt de afwijking corrigeren door tijdens het tekenen van het uitsnijkader op de vierhoekpunten van het schilderij te klikken. De vorm van het raster kunt u ook hierna nog aanpassen. Let op, het gereedschap werkt contra-intuïtief. Ook hier wordt uitgesneden naar een rechthoekige vorm, en dat betekent dat de smalle kant van het kader juist wordt uitgerekt.

Aangezien de smalle kant wordt uitgerekt wordt de perspectiefwerking in dit geval verminderd.

Gereedschap Koekjesvorm

Het gereedschap Koekjesvorm is een speelse variant van het uitsnijdgereedschap. Het snijdt de afbeelding uit en maakt daarbij gebruik van kant-en-klare vormen, zoals pijlen, hartjes, symbolen enzovoort (het put uit dezelfde verzameling als de vormgereedschappen, zie hoofdstuk 9). Nadat u de vorm in uw foto hebt gesleept, kunt u het selectiekader verplaatsen en vergroten of verkleinen totdat u het gewenste gebied hebt geselecteerd.

1. Selecteer het gereedschap **Koekjesvorm**.

2. Kies in het keuzepalet op de optiebalk een specifieke vorm (kies met de menuknop van het palet eventueel een andere categorie) en stel desgewenst de vormopties in:

   - Kies **Onbeperkt** om een vorm van iedere mogelijke grootte of dimensie te kunnen tekenen.
   - Met **Gedefinieerde verhoudingen** blijft de verhouding tussen de hoogte en de breedte van de uitgesneden vorm behouden.
   - Kies **Gedefinieerde grootte** om de foto precies bij te snijden naar de door u gekozen grootte van de vorm.
   - Met **Vaste grootte** kunt u exacte maten opgeven voor de voltooide vorm.
   - Met **Vanuit middelpunt** tekent u de vorm vanuit het midden.
   - Geef een waarde op voor **Doezelaar** om de randen van de voltooide vorm zachter te maken.
   - Kies **Uitsnijden** om de afbeelding bij te snijden tot een rechthoekig kader waarin de getekende vorm precies past.

3. Klik op de bevestigingsknop om het uitsnijden te voltooien.

Uitsnede met het gereedschap Koekjesvorm.

En nog een uitsnede met Koekjesvorm.

Gereedschap Opnieuw samenstellen

Het vogelbekdier onder de gereedschappen is **Opnieuw samenstellen** (zie ook Speciale bewerkingen in de instructiemodus). Het heeft namelijk van alles wat. Op de eerste plaats is het een gereedschap om het formaat van de foto te wijzigen, een soort resampling dus. Maar omdat het vooral bedoeld is om een afbeelding smaller te maken kunnen we spreken van resampling met vervorming. Daarbij kunt u ook nog aangeven welke objecten mogen sneuvelen en welke objecten niet; denk aan hinderlijke paaltjes op de voorgrond, een soort retoucheren dus. Dat klinkt vrij wonderlijk, dus laten we het maar gewoon doen:

1. Kies een afbeelding die u wat smaller wilt maken en selecteer het gereedschap Opnieuw samenstellen.
2. Houd de Alt-toets ingedrukt en sleep een zijhandgreep aan de rand van de afbeelding naar binnen (de afbeelding wordt automatisch uit zijn achtergrond gehaald) en zie het probleem: alles wordt vervormd. Klik op de annuleerknop onderin.

Het voorbereidende werk: markeer met de groene stift wat niet vervormd mag worden en met de rode stift wat van het toneel mag verdwijnen.

3. Geef aan met de penselen welk object niet vervormd mag worden en wat juist wel weg moet:

   - Markeer het object dat niet vervormd mag worden met de groene stift **Markeren voor bescherming** op de optiebalk.
   - Markeer het object waar u vanaf wilt met de rode stift **Markeren voor verwijdering**. Beide gereedschappen hebben een hulpgummetje om een teveel aan markering te verwijderen.
   - Stel de sterkte van de bescherming in met schuifbalk **Drempel** (0% = 0% vrijwaring van vervorming).

4. Herhaal stap 2 en klik op de bevestigingsknop.
5. Voltooi het project: snijd het overtollige deel weg en vereenvoudig de afbeelding met de opdracht **Laag**, **Een laag maken**.

Het kan zijn dat na afloop hier en daar nog een scheurtje zichtbaar is; dit zou u met het kloonpenseel kunnen weghalen.

Resultaat: een volledig nieuwe compositie. Het storende element is afgevoerd en hoewel de afbeelding 50% smaller is zijn de belangrijkste elementen onvervormd gebleven.

Gereedschap Rechttrekken

mijn.cc/psel2403

Foto's die niet helemaal horizontaal recht zijn genomen, kunt u eenvoudig rechtzetten met het gereedschap Rechttrekken. Trek hiermee een lijn in de afbeelding die parallel loopt aan de (denkbeeldige) horizon in de foto. Of houd Ctrl ingedrukt om verticaal uit te lijnen. Maar rechtzetten gaat altijd ten koste van iets: of de hoekpuntjes van de foto worden weggesneden of er wordt gerommeld aan het formaat. Dit zien we terug in de drie varianten op de optiebalk:

- **Vergroten of verkleinen** Hier wordt gesleuteld aan het oorspronkelijke canvasformaat. Om de geroteerde afbeelding de ruimte te geven ontstaan lelijke witte hoekjes.
- **Achtergrond verwijderen** Geen lelijke witte hoekjes, maar dit komt door bot uitsnijwerk. De afbeelding krimpt dus gaat afbeeldingsinformatie verloren.
- **Oorspronkelijke grootte** Een tussenweg. Het oorspronkelijke formaat blijft behouden, de hoekpunten worden voor de helft worden verwijderd en voor de helft met lege gebieden opgevuld.

De meest elegante oplossing is de derde variant, maar dan met de optie **Randen automatisch vullen**. De witte gebieden worden opgevuld met door de computer zelfbedacht materiaal.

Rechtzetten levert witte canvastandjes op. Die kunnen we wegsnijden (alles buiten het rode kader) maar dan snijden we ook een deel van de afbeelding weg.

In plaats van wegsnijden kunnen we witte randen ook automatisch opvullen. Deze functie doet redelijk zijn werk, alleen rechtsboven zijn nog wat probleempjes.

Canvas uitbreiden

Met de opdracht **Canvasgrootte** kunt u de ruimte waarin de afbeelding zich bevindt uitbreiden. De afbeelding wordt als het ware in een grotere lijst geplaatst terwijl de afbeelding zelf haar oorspronkelijke afmetingen behoudt. Dit laatste is dus een verschil met resampling waarbij de afbeelding mee groeit of mee krimpt met de lijstafmeting. Met Canvasgrootte creëert u dus ruimte om nieuwe informatie toe te voegen. U kunt in alle richtingen uitbreiden: boven, onder, links, rechts, desnoods naar alle kanten tegelijk. De nieuwe ruimte wordt krijgt automatisch de achtergrondkleur toebedeeld. Stel deze dus vooraf in.

1. Klik op **Afbeelding**, **Vergroten/verkleinen**, **Canvasgrootte**.

2. Bepaal in welke richting u het canvas wilt uitbreiden door bij **Plaatsing** een vakje te selecteren.

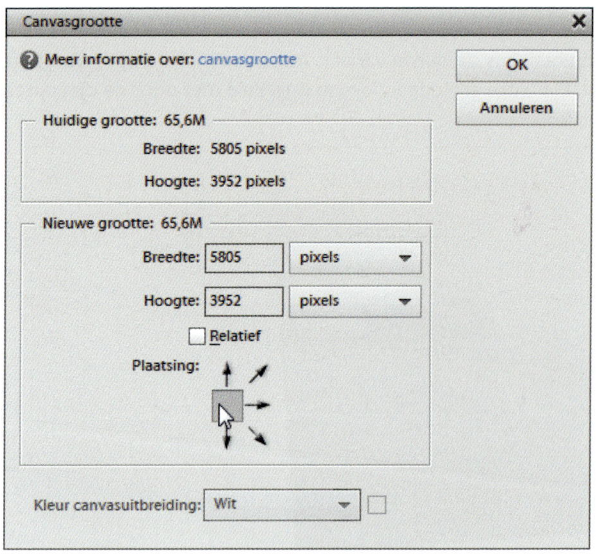

Bepaal de richting van de uitbreiding van het canvas.

De pijltjes geven de richting van de uitbreiding aan. Wilt u de afbeelding bijvoorbeeld naar links uitbreiden, dan positioneert u de huidige afbeelding in het rechtervakje, waardoor uitbreidingspijlen naar links verwijzen. Hetzelfde principe geldt voor onder en boven.

3. Wijzig de afmetingen in de hoogte- en breedtevakken:

- Voer de nieuwe afmetingen van het bestand in, of
- Activeer de optie **Relatief** en geef de afmetingen op waarmee de afbeelding moet worden uitgebreid.

De foto uit het voorbeeld staat op **www.vanduurenmedia.nl**. Ga naar de sectie **Downloads**.

Door randen weg te snijden plaatsen we het onderwerp meer in het midden.

Canvasuitbreiding (in dit geval naar rechts) kan ook helpen om het onderwerp naar het midden op te schuiven. Met creatief plak- en knipwerk kunnen we de nieuw gecreëerde ruimte vervolgens opvullen met 'nieuw' beeldmateriaal.

Uitbreiding van het canvas kan ook handig zijn om materiaal te parkeren dat u uit de weg wilt hebben met gereedschap Verplaatsen met behoud van inhoud.

Wegsnijden met Canvasgrootte Hoewel de opdracht Canvasgrootte doorgaans wordt gebruikt om het canvas uit te breiden, kunt u het ook gebruiken om delen van de afbeelding weg te snijden. Voer hiertoe negatieve waarden in. U ziet dat de uitbreidingspijlen dan binnenwaarts worden gericht.

Alles onthullen

Wanneer u informatie uit een andere afbeelding plakt kunnen er onverwachte dingen gebeuren. Bijvoorbeeld het canvas is te klein voor de ontvangen beeldinformatie waardoor een deel aan het zicht wordt onttrokken (alle informatie is dus wel overgebracht). Nu kunt u twee dingen doen: de nieuwe informatie kleiner schalen en binnen het canvas slepen of het canvas vergroten. De hiervoor beschreven opdracht Canvasgrootte is niet ideaal omdat u moet gokken hoeveel ruimte u precies nodig hebt. Er is echter een alternatief. Met **Afbeelding**, **Vergroten/verkleinen, Alles onthullen** wordt het canvas automatisch, in de juiste richting en precies voldoende uitgebreid om alle informatie te tonen.

Met Alles Onthullen wordt het canvas voldoende uitgebreid om de nieuw ontvangen informatie volledig weer te geven.

Bitdiepte Behalve door lengte en breedte wordt de omvang van het bestand ook beïnvloedt door de bitdiepte. Als u een RAW-bestand in de Editor opent is de kans groot dat er RGB/16 achter de naam staat. Dat wil zeggen een bitdiepte van 16 bits per kleurkanaal. Het is verstandig dit terug te brengen naar 8 bits (de standaard bij JPG), onder andere om allerlei filters te kunnen gebruiken. De geheugenomvang neemt hierdoor ook sterk af. Controleer bijvoorbeeld vooraf en achteraf de pixelafmetingen in het venster Afbeeldingsgrootte.

Van kleurmodus veranderen

Een totaal andere manier om de bestandsomvang terug te brengen is veranderen van kleurmodus. In dat geval blijft de pixelomvang hetzelfde, maar we morrelen aan de hoeveelheid geheugenruimte om een enkele pixel te beschrijven. Resultaat is dat het bestand bij opslaan een stuk kleiner wordt. De uitdaging hierbij is dat het beeld wel herkenbaar blijft. Een afbeelding bevindt zich altijd in een bepaalde kleurmodus.

De kleurmodus schept in feite de randvoorwaarden: deze bepaalt hoeveel unieke kleuren de afbeelding in theorie kan bevatten. De bekendste modus, omdat die nu eenmaal door digitale camera's wordt gebruikt, is RGB. Photoshop Elements kent daarnaast de modi Grijswaarden, Zwart-wit en Geïndexeerde kleur. De modi bevinden zich in het menu **Afbeelding**, **Modus**.

RGB

RGB gebruikt drie kleurkanalen: rood (R), groen (G) en blauw (B). Vrijwel iedere pixelkleur, bijvoorbeeld het oranje van een pompoen, is samengesteld uit een combinatie van deze drie (in dit geval meer rood dan groen of blauw). Een kleurkanaal gebruikt acht geheugenbits; dit staat gelijk aan 256 unieke kleurwaarden. Aangezien we drie kanalen hebben levert dit in theorie zestien miljoen (256x256x 256) verschillende kleuren op. RGB wordt ook wel 24-bits kleur genoemd. In de praktijk bevat een gemiddelde foto echter niet meer dan een paar duizend kleuren. Dus kun je erover denken om het jasje waarin deze zich bevindt een stuk kleiner te maken. Het is echter niet zonder reden dat RGB zo'n grote kleurruimte is: voor goede afdrukken hebben we die kleurinformatie echt wel nodig.

Grijswaarden

In de modus Grijswaarden wordt slechts één kleurkanaal gebruikt. In ruil voor de kleurinformatie krijgt u maximaal 256 grijstinten terug (de waarde 0 levert puur zwart, de waarde 255 wit). Dit doet u als u van plan bent om in zwart-wit af te drukken. Een zwart-witafdruk vanuit de grijswaardenmodus ziet er niet alleen beter uit, maar is ook gemakkelijker door het systeem te verwerken.

U kunt pas kleur aan een grijswaardenafbeelding toevoegen nadat deze in de RGB-modus is teruggezet.

Weg is weg Beeldinformatie die is verwijderd, bijvoorbeeld kleur, kan niet zomaar door de computer terug worden getoverd. Een kleurenafbeelding die u naar grijswaarden hebt omgezet, blijft in principe grijs, ook als u terugkeert naar RGB. Wel kunt u, eenmaal terug in de RGB-modus, zelf handmatig kleur aan de grijswaardenafbeelding toevoegen. De enige manier om de oorspronkelijke kleuren terug te halen, is door de omzetting direct ongedaan te maken. Kies **Bewerken**, **Ongedaan maken Grijswaarden**.

Bitmap

In de bitmapmodus kleedt u een grijswaardenafbeelding verder uit tot puur zwart-wit. Dit kan enerzijds een krachtig portretbeeld opleveren, in het slechtste geval gaat de herkenbaarheid totaal verloren. Voordeel is in ieder geval dat het zeer compacte bestanden oplevert. Omdat het aantal mogelijke kleurwaarden in één geheugenbit is onder te brengen, worden deze afbeeldingen ook wel 1-bitsafbeeldingen genoemd. Door de dichtheid van de zwarte pixels te variëren, *dithering* genoemd, kan van enige afstand bekeken de suggestie van grijstinten worden gewekt.

1. Kies **Afbeelding**, **Modus**, **Bitmap**.
2. Kies in het vak **Uitvoer** eventueel een andere uitvoerresolutie; een hogere waarde leidt tot een groter bestand en in het geval van dithering tot een verfijndere structuur.
3. Kies in de keuzelijst **Gebruik** een dithermethode.
   - De keuze **50% drempel** resulteert in witte en zwarte vlakken.
   - De keuze **Diffusie-dithering** resulteert in een evenwichtige spreiding van witte en zwarte pixels.
   - De keuze **Patroon-dithering** resulteert in een evenwichtige spreiding van witte en zwarte pixels met behulp van een vast stempelpatroon.

RGB naar bitmap Het is niet mogelijk een RGB-afbeelding direct om te zetten naar de bitmapmodus. Zet de RGB-afbeelding eerst om naar grijswaarden en converteer daarna naar de modus Bitmap.

Een bitmap met patroondithering.

Niet iedere afbeelding leent zich even goed voor omzetting naar de bitmapmodus.

Van vieze man naar tijdloze held, kortom een geslaagde omzetting van grijswaarden naar bitmap.

Geïndexeerde kleur

Geïndexeerde kleur heeft kenmerken van zowel RGB als Grijswaarden. Kleur blijft behouden, maar er staat slechts één kanaal ter beschikking, dus maximaal 256 unieke kleuren. Dit is te weinig voor print (en ook veel effecten en retoucheergereedschappen functioneren niet in deze modus), maar goed genoeg voor schermweergave. Om de ruimte optimaal te benutten en visueel verlies te beperken, wordt een index van de meest voorkomende kleuren gemaakt, vandaar de naam. Voordeel is dat de bestandsomvang tot eenderde wordt teruggebracht, een welkom aspect bij internetpublicatie. Klik op **Afbeelding**, **Modus**, **Geïndexeerde kleur**. In principe kunt u de standaardwaarden onveranderd laten; wilt u in keuzelijst Palet een alternatieve kleurentabel kiezen, of het aantal kleuren (standaard 256) doelbewust verlagen, schakel dan de optie voorbeeld in; dan ziet u wat u kunt verwachten. Let ook op wat de omzetting doet voor de documentgrootte op de statusbalk.

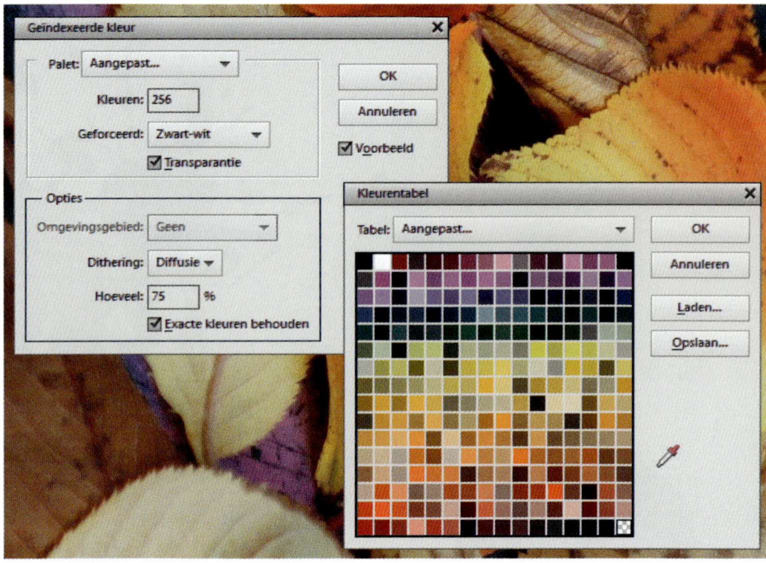

Omzetting naar Geïndexeerde kleur.

Onbekende kleurmodi Deze kleurmodi van Photoshop Elements zijn de meest gangbare, maar zeker niet de enige. Andere bekende kleurmodi zijn Lab, CMYK en tweekleurenmodus. Als u een afbeelding opent met een kleurmodus die Photoshop Elements niet ondersteunt, zal het deze omzetten naar RGB. Daarbij kan enige afbeeldingsinformatie verloren gaan.

6

Selecties maken

In dit hoofdstuk maakt u kennis met de ins en outs van het selecteren. Beeldbewerking gaat over pixels veranderen, maar de hamvraag is: welke pixels? Soms is het antwoord simpel, alle pixels, maar soms gaat het om een specifieke groep. En dan is de uitdaging hoe duidelijk te maken welke pixels we precies bedoelen. Een voor een aanwijzen zou in principe kunnen, maar dat is niet de bedoeling. Immers behalve om precisie gaat het ook om snelheid en efficiëntie. Selecteren is namelijk geen doel op zich maar staat altijd ten dienste van iets anders. In de praktijk ontdekken we al snel dat geen selectieprobleem hetzelfde is, daarom is er een ruim arsenaal aan gereedschappen beschikbaar.

mijn.cc/psel2408

mijn.cc/psel2409

De pixels werken niet mee

Het is u vast opgevallen dat globale correcties aanbrengen niet altijd de juiste oplossing is. Als er sprake is van een lokaal probleem, is een lokale aanpak meestal ook de beste, en dan komen we al snel op het terrein van selecties maken. Ook als we materiaal van de ene afbeelding in de andere willen plakken zullen we moeten selecteren. Nu hebben we terloops al kennis gemaakt met enkele kenmerken van selectiegereedschappen (zie hoofdstuk 4) en de problemen die zich daarbij voordoen. De juiste pixels selecteren is niet altijd even makkelijk, en dat komt door de aard van de pixels zelf. Waar wij mensen onmiddellijk individuele objecten in een afbeelding herkennen – een theekopje, een tafel, een vlieger – is dat voor een computer helemaal niet zo duidelijk. Deze denkt niet in termen van objecten, maar in termen van pixels, of pixelwaarden om precies te zijn. Gelukkig is dit niet het hele verhaal. De ontwikkelaars van het programma doen veel moeite om een brug tussen deze twee benaderingswijzen te slaan, resulterend in een arsenaal aan steeds slimmere selectiegereedschappen. Dit neemt niet weg dat het goed is om de eigen zienswijze van computer altijd in het achterhoofd te houden; dit voorkomt frustratie en helpt om betere selecties te maken.

Via lokale behandelingen, dankzij selecties, kunnen we de betekenis van de foto bijsturen.

Elementen uit andere foto's kunnen een geweldige hulpbron zijn voor het realiseren van uw ideeën...

... maar daar gaat het nodige geselecteer aan vooraf.

De kracht van het collectief

Photoshop Elements kent maar liefst tien selectiegereedschappen, plus een apart menu **Selecteren**. Waarom zo veel? Omdat selectieproblemen divers van aard zijn, zodat een alternatieve benaderingswijze uitkomst kan bieden. Hoewel er per gereedschap best wat valt in te stellen, en er ook een zekere overlap is tussen de verschillende gereedschappen, moeten we de veelzijdigheid dus vooral zoeken in het collectief – tezamen vormen zij het Zwitsers zakmes. Blijf, als het moeilijk gaat, niet stug doorgaan met het gereedschap van uw voorkeur. De ervaring leert dat schakelen tussen de diverse gereedschappen meestal de beste mix van precisie en snelheid oplevert.

Handige sneltoetsen Leer deze sneltoetsen uit uw hoofd, ze versnellen uw werk aanzienlijk: Ctrl+A = alles selecteren, Ctrl+D = actuele selecties opheffen, Ctrl+Shift+I = selectie omkeren en Ctrl+H = selectiekader verbergen. U vindt deze handelingen ook in het menu **Selecteren**. De selectiegereedschappen zelf zijn onderverdeeld in drie groepen, te activeren met de toetsen M, L en A.

Soorten selectiegereedschappen

Selectiegereedschappen variëren in mate van controle over vorm en omvang van het selectiegebied. Veel controle bieden gereedschappen waarbij u het selectiegebied zelf tekent. Dit zijn het ovaal en rechthoekig selectiekadergereedschap voor symmetrische gebieden, het lassogereedschap waarmee u grillige, asymmetrische vormen tekent en het selectiepenseel waarbij de penseelafdruk de selectie vormt. Minder controle biedend maar niet minder bruikbaar is het toverstafje waarmee u selecties maakt op basis van kleurwaarden in de afbeelding. Daarnaast zijn er tussenvarianten zoals Magnetisch lasso, Automatische selectie en Snelle selectie. Hiermee is de opsomming niet compleet, want ook het tekstgereedschap kent een selectieachtige variant. Maar welk gereedschap u ook kiest, stel eerst de opties in via de optiebalk, en pas dan het gereedschap toe. Ook goed om te weten: een selectie hoeft niet in één keer perfect te zijn. U kunt voortbouwen op een voorlopige selectie en daarbij wisselen tussen de diverse gereedschappen.

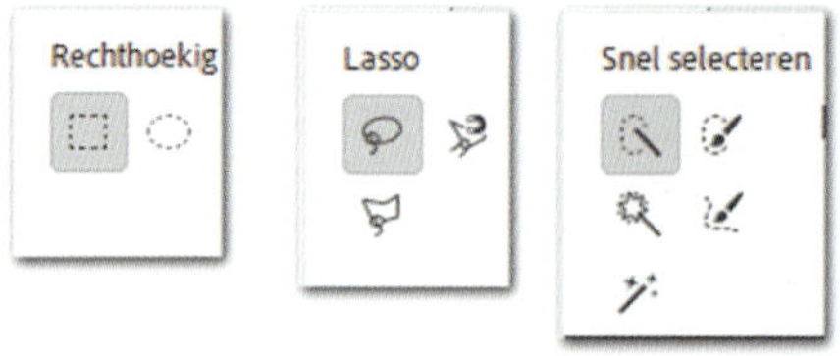

Drie groepen selectiegereedschappen, te activeren met toetsen M, L, A.

Rechthoekig en ovaal selectiekader

Het rechthoekig en ovaal selectiekader zijn enigszins vreemde eenden in de bijt omdat zij niet geschikt zijn om specifieke objecten in een afbeelding te selecteren. U tekent er respectievelijk hoekige of ronde symmetrische vormen mee, wat zo haar eigen nut kan hebben. Sleep met ingedrukte muisknop over een gebied. Wilt u een perfecte cirkel of vierkant, houd dan Shift ingedrukt. Wilt u dat het selectiekader zich vanuit het midden uitbreidt, gebruik dan Alt (combineer eventueel beide functies).

Een perfect ronde selectie krijgt men met het ovaal selectiekader en de Shift-toets.

Automatische selectie

Automatische selectie is met afstand het snelste gereedschap en daarom doorgaans het beste vertrekpunt om specifieke objecten in een afbeelding te selecteren. Overige gereedschappen kunnen vervolgens worden gebruikt om eventuele foutjes van het automatisch gereedschap te herstellen. Het automatisch gereedschap bevindt zich in de groep onder toets A (van automatisch); het pictogram is een staf met losse sterretjes.

De meest extreme vorm van achterover leunen zijn de knoppen **Onderwerp**, **Lucht** en **Achtergrond** op de optiebalk (deze vindt u ook in menu **Selecteren** – het spreekt voor zich dat u de knop Lucht gebruikt op afbeeldingen met luchten). Hiermee laat u niet alleen het maken van een selectie, maar ook het vinden van het object volledig aan de functie over. Wilt u uw muishand toch enige gymnastische oefening geven, trek dan grofweg een kader om het bedoelde onderwerp. Hiermee kadert u het zoekgebied in en wordt de kans op mee selecteren van ongewenst materiaal verkleind.

Als het gereedschap onder alle omstandigheden doet wat het belooft, zouden we natuurlijk geen andere gereedschappen nodig hebben, maar dat is niet zo. 'Automatisch' betekent namelijk snel, maar ook: niet zo slim. Het resultaat hangt sterk van de complexiteit van de afbeelding. Toch is er zoals gezegd geen beter vertrekpunt.

De gele omranding geef het selectieresultaat van Automatische selectie aan: bijna perfect, maar vooral ook de snelheid en het gemak zijn indrukwekkend.

Lasso

Het gewone lassogereedschap volgt al uw handbewegingen, inclusief vergissingen en uitglijders. U hebt dus een zeer vaste hand nodig om hier zinvolle selecties mee te maken. Op microgebied als aanvulling op een bestaande selectie heeft dit wel degelijk nut. Selecties zijn altijd gesloten vormen, en dit betekent dat u in principe terug naar het beginpunt moet, maar dat komt niet altijd even goed uit (bijvoorbeeld te sterk ingezoomd, een onwillige muis, enzovoort). Geen nood: op het moment dat u de muis loslaat, zoekt het gereedschap de kortste weg naar het beginpunt en maakt de selectie gesloten.

Veelhoeklasso

De veelhoeklasso trekt een rechte lijn tussen twee klikpunten. Dit werkt snel en misschien prettiger dan de gewone lasso, maar de toepasbaarheid is beperkt. Het gereedschap is vooral geschikt voor objecten met rechte lijnen zoals we in de architectuur vinden, of u moet de segmenten klein houden. In dat geval is flink inzoomen het credo voor u aan de selectie begint. Als u tijdens het tekenen een ankerpunt op een verkeerde plaats zet, druk dan op Delete. Het laatste ankerpunt wordt dan verwijderd. Dit kunt u herhalen tot u bij een ankerpunt komt waar u wel tevreden over bent. U kunt de selectie geforceerd voltooien door te klikken met Ctrl ingedrukt of te dubbelklikken; dan trekt het gereedschap een rechte lijn naar het beginpunt.

Magnetische lasso

De magnetische lasso is een tussenvorm: een beetje automatisch, een beetje handmatig. Net als bij de andere lassogereedschappen is het de bedoeling een gesloten vorm te maken. Klik voor een beginpunt, daarna is het een kwestie van losjes de muis bewegen. Ankerpunten worden automatisch uitgespuwd, waarbij het gereedschap gevoelig is voor contrastverschillen in de afbeelding. U kunt extra ankerpunten toevoegen door te klikken en fout geplaatste ankerpunten stapsgewijs verwijderen met de Delete-toets. Keer terug naar het beginpunt of forceer dit door te dubbelklikken of te klikken met ingedrukte Ctrl-toets.

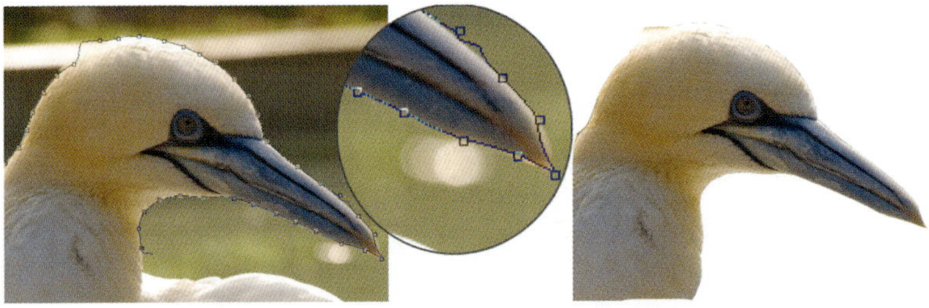

De magnetische lasso bepaalt zelf zijn ankerpunten, maar heeft wel contrastverschillen nodig.

Met de schuifknoppen kunt u het gedrag van de magnetische lasso op verschillende manieren beïnvloeden. met **Breedte** stelt u het detectiebereik rondom de cursor in. Met **Randcontrast** stelt u de gevoeligheid voor contrastverschillen in (een hoge waarde betekent minder gevoeligheid, namelijk alleen voor scherpe contrastverschillen). **Frequentie** bepaalt de afstand tussen de opeenvolgende ankerpunten. De knop **Tabletdruk gebruiken** is alleen van toepassing als u op een drukgevoelig oppervlak (zoals een tekentablet) werkt. Hiermee wordt het gevoelige gebied smaller naarmate de pendruk toeneemt.

Selectiepenseel

Bij het selectiepenseel vormt de penseelafdruk het selectiegebied zelf. Tekenen is dus selecteren, zonder magnetische opties. Door de diameter te verkleinen kunt u makkelijker grillige lijnen en scherpe bochten volgen, maar voor scherpe hoeken is het niet geschikt. Een grote diameter is vooral effectief om losse selectie-eilandjes

Met het selectiepenseel maakt u selecties met een penseelvorm, waardoor grote vrijheid in het bepalen van de selectievorm ontstaat.

Houd bij het maken van selecties rekening met in welke context het wordt geplakt. Dat kan onnodig priegelwerk schelen.

In dit geval heeft de eindbestemming ook grassprietjes, dus valt het niet op als wat grassprietjes uit de oorspronkelijke afbeelding mee zijn gekopieerd.

aaneen te smeden. Een belangrijk kenmerk is de instelling van de penseelrand. Het resultaat van een zachte instelling met schuifbalk **Hardheid** is niet direct aan de selectierand te zien, daarom is het des te belangrijker te begrijpen hoe dit werkt: hoe groter de diameter, des te sterker het zachte-randeffect zich manifesteert. Het resultaat wordt duidelijk nadat u de selectie kopieert of weggooit, maar dat is natuurlijk geen handige manier als u verder aan de selectie wilt werken. Wissel daarom eventueel van weergave via de keuzelijst op de optiebalk (Selectie/Masker). In de maskermodus kunt u gewoon doorgaan met selecteren maar merk op dat de selectiemodus hier is omgekeerd.

Toverstafje

Het toverstafje selecteert gebieden op basis van kleurovereenkomst; de aangeklikte pixel is daarbij het referentiepunt. Dit gereedschap bewijst vooral zijn nut bij grillige gebieden met relatief egale kleuren. U kunt vooraf met de schuifbalk de tolerantie instellen. Een hoge tolerantie betekent een groter selectiegebied.

Omdat de optie Aangrenzend is uitgeschakeld wordt ook het bovenste deel van de jurk geselecteerd terwijl op het onderste deel was geklikt – maar onbedoeld ook een persoon in de achtergrond.

De optie **Aangrenzend** zorgt dat de selectie een aaneengesloten eiland is (hoewel daarbinnen gaten kunnen voorkomen). Uitgeschakeld kan dit in verspreid liggende eilandjes resulteren.

Bij het toverstafje kunnen subtiele selectiefoutjes erin sluipen die u met andere gereedschappen kunt corrigeren.

Penseel Snelle selectie

Penseel Snelle selectie is een soort tussenweg tussen het selectiepenseel en het toverstafje. Hoewel het gevoelig is voor randen met contrastverschillen, hoeft u deze niet nauwkeurig te volgen. U tekent de selectie namelijk van binnenuit. De penseelafdruk is de gesloten figuur zelf en deze breidt u als een olievlek uit door over het te selecteren object te slepen. Het penseel zelf kunt u op vele manieren instellen, denk aan de diameter of de hardheid van de rand (zie hoofdstuk 10). Met de optie **Automatisch verbeteren** vermindert u karteligheid van de selectieranden.

Penseel Selectie verfijnen

Nadat u met andere gereedschappen een voorlopige selectie hebt neergezet, is het zaak om deze te controleren op foutjes, bij uitstek een klusje voor het verbeterde gereedschap **Penseel Selectie verfijnen**. Het kan, net als de andere gereedschappen, gebieden toevoegen of weghalen via de bekende toevoeg- en verminder-modus, maar het speelveld is in dit geval niet zo zeer de gehele afbeelding, maar slechts de marge rond de bestaande selectielijn. Corrigeren op microniveau dus. Schakel hiervoor over naar de derde modus, **Duwen** genaamd.

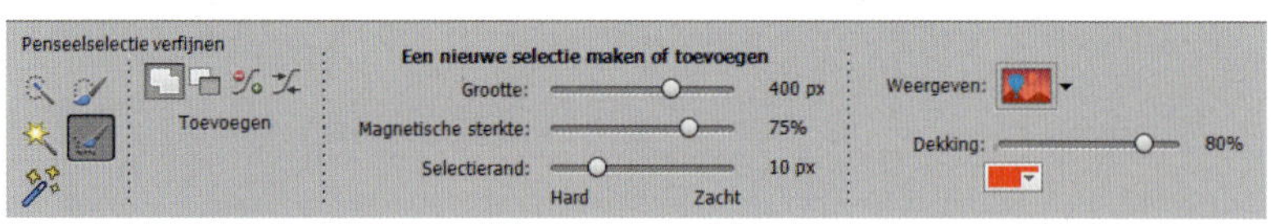

De instellingen van Penseel Selectie verfijnen.

In deze modus kunt u de selectierand ‘wegduwen’ – verleggen is misschien een beter woord. Voor een beter begrip is het wellicht handig om flink op de afbeelding in te zoomen of een grote diameter te kiezen. De donkergrijze kern fungeert als een soort afstotende magneet en de lichtgrijze buitencirkel als het speelveld. Als de selectiegrens maar en klein beetje verlegd hoeft te worden kunt u vaak al volstaan met slechts de muisknop ingedrukt te houden; de magneet doet dan de rest. Door de diameter te variëren bepaalt u de omvang van het speelveld. Misschien merkt u dat het best wat rekenwerk kost; het is dus echt bedoeld voor kleine maar niet onbelangrijke correcties.

Ook kenmerkend voor deze modus is dat u niet handmatig tussen toevoegen en verminderen hoeft te wisselen. Binnen het selectiegebied bevindt u zich in de toevoegmodus, daarbuiten schakelt het gereedschap over naar de vermindermodus. Dit hoeft u niet te onthouden, let gewoon op het plus- of minteken in het hart van de cursor.

Al doende valt u vast op dat rond de scheidslijn de cursor ook van vorm verandert. En dat is misschien de beste truc die het gereedschap in zijn mouw heeft; ik noem dit maar de 'fuzzy' modus. In deze toestand kan het uit de voeten met fuzzy selecties, zoals een vacht of haardos. Sleep over de selectierand boven moeilijke, pluizige gebieden en zie wat het gereedschap ervan maakt. Pas eventueel de hardheid van de selectierand aan. Voor een optimale beoordeling kunt u het selectieresultaat afzetten tegen verschillende achtergronden: zwart, wit of rood-transparant.

Penseel Selectie verfijnen in actie.

Dit is een lastig selectieonderwerp.

Schuifbalk **Magnetische sterkte** stelt de relatieve gevoeligheid in voor de binnencirkel (het verschil is gering en eigenlijk alleen te merken als u de cursor langzaam beweegt of op zijn plaats houdt). Om de voorspelbaarheid te vergroten kunt u deze het best op de standaardwaarde van 75% laten.

De vierde modus **Vloeiend** tot slot maakt de selectielijn vloeiender; in de natuur komen we immers ook meer vloeiende dan rechte vormen tegen. In de meeste gevallen moet u flink inzoomen om het effect te zien.

Het is bijna onmogelijk snorharen te selecteren, maar met Selectie verfijnen lukt het.

Omkering Analyseer het selectieprobleem voor u aan de slag gaat: u kunt heel veel moeite doen om een boom te selecteren met het lassogereedschap, maar het is duizend keer eenvoudiger om de omringende lucht te selecteren met het toverstafje en daarna de selectie om te keren (met Ctrl+Shift+i), waarna u de boom alsnog hebt geselecteerd.

Selectiemodus

Een selectie is per definitie een *voorlopige* selectie, in die zin dat we altijd kunnen voortborduren op wat we al hebben neergezet, ook nadat u de muis hebt losgelaten. Dat zal in veel gevallen een opluchting zijn, want het is soms ondoenlijk om in één handeling de ideale selectie te maken. U kunt zowel stukken toevoegen als eruit halen, en dat doet u door van modus te wisselen. Laten we dit met het ovaal selectiegereedschap onderzoeken. De standaardmodus Nieuwe selectie doet overigens precies niet wat hierboven wordt gesteld: u hebt een selectie getekend en zodra u de muis op een nieuwe plek zet verdwijnt de oude selectie automatisch. Maar schakelen we vooraf naar modus **Toevoegen** (optiebalk), dan verandert de zaak. Nu blijft de oude selectie wel staan en kunt u een stukje toevoegen, ook al hebt u de muis losgelaten. En omgekeerd, als u een hapje wilt wegnemen kiest u natuurlijk **Verwijderen**. Gebruik eventueel de toetsen Shift (toevoegen) en Alt (verminderen) om snel te wisselen. De kader- en lassogereedschappen hebben een vierde modus: doorsnede maken (Shift+Alt). Hierbij trekt u een nieuwe selectie gedeeltelijk over de bestaande heen waarbij het gemeenschappelijk deel behouden blijft. Dit is een efficiënte manier om buitengebieden te 'lozen'.

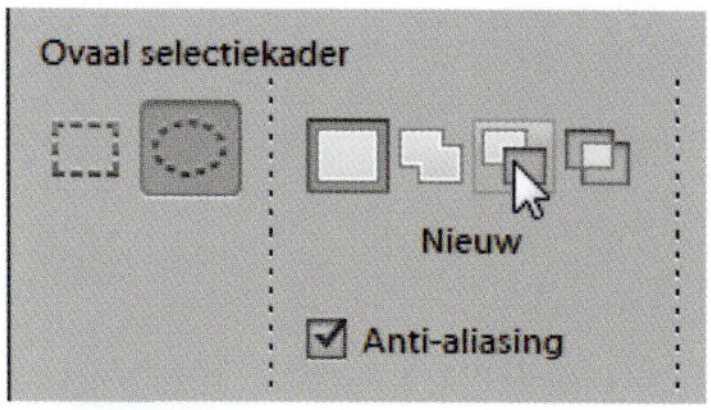

De modusknoppen om een selectie uit te breiden, te verminderen of te doorsnijden.

Een figuur dat alleen gemaakt kan zijn door met de modusknoppen te spelen.

Anti-alias

Alle selectiegereedschappen die met ronde en diagonale lijnen te maken hebben (lassogereedschappen, het ovale selectiekader en de toverstaf) worden met hun neus op een onhebbelijke eigenschap van pixels gedrukt: ze zijn vierkant. Bij het maken van selecties resulteert dat onvermijdelijk in een gekartelde selectierand. Met de optie **Anti-alias** in de optiebalk kunt u de gekarteldheid van de selectie verminderen. Schakel de optie voorafgaand aan de selectie in; achteraf heeft geen zin. Terzijde: deze functie wordt ook gebruikt bij teksten.

Links Anti-alias uitgeschakeld, rechts ingeschakeld. Zie het verschil in karteligheid bij de randen.

Doezelaar

Met de functie **Doezelaar** kunt u de hardheid van de selectierand instellen. Het is een handig middel om vloeiende, nauwelijks merkbare overgangen te creëren. Dit komt vooral van pas wanneer u materiaal van de ene naar de andere afbeelding kopieert. De lasso- en selectiekadergereedschappen hebben een eigen schuifbalk waarmee u *vooraf* de doezelwaarde kunt instellen. Voor gereedschappen die zo'n balk niet hebben kunt u de doezelwaarde van een gemaakte selectie *achteraf* instellen met opdracht **Selecteren**, **Doezelaar**. Dat wil zeggen: u kunt de waarde achteraf verhogen, niet verlagen. Met dit in het achterhoofd kunt u de standaarddoezelwaarde voor selecties het beste maar op 0 houden; verhogen kan immers altijd nog.

Het verzachtende randeffect van de functie Doezelaar.

Venster Randen verfijnen

Sterk verwant aan het eerder besproken Selectie verfijnen is het dialoogvenster **Randen verfijnen**. Ook dit is bedoeld voor lastige selectieproblemen zoals vachten en haardossen. Sommige selectiegereedschappen hebben dit als optie, maar u kunt het ook oproepen via het menu **Selecteren**. Voor de goede orde: dit is geen *selectie*gereedschap, maar een selectie*verfijnings*gereedschap. Er moet dus al een selectie zijn gemaakt. De focus ligt op het gebied rondom de selectierand, het zogeheten analyse- of detectiegebied.

- Zet op voorhand alle waarden op 0, dan ziet u beter wat een schuifbalk doet.

  Merk op dat u nog steeds op de afbeelding kun inzoomen of pannen. Gebruik hiervoor de gereedschappen linksboven in het venster.

- Kies in de keuzelijst **Weergeven** een achtergrond die goed met uw selectie contrasteert.
- Stel de omvang van het analysegebied *globaal* in met de schuifbalk **Straal** (eventueel kunt u dit gebied zichtbaar maken, zie het volgende punt). Schakel de optie **Slimme straal** in om het behandelingsgebied automatisch af te zoeken naar harde en zachte randen. (Deze optie is niet nodig als de rand uniforme harde of zachte randen heeft en als u het detectiegebied handmatig wilt aanpassen.)
- Als u het detectiegebied handmatig wilt aanpassen: schakel de optie **Straal tonen** (tijdelijk) in om het detectiegebied weer te geven. Pas de breedte *lokaal* aan met de gereedschappen Straal verfijnen en Verfijningen wissen (wissel met Shift+E): een dikkere rand geeft meer speelruimte voor zachte selectieranden, een smal gebied betekent een scherp gestoken overgang.

In de sectie Rand aanpassen past u het effect nader aan. Merk op dat alles op elkaar ingrijpt; het is zoeken naar de juiste mix.

- Schuifknop **Vloeiend** middelt het effect uit bij kartelige gedeelten van de selectierand (een lage waarde geeft over het algemeen een beter resultaat).
- Met de schuifknop **Doezelaar** stelt u de zachtheid/hardheid van de randovergang in.

- Een hoge waarde van de schuifknop **Contrast** beperkt de invloed van de doezelaar en breekt selectieranden abrupter af.
- Schuifknop **Rand verschuiven** maakt het selectiegebied groter of kleiner.
- Schakel de optie **Kleuren zuiveren** in indien het selectiegebied langs de randen last heeft van kleurbesmetting door een dominante achtergrondkleur. Stel vervolgens de sterkte van de zuivering in.
- Selecteer eventueel de optie **Instellingen onthouden** als u soortgelijke afbeeldingen – geschoten in een serie – op dezelfde manier wilt behandelen.
- Kies tot slot in de keuzelijst **Uitvoer naar** waarheen het eindresultaat gestuurd moet worden. Dit kan de huidige selectie zijn, maar ook een nieuwe laag met een masker of zelfs een nieuw bestand.

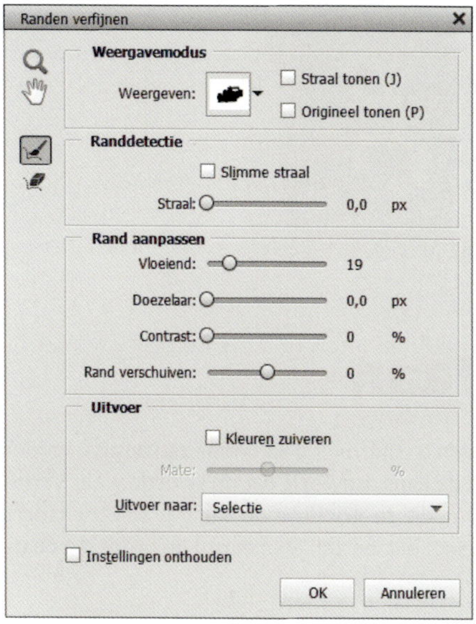

Nog maar eens een schatje van een katje – omdat ze zo lastig te selecteren zijn. Maar venster Randen verfijnen biedt uitkomst.

Het magnetisch lasso komt maar tot het resultaat links. Randen verfijnen (rechts) brengt ons duidelijk een stap verder.

Selecties verplaatsen

We kunnen selectieranden verplaatsen mét en zonder inhoud. Het maakt niet uit met welk gereedschap de selectie is gemaakt, maar wilt u alleen de selectierand verplaatsen, kies dan modus Nieuwe selectie. (Let op: niet elk selectiegereedschap kent deze modus, wellicht moet u even wisselen van gereedschap). Tip: u kunt zelfs verplaatsen naar een andere geopende afbeelding – sleep de vorm naar de naamtab van die afbeelding. Het is wel aan te bevelen om vooraf de afmetingen van beide afbeeldingen op elkaar af te stemmen. Wilt u de inhoud mee verplaatsen, houd dan de Ctrl-toets ingedrukt, of kies het verplaatsgereedschap. De cursor verandert in een zwarte pijl met schaar. Het gat wordt opgevuld met de achtergrondkleur.

Soms is het slimmer om andere afbeeldingen te gebruiken om tot de juiste selectievorm te komen. Vervolgens kunt u deze naar de beoogde afbeelding slepen.

Selecties opslaan

Selecties maken kan soms een moeizaam en tijdrovend karweitje zijn en als u verder met uw afbeelding experimenteert, is de kans aanwezig dat de selectie weer verloren gaat of van vorm verandert. Om dit te voorkomen kunt u selectiekaders opslaan. Het gaat daarbij sec om de selectielijnen zelf en niet om de pixels die daarbinnen vallen.

1. Maak een selectie met een van de selectiegereedschappen.

2. Klik op **Selecteren**, **Selectie opslaan**.

3. Voer een beschrijvende naam in voor de selectie in het vak **Naam**.

   Indien al eerder een selectie in de afbeelding is opgeslagen, kunt u deze door de huidige selectie vervangen of hiermee laten interacteren:

   - Selecteer in het vak **Selectie** de naam van een reeds opgeslagen selectie.

   - Kies in het kader **Bewerking** de wijze van interactie met de gekozen bestaande selectie.

4. Klik op **OK**.

Opgeslagen selecties kunt u laden met de opdracht **Selecteren**, **Selectie laden**. Als u voorafgaand aan de opdracht al een selectiekader op het scherm hebt staan, kunt u met de opties onder in het palet kiezen of u beide selecties wilt optellen, van elkaar af wilt trekken of elkaar wilt laten doorsnijden.

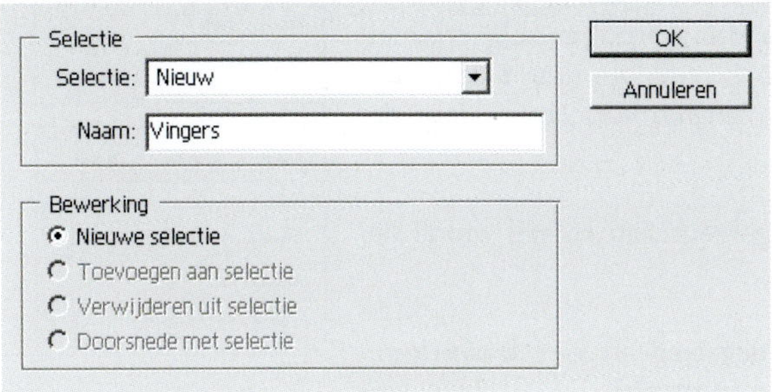

Een selectiekader opslaan. Bedenk dat alleen de vorm van de selectierand en niet de inhoud wordt opgeslagen.

Selecties automatisch aanpassen

We hebben diverse manieren besproken om bestaande selecties aan te passen. Het menu **Selecteren** bevat een paar aanvullingen, deels overlappend met de gereedschappen en daardoor niet allemaal even zinvol. In alle gevallen bouwen ze voort op een bestaande selectie. Met de opdrachten **Toename** en **Gelijkend** breidt u selectiegebieden op een weinig gecontroleerde manier uit. In het eerste geval dijt het selectiegebied zich uit als een aaneengesloten gebied, bij Gelijkend gebeurt dit op basis van gelijkende kleuren verspreid over de afbeelding; er kunnen dus elders nieuwe eilandjes ontstaan.

De opdracht **Bewerken** kent een submenu met meerdere opdrachten:

- Met de opdracht **Kader** verplaatst u de aandacht voor de pixels binnen een selectie naar de pixels rond de selectieomtrek zelf. U geeft een dikte op en op die afstand wordt binnenin een tweede selectieomtrek gemaakt: de omtrek verandert in een kader. Alle vervolghandelingen, zoals verwijderen, hebben niet langer betrekking op de pixels binnenin, maar op die van het kader.

- De opdracht **Vloeiend** sluit losse selectiegebieden aaneen. Het geeft u de gelegenheid om de straal rond geselecteerde pixels in te stellen waarbinnen deze op zoek kan gaan naar geselecteerde lotgenoten. Zijn deze binnen het zoekgebied in de meerderheid, dan vloeien de selectiegebieden samen. Hiermee kunt u snel rommelige selectiegebieden tot een aaneengesloten geheel maken.

- De opdracht **Vergroten** doet hetzelfde als **Toename**, maar nu kunt u een waarde opgeven.

- De opdracht **Slinken** doet het tegenovergestelde van **Vergroten**.

Selectierand opmaken

Bij het maken van selecties zijn we doorgaans gefocust op de pixels binnen de selectie, waarbij we bijna vergeten dat de selectierand an sich ook een object is met eigen kenmerken. Zo kunnen we haar tijdelijkheid omzetten in een permanente verschijning door de rand op te maken.

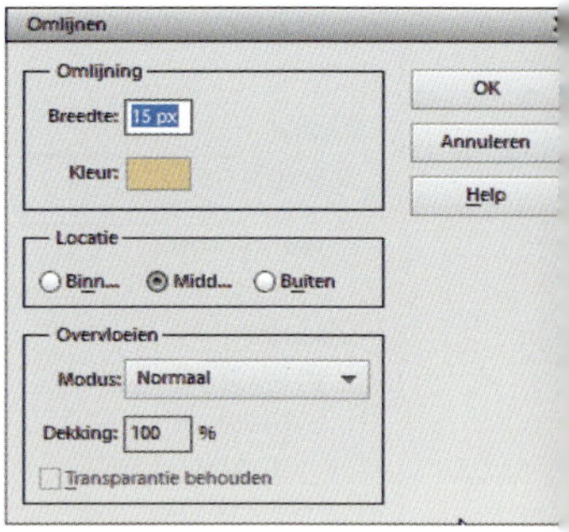

1. Kies een selectiegereedschap en stel vooraf de doezelwaarde in.

2. Teken een selectiegebied en kies **Bewerken, Selectie omlijnen (omtrek)**.

3. Stel de kenmerken van de omlijning in zoals kleur en breedte. Met optie **Locatie** kunt u de omlijning beperken tot de binnenkant of buitenkant van het selectiegebied.

Spelen met opgemaakte selectieranden, voorbeeld 1.

Spelen met opgemaakte selectieranden, voorbeeld 2. Hier is een hogere doezelwaarde ingesteld voor zachtere randen.

7

Werken met lagen

In dit hoofdstuk leert u hoe lagen uw afbeeldingen een grotere flexibiliteit geven. Het concept is ontleend aan Photoshop CC en een van de pijlers achter het succes van beide programma's. Ook de voorgaande hoofdstukken doken zij terloops op want het is bijna onmogelijk om niet met lagen te werken, vooral als het afbeeldingsproject wat complexer wordt. Dus tijd om er dieper in te duiken.

Wat zijn lagen?

Foto's rechtstreeks uit een camera hebben maar één laag, zeg maar de basislaag, vergelijkbaar met het canvas van een schilderij. In Photoshop Elements wordt dit de achtergrond genoemd (hoewel ondergrond een betere term is). Vervolgens kunnen we boven op dit canvas aparte laagjes aanbrengen. Deze kunnen we zien als aparte werkruimten, of als etages met een transparante vloer. Op die laag kunnen we apart materiaal plaatsen, wat allerlei voordelen met zich meebrengt, zoals het vrijelijk verplaatsen van dat materiaal. Dat klinkt misschien weinig spectaculair, maar in de praktijk vergroot het de bewegingsvrijheid enorm en opent het nieuwe bewerkingsmogelijkheden. Mocht een argeloze kijker zich afvragen hoe een 'onmogelijke' afbeelding is tot stand gekomen, dan is het antwoord vrijwel altijd: met behulp van lagen. We zetten de belangrijkste karakteristieken op een rijtje:

- Een laag is van zichzelf 100% transparant. Zelfs duizend lagen boven elkaar zijn even doorzichtig als één laag.
- Een laag kan geheel of gedeeltelijk gevuld zijn met beeldinformatie (pixels). Deze informatie kan traploos transparant worden gemaakt.
- Een laag is autonoom. De aanwezige informatie wordt niet beschadigd door bewerkingen op andere lagen of aan de achtergrond; omgekeerd wordt de achtergrond ook niet beschadigd door bewerkingen aan lagen.
- Lagen zijn in- en uitschakelbaar. Op die manier kunt u laaginhoud aan het oog onttrekken zonder deze weg te gooien.
- Naar beneden toe kan interactie tussen lagen plaatsvinden. Deze interactie heeft betrekking op transparantie, overvloeimodi en het gebruik van maskers. De interactie is non-destructief; de aanwezige informatie wordt niet aangetast.

Een afbeelding zonder lagen heeft flinke beperkingen. Een verplaatst object wordt één met de achtergrond nadat de selectie is opgeheven (Esc-toets), waarna we het niet zo maar opnieuw kunnen verplaatsen. Ook ontstaat er een gat op de oude plek (afhankelijk van diverse instellingen).

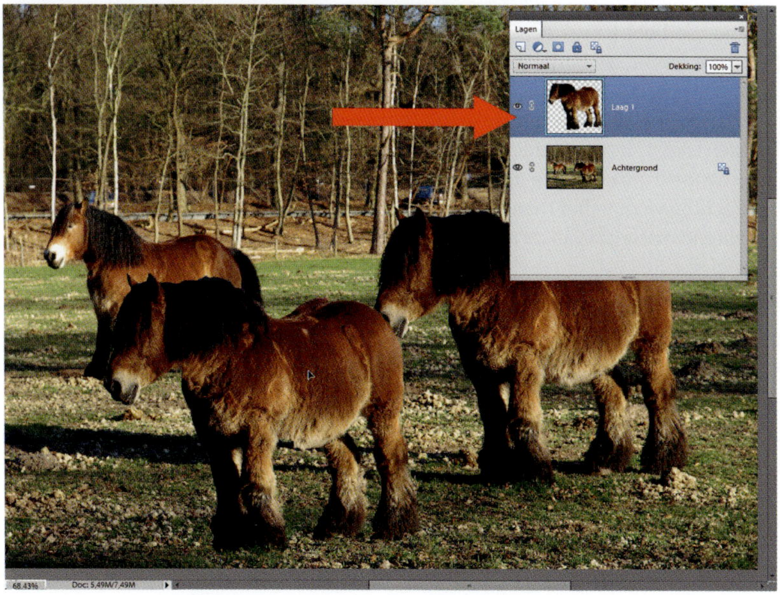

Een alternatief is de selectie naar een nieuwe laag kopiëren (met Ctrl+C en Ctrl+V).

- Er zijn verschillende soorten lagen. Naast gewone pixels met fotomateriaal onderscheiden we aanpassingslagen met door de computer gegenereerd materiaal en lagen met aanvullende content zoals teksten en vormen.

- Een laag kan van een masker worden voorzien die een deel van de laaginformatie aan het zicht onttrekt.

Tot slot kunt u lagen beheren. Naast in- en uitschakelen, kopiëren en verwijderen kunt u de volgorde wijzigen, lagen koppelen en groeperen, ook als ze niet direct onder elkaar liggen, en lagen naar andere bestanden slepen. Kortom, lagen maken uw afbeelding in één woord flexibel.

Lagen openen nieuwe mogelijkheden qua beeldbewerking.

Deelvenster Lagen

Tot nu toe hebben we geprobeerd het begrip lagen te omzeilen, maar dat is niet helemaal gelukt, zie onder andere Photomerge en Slim penseel in de hoofdstukken 3 en 4. Lagen worden dus ook aangemaakt buiten onze controle om, maar het wordt hoog tijd om zelf de regie in handen te nemen. De spil in dit geheel is het deelvenster Lagen. Schakel het in met de gelijknamige knop onderin of toets F11. Hiermee handelt u de meeste zaken af die met lagen te maken hebben. Aanvullende opdrachten vindt in het menu **Laag**. Voor alle duidelijkheid: het lagenvenster toont uitsluitend materiaal van de actieve afbeelding, niet van andere geopende afbeeldingen.

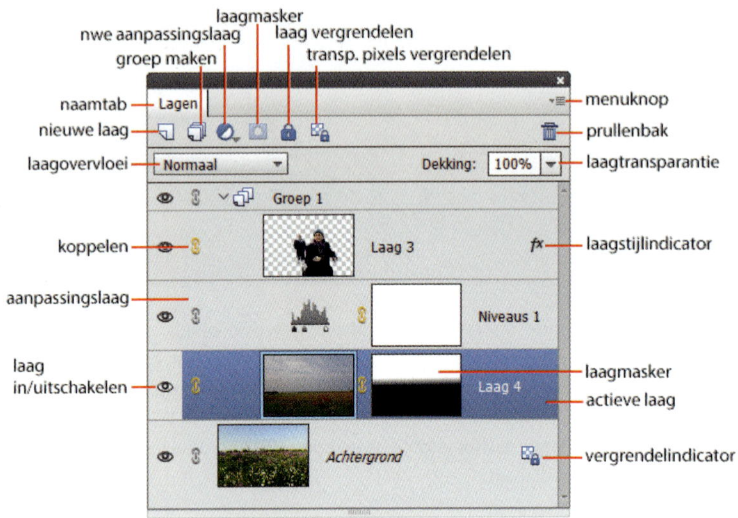

De onderdelen van het lagenvenster.

mijn.cc/psel2404

Werken met het deelvenster Lagen

- U kunt een nieuwe lege laag aanmaken (zie verderop), maar ook meteen vullen met materiaal, simpel door een selectie (van de achtergrond) te kopiëren en te plakken met Ctrl+C en Ctrl+V. De kopie mag ook van een andere afbeelding afkomstig zijn. Als u zelf content toevoegt, bijvoorbeeld met het tekstgereedschap of het lijn/vormgereedschap, wordt dit materiaal automatisch op een aparte speciale laag gezet.

- Schakel de weergave van een laag in of uit met het oogjepictogram. Op een uitgeschakelde laag kunt u niet werken. Houd eventueel de Alt-toets ingedrukt om alle overige lagen uit te schakelen. Een ingeschakelde laag betekent niet dat de betreffende informatie per definitie zichtbaar is. Deze kan schuilgaan onder die van bovenliggende lagen. Daarnaast mag de dekking van de laag niet op 0% staan.

- De standaardnamen zijn nogal nietszeggend. Dubbelklik op de naam om deze passender te maken.

- Pas de laagvolgorde aan door een laag naar boven of beneden te slepen. Kies eventueel het verplaatsgereedschap en klik op de knop **Rangschikken** in de optiebalk. **Naar voren** en **Op voorgrond** plaatsen de laag respectievelijk één stapje omhoog of helemaal bovenaan. **Naar achteren** en **Op achtergrond** doen dat in omgekeerde richting.

- Als u de achtergrond wilt verslepen, moet u deze eerst omzetten naar een gewone laag: klik met de rechtermuisknop en kies **Laag uit achtergrond** en **OK** in het vervolgvenster. Omgekeerd maakt u van een gewone laag een achtergrond via het menu **Laag, Nieuw, Achtergrond van laag**.

- Verwijder een laag door deze naar het prullenbakpictogram te slepen.

Onder de achtergrond Bij een volledig transparant bestand zonder achtergrond kijkt u tegen een grijs schaakbordpatroon aan. Dit patroon kunt u aanpassen in het voorkeurenvenster. Klik op **Bewerken, Voorkeuren, Transparantie**. Kies een andere rastergrootte en rasterkleur.

Lagen dupliceren

Tijdens het werken aan de afbeelding komt er vast een moment waarin u best tevreden bent met het resultaat, maar tegelijk bent u ook nieuwsgierig naar wat verder experimenteren brengen zal. In dat geval is het handig om de actuele toestand 'veilig te stellen'. Dit doet u door de laag te kopiëren met sneltoets Ctrl+J of via het menu **Laag, Laag dupliceren** (bij de laatste methode kunt u ook een nieuw of ander geopend bestand als bestemming kiezen). Hierna kunt u zonder zorgen verder experimenteren. Bovendien kunt u op ieder moment de twee met elkaar vergelijken door de weergave van de bovenliggende laag uit te schakelen.

Mocht de 'actuele toestand' reeds uit meerdere lagen bestaan, dan kunt u die groepsgewijs kopiëren. Selecteer alle lagen in het lagenvenster, klik met de rechtermuisknop op een van hen en kies **Lagen dupliceren**. Een nadeel van een grote hoeveelheid lagen is misschien dat u het overzicht kwijtraat. Dit kunt u tegengaan door de gekopieerde lagen samen te voegen met Ctrl+E. Als alternatief kunt u het document in zijn geheel dupliceren. Kies hiervoor **Bestand, Dupliceren**.

Laag-transparantie en overvloei

Met de schuifbalk **Dekking** kunt u de transparantie van de actieve laag instellen. Eventueel kunt u ook een waarde met het toetsenbord invoeren. Het effect spreekt voor zich: u kunt onderliggende lagen zo meer of minder zichtbaar maken. Minder voorspelbaar dan transparantie is de keuzelijst ernaast waarin u een overvloeimodus kunt kiezen. Hiermee kunt u pixels van twee opeenvolgende lagen op verschillende manieren op elkaar laten reageren waardoor nieuwe kleur- en belichtingseffecten ontstaan. Voor een computer zijn pixels namelijk geen kleurtjes maar kleurwaarden, getallen dus. En met twee getallen kunnen vele berekeningen worden gemaakt, resulterend in nieuwe kleurwaarden. Per overvloeimodus krijgt u een ander effect, maar het algemene kenmerk is toch wel dat het eindresultaat vrij onvoorspelbaar is, psychedelisch zullen we maar zeggen, vooral als u twee verschillende afbeeldingen gebruikt. Meer voorspelbaarheid en rust in het eindresultaat creëert u door met een duplicaat te werken (Ctrl+J) of door een afbeelding te gebruiken die vrij rustig van zichzelf is.

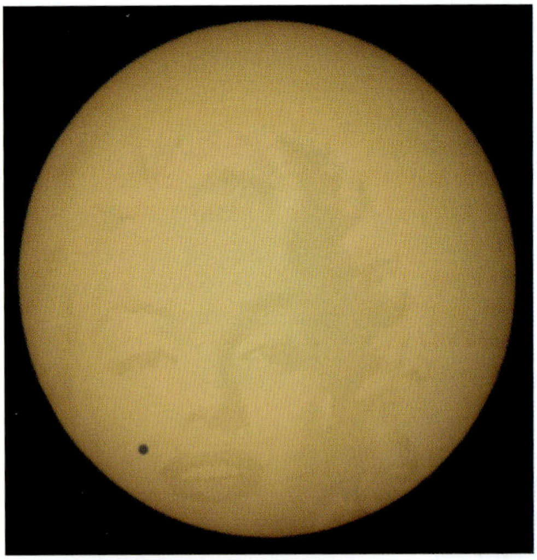

De transparantiefunctie wordt onder andere gebruikt om twee opeenvolgende lagen nauwkeurig uit te lijnen. Maar u kunt er ook mooie effecten mee krijgen. Dit is een hommage aan zowel een astronomisch verschijnsel, Venus voor de zon, als aan een bekende actrice uit de jaren vijftig.

Links de originele afbeeldingen. Rechts het resultaat van een andere overvloeimodus.

Een oude afbeelding nog ouder gemaakt met pakpapier en overvloeimodus Bedekken.

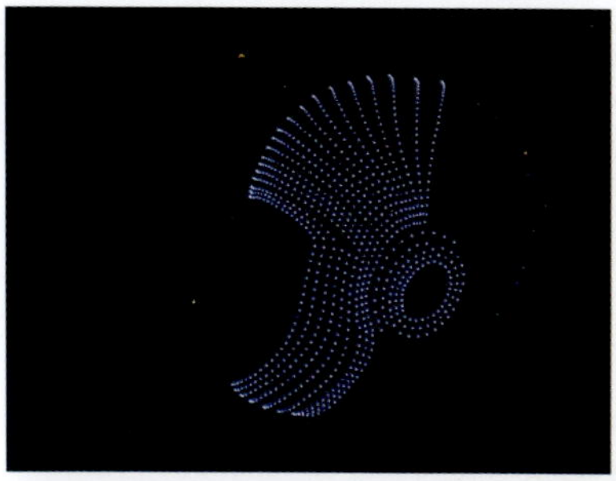

Plaats beide afbeeldingen over elkaar en experimenteer met overvloeimodi.

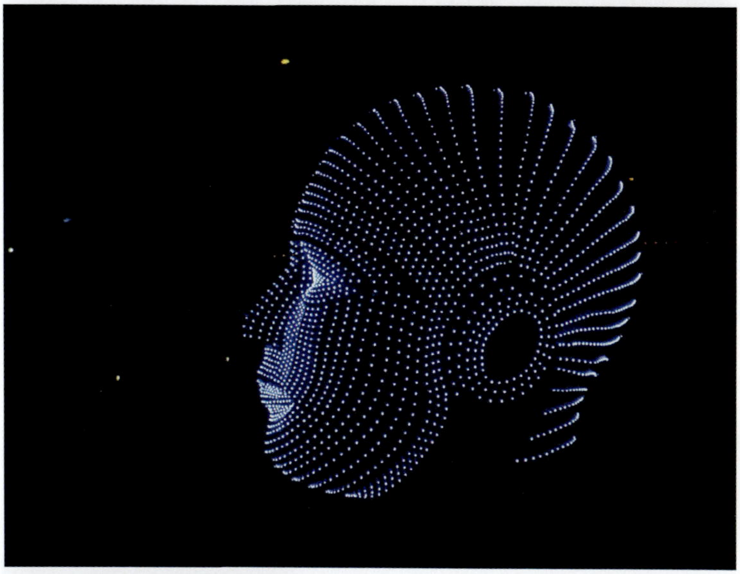

Bij onder andere overvloeimodus Lichter krijgen we dit resultaat.

Dat is wel heel veel grijs voor een foto. Maar via aparte lagen kunnen we de achtergrond inkleuren en zelfs transparante lichtbundels tekenen. Gebruik Gaussiaans vervagen om de lichtbundel wat te verstrooien, en experimenteer met overvloeimodi Fel licht, Lin. tegenhouden en Bleken voor de bundels en koplampen.

Overvloeimodus en gereedschap Merk op dat diverse gereedschappen waarmee u kleur kunt aanbrengen, zoals de penselen en het emmertje ook overvloeimodi kennen. Voor de retoucheer- en vervagingsgereedschappen is een beperkt aantal overvloeimodi is beschikbaar. Maar ook hier geldt: voorspelbaarheid van het resultaat is lastig.

Nieuwe laag maken

Indien u iets op een afbeelding wilt tekenen maar de afbeelding zelf niet wilt beschadigen, kunt u vooraf een nieuwe laag maken. Klik op de knop **Nieuwe laag** linksboven in het deelvenster. Houdt u hierbij Alt ingedrukt, dan verschijnt een venstertje waarin u een naam voor de laag kunt opgeven. Hernoemen kan ook achteraf door op de naam te dubbelklikken.

Als u iets op een foto wilt tekenen maar de foto zelf niet wilt beschadigen kunt u een nieuwe laag maken waarop u het werk uitvoert.

Selectie vanuit ander bestand kopiëren

Materiaal vanuit een ander bestand plakken kan problemen opleveren. Bijvoorbeeld de kleurmodus kan afwijken: in dat geval wordt de informatie omgezet naar die van het doelbestand. Ook wordt er herberekend naar het zoompercentage van het ontvangende bestand. Om niet verrast te worden kunt u zoompercentages beter vooraf gelijkstellen. De grootste valkuil betreft het beeldmateriaal zelf. Als de lichtomstandigheden tussen de twee opnamen zeer verschillend zijn, is dat onmiddellijk in de gecombineerde versie te zien, denk bijvoorbeeld aan de richting van de schaduwen, atmosferische omstandigheden en strooilicht. Dit geldt ook voor perspectief, de hoek waaronder werd gefotografeerd en de brandpuntsafstand. Hoe gelijker de omstandigheden, des te geloofwaardiger het eindresultaat.

Plakken in een gietvorm Met de opdracht **Kopiëren** wordt informatie naar het klembord gestuurd en met **Plakken** wordt de informatie van het klembord gehaald. Plakken kent echter een variant, te weten **In selectie Plakken** in het menu **Bewerken**. Als u voorafgaand aan deze plakopdracht een andere selectievorm tekent, zal deze als een soort kijkglas of gietvorm fungeren. Alle informatie van het klembord wordt wel gekopieerd, maar alleen de pixels die binnen de nieuwe selectie vallen zijn zichtbaar. Met het verplaatsgereedschap kunt u de andere pixels in beeld slepen tot u buiten het selectiekader klikt.

Originelen.

Plakken in een gietvorm. Op de ontvangende foto (kasteel) is voorafgaan aan de plakopdracht de witte lucht geselecteerd. Vervolgens kunnen we de wolkenfoto binnen het plakgebied heen en weer schuiven en zelfs vervormen om zo de beste delen zichtbaar te maken.

Lagen koppelen

Als we beeldmateriaal verplaatsen, doen we dat meestal binnen één laag. Maar soms wil je dat materiaal van andere lagen evenwijdig mee verhuist. Dit kan door de betreffende lagen vooraf te selecteren met behulp van de Ctrl-toets (klik nadrukkelijk op de naam, niet op de miniatuur; de lagen zelf hoeven niet aaneengesloten liggen). Nog een stap verder is de lagen koppelen. Hierbij geeft u hun onderlinge relatie een (semi-)permanente status. Dat wil zeggen dat hun relatie blijft bestaan, ook nadat u tussendoor andere handelingen uitvoert of zelfs opslaat en afsluit. Klik hiertoe op het kettingpictogram van een van de geselecteerde lagen. De gouden kleur geeft aan dat zij gekoppeld zijn. Doe daarna de test: selecteer een enkele laag uit de gekoppelde groep, versleep het materiaal en merk op dat de rest mee beweegt. Dit groepsgedrag betreft niet alleen verplaatsen maar ook transformaties (bijvoorbeeld schalen), zie hoofdstuk 8, alsmede de uitlijn- en distributieknoppen op de optiebalk van het verplaatsgereedschap. U kunt gekoppelde lagen samenvoegen met de opdracht **Laag**, **Verenigen; gekoppeld**.

Lagen groeperen

Als het aantal lagen te veel wordt en u steeds heen en weer moet bladeren kunt u lagen beter groeperen. Selecteer de te groeperen lagen en klik op de knop **Nieuwe groep maken** – u mag lagen ook achteraf naar de groep slepen. U kunt de groep open- en dichtvouwen en alle lagen in een groep met één klik in- en uitschakelen. Gebruik voor dit laatste het pictogram met het oogje van de groep in dichtgevouwen toestand.

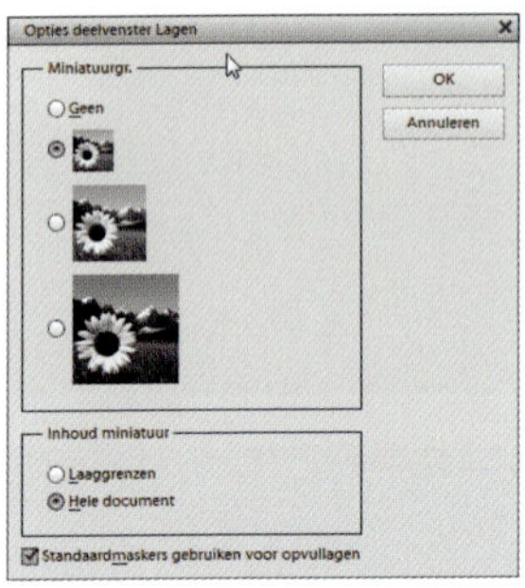

Miniatuurgrootte instellen.

Automatische selectie van laag Misschien overkomt het u dat u een vrijstaande figuur wilt verplaatsen, maar dat onbedoeld iets anders meebeweegt. Meestal komt dit omdat u dan op een andere laag werkt dan gedacht. U kunt dit in het deelvenster Lagen verifiëren. De optie **Automatische selectie van laag** (verplaatsgereedschap, optiebalk) voorkomt dit probleem.

Weergave miniaturen U kunt de grootte van de miniaturen in het laagvenster wijzigen via de opdracht **Deelvensteropties** onder de menuknop. U kunt de miniaturen zelfs uitschakelen waardoor u een maximum aantal lagen binnen dezelfde ruimte kunt weergeven. Begrijpelijke laagnamen zijn dan wel essentieel. Met de optie **Laaggrenzen** zoomt de miniatuur op de inhoud van de laag in en bepaalt diens vorm de lengte-breedteverhouding van de miniatuur.

Laaginformatie vergrendelen

Wilt u een laag beschermen tegen abusievelijke bewerking of verwijdering, dan kunt u deze vergrendelen. U hebt twee mogelijkheden:

- Met de knop **Transparante pixels vergrendelen** (bovenin) voorkomt u dat er op transparante gebieden in de laag wordt geschilderd. U beperkt de bewerkingen dus tot gebieden van een laag die al pixels bevatten.

- Met de knop **Alles vergrendelen** ingeschakeld kunnen noch transparante gebieden, noch met pixels gevulde gebieden verder bewerkt worden. U kunt evenmin de laaginhoud verplaatsen en effecten toepassen.

Transparante pixels vergrendelen uitgeschakeld.

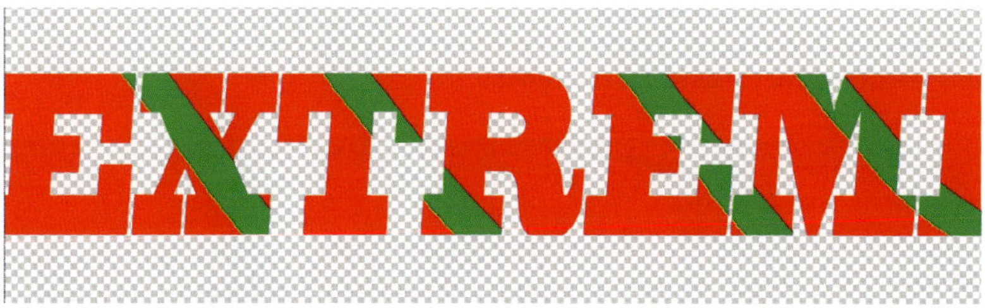

Transparante pixels vergrendelen ingeschakeld.

Aanpassingslaag

Zoals gezegd kent Photoshop Elements diverse soorten lagen, bijvoorbeeld de opvullaag en aanpassingslaag. De opvullaag is niets anders dan een gewone laag met een door de computer gegenereerde vulling: een effen kleur, een kleurverloop of een bepaald patroon. Dergelijke lagen worden meestal gebruikt om een onopvallende achtergrond te maken.

Interessanter is een echte aanpassingslaag. Deze is bedoeld om de onderliggende laag te corrigeren maar dan op een non-destructieve manier, dus zonder dat de informatie van die onderliggende laag wordt aangetast. Dit in tegenstelling tot de gewone correcties die we eerder hebben besproken (bijvoorbeeld in de snelle modus). Daarbij werd namelijk de verandering in de pixels zelf doorgevoerd. Met aanpassingslagen kunnen u exact hetzelfde effect bewerkstelligen maar dan met behoud van data, een soort opereren op afstand dus. Bovendien, doordat de aanpassing zich in een aparte laag bevindt, kunt u de invloed altijd uitschakelen. Aanpassingslagen krijgen automatisch een laagmasker; hiermee kunt u de globale aanpassing wijzigen in een lokale aanpassing, zie Werken met laagmaskers hierna.

1. Klik op de knop **Aanpassingslaag maken** boven in in het deelvenster en kies een bepaald type aanpassing.

   De eerste drie (**Volle kleur**, **Verloop** en **Patroon**) geven (standaard) een dekkende opvulling. Wilt u iets van de onderliggende structuur terug zien, dan moet u of de dekking of de overvloeimodus aanpassen. De overige zijn echte aanpassingslagen en hebben transparante eigenschappen van zichzelf.

2. De aanpassing opent een bijbehorend dialoogvenster. Pas eventueel de instellingen aan en sluit het venster. Dubbelklik eventueel op het aanpassingspictogram in het deelvenster om de instellingen opnieuw te wijzigen (of klik met de rechtermuisknop en kies **Aanpassing bewerken)**.

In principe beïnvloedt de aanpassingslaag alle onderste lagen. Maar u kunt ook de invloed beperkt houden tot de direct ondergelegen laag. Dit kan een wereld van verschil betekenen. Klik op het pictogram linksonder in het instellingsvenster of gebruik sneltoets Ctrl+G. De aanpassingslaag schuift een niveau naar rechts.

Patroonvulling

Een patroon bestaat uit een eindeloos herhaald miniatuurplaatje, zoals een badkamertegel. De meeste patronen zijn van zichzelf eigenlijk vrij lelijk en komen hooguit van pas in een ondersteunende rol, bijvoorbeeld als achtergrond of kaderrand met een structuur, en dan nog in gedempte vorm vanwege hun drukke karakter. Dus als u al een patroonlaag gebruikt, zorg dan voor een hoge transparantie door een lage dekkingswaarde. Plaats eventueel een egale laag daaronder en experimenteer eventueel met andere overvloeimodi.

De achtergrond voorzien van een patroonvulling. Als deze van zichzelf vrij druk is, is het zinvol de impact te dempen, bijvoorbeeld door een vaag kleurtje toe te voegen en de transparantie te wijzigen.

Werken met laagmaskers

Aanpassingslagen krijgen automatisch een laagmasker, de witte rechthoek naast de miniatuur. Hiermee kunt u het effect van de aanpassing voor bepaalde gebieden onderdrukken, ofwel maskeren. Klik op het masker en daarna op de miniatuur en merk op aan het verspringen van het blauwe selectiekader dat het twee aparte objecten zijn.

Een masker is overigens niet uniek voor een aanpassingslaag, ook gewone pixellagen kunnen deze hebben, behalve de achtergrond.

Maskers werken met grijswaarden: van puur zwart tot puur wit en alles daartussen in. Een volledig wit vlak betekent dat niets van de betreffende laag is gemaskeerd, en een volledig zwart vlak dat alles is gemaskeerd, maar doorgaans is het ons om gedeeltelijke maskering te doen. Er zijn verschillende manieren om een gedeeltelijke maskering aan te brengen, bijvoorbeeld kliederen met een zwart penseel. Het kliederen doet u in de werkruimte op de foto zelf, maar niet nadat u nadrukkelijk het masker hebt geselecteerd. Een tweede manier is deze: maak eerst een selectie op de afbeelding, bijvoorbeeld een simpele rechthoek, en klik dan op de maskerknop bovenin het lagenvenster. In dat geval wordt alle informatie buiten de selectie gemaskeerd – in de maskerminiatuur herkenbaar als het zwarte gebied.

Maar zoals gezegd is er meer dan zwart en wit. Met grijswaarden speelt u met transparantie. Zou u vooraf een selectie hebben gemaakt met zachte selectieranden (hoge doezelwaarde), dan zien we een grijsverloop in het maskergebied, corresponderend met een geleidelijke overgang in de zichtbaarheid van de laaginformatie. Uiteraard geldt dit ook voor het penseel.

Prettig aan een masker is dat geen informatie verloren gaat. U onttrekt die alleen maar aan het oog. In tegenstelling tot een gum kunt u materiaal niet alleen wegpoetsen maar ook tevoorschijn halen, en dat op ieder gewenst moment – ook nadat u tussentijds andere handelingen hebt uitgevoerd; tevoorschijn halen is dus geen vorm van ongedaan maken. Dit doet u door te spelen met grijswaarden, en dat kan met het penseel, emmertje of verloopgereedschap.

Een voorbeeld. Plaats een afbeeldingslaag bovenop een andere en doe het volgende.

1. Selecteer de bovenste laag en klik op de knop **Laagmasker toevoegen** (bovenin).

2. Klik op het witte masker in het laagvenster om naar de maskermodus over te schakelen.

3. Selecteer het penseelgereedschap, stel een flinke diameter in, stel de voorgrondkleur in op zwart (als dit niet automatisch is gebeurd) en schilder op de afbeelding (in feite op het masker) om delen van afbeelding te maskeren. Dit lijkt sterk op gummen met dit verschil dat u niets verwijdert maar aan het oog onttrekt.

4. Experimenteer nu met de dekking van het penseel. Stel deze in op 75 % en kijk wat er gebeurt. Doe dit ook op 25%.

5. Schilder de informatie weer tevoorschijn met een witte kleur (op 100% dekking).

6. Schakel weer over naar zwart en geef het penseel een zachte rand: klik op de knop **Penseelinstellingen** en plaats de schuifknop **Hardheid** naar links. Bekijk het effect.

   - U kunt een laagmasker (tijdelijk) uitschakelen door met Shift ingedrukt erop te klikken.

- U kunt een laagmasker als beeld zichtbaar maken door met Alt ingedrukt erop te klikken.
- U kunt het selectiekader van een laagmasker tonen door met Ctrl ingedrukt erop te klikken. Dit laatste is erg handig omdat u dan de selectierand kunt aanpassen. Kies een selectiegereedschap en klik op **Hoeken verfijnen**; zie voorts hoofdstuk 6.

Op weinig subtiele wijze zien we hier wat het effect van een laagmasker is.

Een aangepast resultaat door het masker met een penseel met zachte randen te bewerken.

Bij de volgende afbeelding: de middelste manen zijn vervaagde versies en uitsluitend bedoeld om een lichtkrans aan te brengen. De bovenste maan (geprojecteerde maan) heeft een masker om de wolken op de voorgrond te krijgen. De 2^e^ en 3^e^ maan moeten ook doorgang verschaffen en hebben daarom een vergelijkbaar mas-

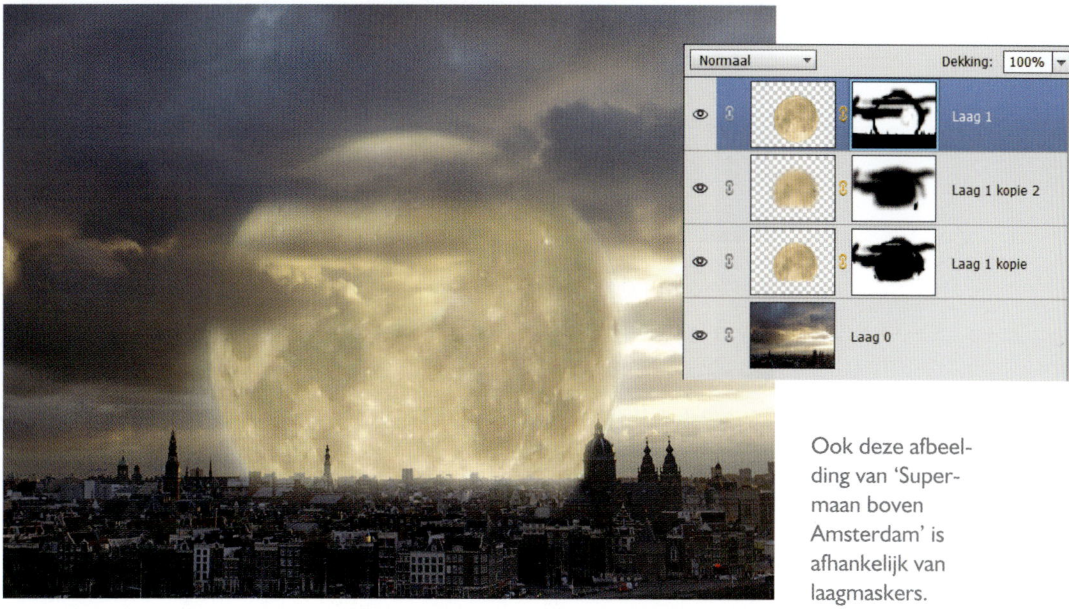

Ook deze afbeelding van 'Supermaan boven Amsterdam' is afhankelijk van laagmaskers.

ker nodig. Met de Ctrl-toets (klik op een masker) kunt u het selectiekader van dat masker weergeven. Vervolgens kunt u dit kader voor maskers van andere lagen gebruiken.

Uitknipmasker maken

Een variant op het voorgaande is het uitknipmasker. Het idee is dat een bovenliggende laag (gedeeltelijk) wordt gemaskeerd door informatie op de laag daar direct onder. Eigenlijk is het een omkering van wat we gewend zijn: de transparante pixels veroorzaken het maskerende effect en de niet-transparante pixels zijn het doorgeefluik. Het is niet noodzakelijk maar het effect komt het best tot zijn recht als u een kant-en-klare vorm gebruikt.

1. Plaats twee afbeeldingen boven elkaar.
2. Klik op de knop **Afbeeldingen**, kies een vorm met voldoende body en sleep deze naar de werkruimte.
3. Positioneer deze vormlaag in het lagenvenster tussen de twee afbeeldingen in.
4. Klik met de rechtermuisknop op de bovenste laag en kies **Uitknipmasker maken** (of: houd Alt ingedrukt en klik op de scheidslijn tussen de bovenste en tweede laag).

De laagminiatuur verspringt naar rechts, en alle inhoud van deze laag die buiten de contouren van de vorm op de tweede laag valt wordt gemaskeerd. In feite fungeert de vorm als een soort kijkglas. U kunt eventueel een ander deel van de bovenste laag voor het voetlicht slepen. Als u de vorm met behoud van inhoud wilt verplaatsen, koppel beide lagen dan eerst. Klik opnieuw met Alt ingedrukt op bovengenoemde scheidslijn om het uitknipmasker op te heffen.

Afbeelding met een uitknipmasker.

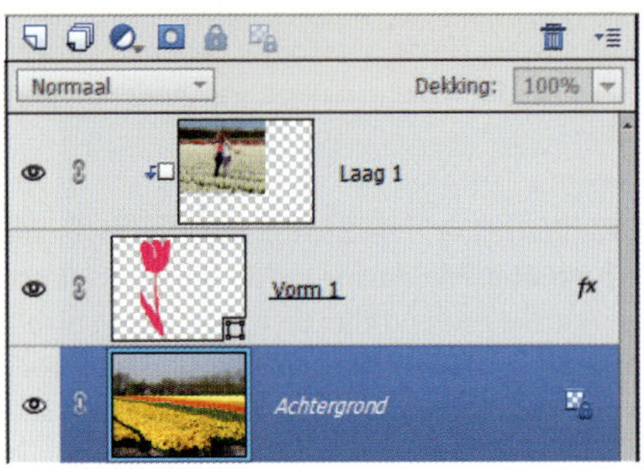

Zo ziet het lagenvenster van het uitknipmasker eruit. Let op de inspringing van de bovenste laag.

Tips

1. Als alternatief voor de vorm kunt u een lege laag definiëren en hier zelf iets op tekenen. Wilt u een teveel aan pixels weghalen, wissel dan niet tussen zwart en wit (zoals we bij het laagmasker gewend zijn) maar gebruik de gum.
2. Pas een laagstijl toe op de vorm, bijvoorbeeld Schaduw binnen.

Lagen samenvoegen

Een afbeelding met lagen heeft meestal een behoorlijk grote bestandsomvang. Dus bij opslaan hebben we eigenlijk een probleem. Sterker: sommige bestandsindelingen, zoals het populaire JPG, staan het gebruik van lagen helemaal niet toe. Om dit probleem het hoofd te bieden kunt u aan het eind van de klus de lagen samenvoegen tot een enkele achtergrondlaag. Bedenk wel dat u na opslaan en afsluiten de aparte toegankelijkheid van de lagen definitief kwijt bent. Wilt u de lagen behouden, sla dan in een bestandsformaat op dat lagen wel ondersteunt, zoals PSD en TIFF.

Photoshop Elements kent diverse opdrachten om lagen samen te voegen, alle te vinden in het menu **Laag** of onder de menuknop van het deelvenster Lagen:

- Met **Verenigen; gekoppeld** voegt u gekoppelde lagen samen. Deze opdracht is alleen zichtbaar als zich daadwerkelijk gekoppelde lagen in het deelvenster Lagen bevinden.
- Met **Verenigen met lager gelegen** voegt u de actieve laag met de direct onderliggende laag samen, mits deze zichtbaar is. Met **Verenigen; zichtbaar** voegt u alle ingeschakelde lagen samen.
- **Een laag maken** is het zwaarste geschut. Hiermee brengt u alle lagen terug tot een enkele laag. Verborgen, of beter gezegd: uitgeschakelde lagen gaan daarbij verloren.

Afbeelding plaatsen

Voor gevorderden – Via **Bestand, Plaatsen** kunt u een afbeelding in een afbeelding plaatsen. Dit lijkt een beetje op de ene afbeelding in de andere kopiëren maar er is er een duidelijk verschil. Tijdens het plaatsen zelf loopt er een diagonaal kruis over de afbeelding en u moet op de bevestigingsknop klikken, maar belangrijker is dat de geplaatste afbeelding een (ingesloten) slim object wordt. Dit zien we aan een symbooltje in het lagenvenster. Dit houdt in dat u het kunt vervormen en schalen zonder dat er afbeeldingsinformatie verloren gaat. Dit is bij een gekopieerde afbeelding wel het geval. U kunt dit zelf testen door een geplaatste en een gekopieerde afbeelding meerdere keren groter en kleiner te schalen – bij de gekopieerde variant wordt de beeldkwaliteit steeds slechter.

8

Transformeren

In dit hoofdstuk leert u hoe u afbeeldingen, lagen of selecties kunt roteren, schalen en vervormen, dit alles onder de noemer transformatie. Het doel van transformaties is het materiaal beter in overeenstemming brengen met de nieuwe omgeving.

Transformeren

Transformeren betekent letterlijk van vorm veranderen, en hieronder vallen manipulaties als schalen, schuintrekken, vervormen, rekken en in perspectief zetten. Dat is vaak nodig als we materiaal van de ene afbeelding in de andere plakken. Vaak moet dit groter of kleiner worden geschaald, een beetje gedraaid of een tikje worden vervormd om het passend te krijgen. In die zin is transformatie de smeerolie van de beeldbewerking. Het kan ook als een retoucheerhandeling worden toegepast, bijvoorbeeld om een fotomodel iets slanker te maken.

In het menu **Afbeelding**, **Transformatie** vindt u verschillende transformatieopties:

- Met **Vrije transformatie** kunt u de afbeelding schalen en rekken.
- Met **Schuintrekken** kunt u de zijwanden van het transformatiekader schuintrekken tot een ruit.
- Met **Perspectief** kunt u de selectie in een tapse vorm gieten en aldus de suggestie van perspectief wekken.
- Met **Vervormen** kunt u de hoekpunten en lijnsegmenten van het transformatiekader alle richtingen op slepen en daarmee het concept van een symmetrische vorm doorbreken.
- Met **Verdraaien** kunt u vloeiende, gebogen vervormingen toepassen.

Selectie- versus transformatiekader

Gelukkig zijn er andere opties dan werken met het submenu; in feite kunnen we alles met toetsenbord en muis af. Maar voor we daar aan toekomen, eerst iets anders. Wat we willen vervormen? Een object. Daarvoor moeten we het eerst selecteren, dus hebben we te maken met een selectiekader. Bij transformatie komt daar iets extra's omheen: een transformatiekader. Dit verschijnt in principe automatisch wanneer u een selectie op een afbeelding (achtergrondlaag) tekent en daarna overschakelt naar het verplaatsgereedschap. Bij een grillig gevormde selectie zal het verschil vrij duidelijk zijn, maar in het geval van een rechthoekige selectie is dat een stuk lastiger. Laten we daarom de verschillen op een rijtje zetten.

- Een selectiekader is als een bewegend mierenspoor en kan iedere denkbare vorm hebben.
- Een transformatiekader is altijd rechthoekig en heeft handgrepen.
- Een selectiekader kan men mét en zonder inhoud verplaatsen, een transformatiekader uitsluitend met inhoud.
- Een transformatiekader omsluit een selectiekader, niet andersom.

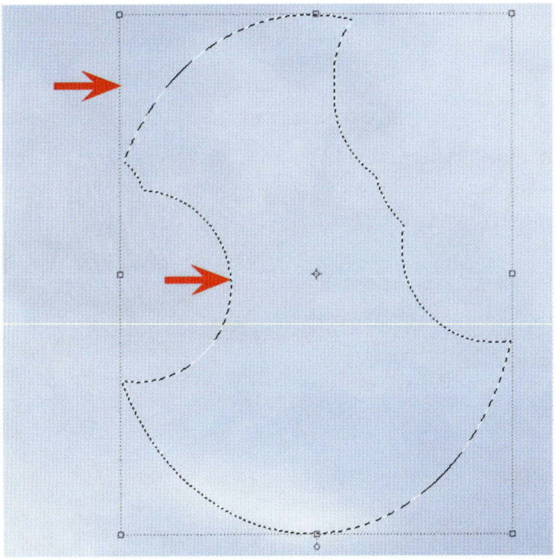

Het verschil tussen een transformatiekader (bovenste pijl) en een selectiekader.

- Een transformatiekader is een statische stippellijn; als u op een hoekpunt klikt verandert dit in een ononderbroken lijn en wordt de transformatiemodus geactiveerd.
- Een transformatiekader heeft een rotatiepunt.
- Bevindt de selectie zich op een aparte laag en u klikt met het verplaatsgereedschap erop, dan verschijnt het transformatiekader.
- U schakelt de weergave van het selectiekader in en uit met Ctrl+H; u schakelt het transformatiekader in of uit via de optiebalk van het verplaatsgereedschap. Helaas heet deze optie **Selectiekader tonen** (zucht).

U kunt selecties transformeren op de achtergrondlaag, maar dat geeft doorgaans een 'gat' waar u niet op zit te wachten. Daarom is het handiger het materiaal naar een aparte laag te kopiëren. Doet u dat boven op de laag waarop het materiaal wilt inpassen, dan hebt u maximale controle.

Klik op een hoekpunt om de transformatiemodus te activeren. Met de handgrepen om het transformatiekader en de instellingen op de optiebalk (verplaatsgereedschap) voert u de transformaties uit. Uiteraard sluit u de handeling af met respectievelijk de bevestigings- of annuleerknop rechtsonder. Via de optiebalk kunt u snel tussen transformatiemodi wisselen, of gebruik uw toetsenbord:

- Met Ctrl kunt u vrij vervormen.
- Met Alt kunt u symmetrisch vervormen.
- Met Ctrl+Shift kunt u de selectie schuintrekken.
- Voor perspectiefwerking hebt u echt veel vingers nodig: houd Ctrl+Alt+Shift ingedrukt en sleep.

Met dit bronmateriaal moeten we een beroep doen op meerdere transformaties, waaronder Omkeren, Schalen en Roteren en wellicht Verdraaien om de puntjes op de i te zetten.

Eindresultaat.

Transformatie en achtergrondlaag De achtergrondlaag is vergrendeld en niet te transformeren. Dit geldt ook voor het roteren van selecties. Zet de achtergrond eerst om naar een gewone laag.

Roteren

Bij roteren denken we meestal aan een kwart slag of halve slag kantelen van een afbeelding. Maar dat kan ook traploos tot op de graad nauwkeurig. Maak een selectie, schakel over naar het verplaatsgereedschap en klik op een handgreep. Plaats de muis buiten het transformatiekader en sleep als u een kromme dubbele pijl (het rotatiesymbool) ziet. Sleep vervolgens met de muis om de afbeelding te roteren. Met de Shift-toets beperkt u de rotatie tot stappen van 15 graden. In de optiebalk kunt u het aantal graden ook handmatig instellen. U kunt desgewenst het rotatiepunt verplaatsen. Klik daarvoor op de matrix van negen bolletjes (de referentiepuntzoeker) op de optiebalk.

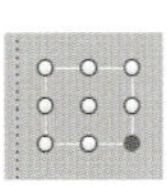

Menu **Afbeelding, Roteren** heeft een paar aanvullende opties zoals **Horizontaal draaien** (let op dat u de juiste keuze maakt: gehele afbeelding of selectie/laag). Dit is een vorm van spiegelen die bij veel projecten van pas komt, zie voorbeeld.

Hier is verticale rotatie toegepast.

Schalen

Een in een nieuwe omgeving geplakt object moet vaak op maat worden geschaald. Het ene object luistert hierbij nauwer dan het andere. Bijvoorbeeld voor een rotsblok maakt het weinig uit, maar voor een hoofd of lichaamsvorm te midden van andere personen wel. Teken eventueel een paar tijdelijke hulplijnen langs personen op voor- en achtergrond, zie voorbeeld. Eenmaal op maat geschaald binnen die trechtervorm kunt u de figuur horizontaal verplaatsen. Let ook op dat de optie **Verhoudingen behouden** ingeschakeld is om onnodige vervorming te voorkomen.

Door de zijwand te kopiëren en kleiner te schalen kunnen we het schip oneindig groot maken.

Bij het op de juiste maat schalen kunnen een paar tijdelijke hulplijnen dienst doen.

Verdraaien

Verdraaien is een variant die duidelijk iets extra's biedt ten opzichte van de andere manipulaties. Daar gaat het immers om rechte lijnsegmenten, hetgeen de mogelijkheden toch wel beperkt. Bij Verdraaien manipuleert u vloeiende, kromme lijnen alsof het een plak kauwgom betreft. Dat doet u met zogeheten Bézierkrommen. Zorg eerst dat er een transformatiekader actief is en schakel over naar **Verdraaien** via de optiebalk: een matrix valt over de selectie. Vervolgens hebt u drie manipulatiemogelijkheden:

- Verplaats de hoekpunten.
- Verplaats de hefboomachtige Bézierhandgrepen die uit de hoekpunten schieten.
- Sleep met ingedrukte muisknop op de pixels.

Merk op dat de optiebalk voorts een keuzelijst heeft met kant-en-klare gietvormen.

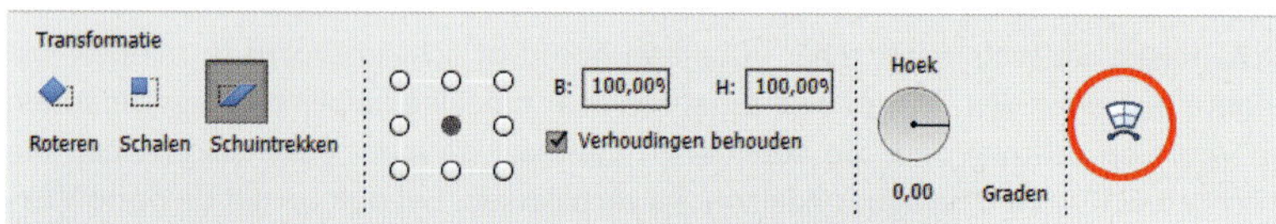

Schakel over naar Verdraaien via de optiebalk.

Hoe krijgen we deze selectie in die vorm?

De oplossing is de transformatievariant Verdraaien.

Links het voorlopige eindresultaat. Maar daar hoeft het natuurlijk niet bij te blijven. Met het filter Bol, een laagstijleffect, een masker en een verloop wordt het nog een stuk fraaier (rechts).

Met Verdraaien kunt u ook een druppelvorm maken. Maar doe dit bij voorkeur niet op de achtergrondlaag als u deze nog wilt gebruiken.

Eindresultaat, voortbordurend op het voorgaande. Voor de suggestie van bolvorm zijn hier toongereedschappen gebruikt, zie hoofdstuk 5.

Vervormingsfilters

Naast de transformatiemogelijkheden kunt u selecties ook vervormen met een reeks vervormingsfilters, te vinden in het menu **Filter, Vervorm**. Deze geven allerlei meer of minder bruikbare vervormingseffecten. Met filter **Bol** bijvoorbeeld kunt u een afbeelding door een bolle lens bekijken. Filter **Kneep** doet ongeveer hetzelfde, maar hier komt het filter er op een vloeiender manier in. Let op: de lengte-breedteverhouding van uw afbeelding kan ongewenst resultaat opleveren. Een perfect symmetrische toepassing van het effect vereist een vierkant canvas, dus misschien moet u de afbeelding eerst bijsnijden.

Een wat vreemde, ondefinieerbare is het filter **Poolcoördinaten**. De afbeelding lijkt vervormd zoals sommige landkaarten aan de polen zijn. Het filter **Rimpel** is exemplarisch voor het merendeel der vervormingsfilters: Hiermee krijgt de selectie een soort golfpatroon.

Filter Bol (links) geeft een stevige vervorming als een lens. Filter Kneep (rechts) doet bijna hetzelfde, maar dan op een meer vloeiende manier.

Lensvervorming

De meeste filters zijn bedoeld om te vervormen, maar met het filter Cameravervorming corrigeren kunt u juist proberen om bestaande vervorming in de foto te compenseren. Vervorming ligt altijd op de loer bij foto's, denk bijvoorbeeld aan een met gestrekte arm gemaakt zelfportret. Gezichten die van dichtbij zijn gefotografeerd, zien er meestal wat boller uit door de lensvervorming. Een ander bekend verschijnsel is perspectiefvervorming bij gebouwen waarbij de gevel achterover lijkt te leunen. Ook hier geldt: hoe dichterbij genomen, des te sterker de vervorming.

Gecorrigeerd met lensvervorming. Gebouwen hebben de neiging om enigszins achterover te hellen door perspectiefwerking (inzet).

Een derde type lensprobleem is zogenoemde vignettering. Dit is geen echte vervorming maar de neiging van de lens om de randen van de foto te onderbelichten.

Al deze vormen van lensverstoring kunt u te lijf gaan met het genoemde filter.

1. Kies **Filter**, **Cameravervorming corrigeren**.

   - Gebruik de schuifbalk Vervorming verwijderen om eventuele bolling te compenseren of juist toe te voegen.
   - Gebruik de schuifbalk Mate in het vak Vignettering om de belichting aan de randen te compenseren.
   - Gebruik de horizontale en verticale perspectiefschuifbalken om het perspectief in een foto te compenseren.

Uitvloeien

Een krachtig vervormingsfilter is **Uitvloeien**. Vaak wordt dit in de reclamefotografie gebruikt om dames een wespentaille te geven, maar u kunt ook een vlaflip van de afbeelding maken. Het vervormen en herstellen geschiedt *on the fly*, en dat oogt best spectaculair; het doet een beetje aan het vloeibaar metaal uit Terminator II denken. Binnen het filter werkt u met penseelgereedschappen. Dit is een belangrijk verschil met andere vervormingsfilters, want hiermee kunt u nauwkeurig aangeven welk gebied behandeld moet worden. Bovendien hebt u redelijke controle over de aard van het effect. Het fraaie is bovenal dat, mits niet al te extreem toegepast, de hoeveelheid detail in gebieden met contrastverschillen zo veel mogelijk behouden blijft. Rechts vindt u een aantal vervormingspenselen:

- Met **Verdraaien** duwt en sleept u pixels naar een andere plek. Experimenteer ook met de penseeldiameter (Grootte) en sterkte van het effect (Druk).
- Kies bij gereedschap Kronkel een flinke diameter. Als u de muisknop ingedrukt en op zijn plek houdt draaien de pixels in het selectiegebied als een draaikolk langzaam om het centrum.

Uitvloeien wordt onder andere gebruikt om modellen een maatje slanker te krijgen.

- Gereedschappen Zwellen en Plooien 'zuigen' de pixels respectievelijk naar binnen of doen het gebied opbollen.
- Met het Reconstructiepenseel poetst u de vervorming naadloos terug naar zijn oorspronkelijke vorm; dit kan ook in één stap met de knop **Vorige versie.**

De toepassingen zijn legio. Waarom niet een andere haardracht?

Ook met Uitvloeien: de oceaan tot een dekentje plooien.

Uiteraard komt een maskertje bij de vorige afbeelding van pas. Voor de finishing touch zijn extra bewerkingen nodig zoals de schaduw hier en daar een beetje aandikken met toongereedschap Doordrukken.

9

Tekst, vormen, laagstijlen en achtergronden

Woord en beeld gaan vaak hand in hand, en binnen Photoshop Elements is dat een ideale combinatie. Het bevat wel zeven verschillende tekstgereedschappen om tekst in allerlei gedaanten te plaatsen. Daar hoort natuurlijk ook een creatieve opmaak bij, en die opmaak blijft niet alleen beperkt tot de tekst zelf, maar ook haar achtergronden. Voorts bespreken we het gebruik van kant-en-klare symbolen en vormen, en omdat het materiaal zich er zo goed voor leent, kijken we ook naar het toepassen van laagstijlen.

Toegevoegde waarde van tekst

Een foto zien we vaak als 'bewijs', maar bewijs van wat? Als we tien personen vragen wat zij zien, krijgen we tien verschillende antwoorden. Kunstenaars gebruiken dit fenomeen door hun werk multi-interpretabel te maken. Maar er zijn ook situaties denkbaar waarin men het beeld juist wil verhelderen, en daar is tekst een uitstekend middel voor. Waar zou bijvoorbeeld dit boek zijn zonder bijschriften? Verhelderen is eigenlijk het juiste woord niet, ik denk dat we beter kunnen spreken van sturen. Met tekst kunnen we de interpretatie van een afbeelding in een bepaalde richting sturen. Dit kan in de verwachte richting zijn – dan is er inderdaad sprake van verheldering – maar ook in tegengestelde richting. Tekst kan het beeldverhaal dus ook een andere wending geven; denk aan een politicus met het hoofd in de handen. *Minister knapt uiltje/Minister geeft de moed op*, wie zal het zeggen? Hoe het ook zij, tekst is een krachtig hulpmiddel, en in een beeldbewerkingsomgeving komt daar nog iets extra's bij: het vormgeven daarvan.

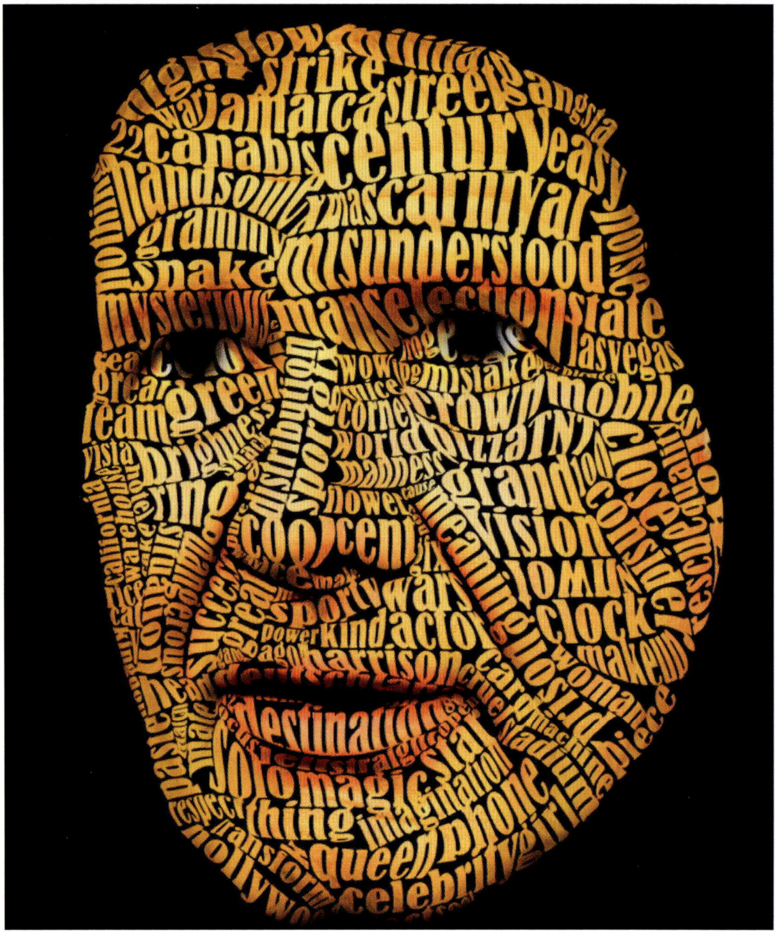

Altijd fascinerend, daar waar tekst en beeld samenvloeien.

Met tekst en beeld kunt u uw alternatieve platenhoes ontwerpen...

Tekstgereedschappen

De tekstgereedschappen van Photoshop Elements, te activeren met de letter T, zijn vooral geschikt voor het maken van korte teksten als titels, koppen, steekwoorden, kreten en oneliners. Het voordeel is dat u niet hoeft over te schakelen naar een ander tekstprogramma en het heeft een unieke set aan opmaakmogelijkheden die niet te vergelijken is met een tekstprogramma. Natuurlijk zijn er ook beperkingen. Handige zaken als autocorrectie, zoeken en vervangen en spellingcontrole ontbreken; Photoshop Elements is nu eenmaal geen tekstverwerker.

Er zijn zeven varianten, te onderscheiden in gewone tekstgereedschappen en zogeheten tekstmaskers. Omdat gewone tekst op een aparte tekstlaag wordt gezet, is het verstandig om het lagenvenster te openen. Omdat u rechtstreeks op de afbeelding typt, hebt u direct een idee van schaal en leesbaarheid.

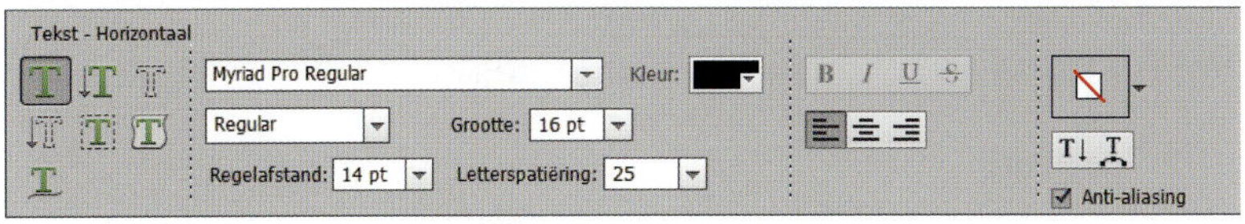

De opties van het tekstgereedschap.

Horizontale en verticale tekst

Horizontale tekst is het meestgebruikte tekstgereedschap. U hebt twee invoermogelijkheden: gewoon klikken en typen of via slepen eerst een rechthoekig tekstkader neerzetten (zie opmerking Alineatekst). De verticale variant plaatst individuele letters met behoud van oriëntatie niet naast, maar onder elkaar. De knop **Tekstrichting** op de optiebalk doet hetzelfde en is dus eigenlijk een beetje dubbelop.

Onthoud: zolang u zich in de tekstinvoermodus bevindt zijn veel menu's niet toegankelijk. U kunt tekstinvoer afsluiten met de bevestigingsknop of door erbuiten te klikken. In beide gevallen schakelt het automatisch over naar de verplaatsingsmodus.

Ingevoerde tekst wordt op een aparte tekstlaag gezet en blijft gewoon als tekst bewerkbaar, ook als u tussentijds andere handelingen verricht. Dubbelklik op de tekst of het T-symbool van de tekstlaag om bestaande tekst verder te bewerken. De volledige tekst wordt dan geselecteerd; klik nogmaals als u tekst niet wilt vervangen maar alleen letters wilt toevoegen. Merk op dat de naam van de tekstlaag overeenkomt met de ingevoerde tekst – maar bedenk dat dit enkel een naam is (die overschreven kan worden) en geen tekstinvoervak.

Alineatekst Stel dat u een stuk tekst tegen een aparte achtergrond wilt weergeven, dan is het handig om daarover een tekstkader met bijna dezelfde afmetingen te tekenen. Dan weet u zeker dat de getypte tekst binnen die achtergrond blijft, ook als u links of rechts uitlijnen toepast. Te veel getypte tekst verdwijnt aan de onderkant van het tekstkader maar gaat niet verloren. Sleep het tekstkader eventueel groter om het restant zichtbaar te maken. Alternatieve opties om tekst binnen de gestelde ruimte te houden zijn lettergrootte of regelafstand aanpassen.

Gekantelde tekst De verticaal getypte tekst, denk aan HOTEL in neonletters, is een typografisch foefje maar leest niet zo lekker als de woorden langer worden. Als alternatief kunt u de horizontale tekst kantelen door het tekstkader te roteren, precies zoals u ieder ander object kunt roteren.

De oranje tekst is verticale tekst, de groene tekst is gekantelde horizontale tekst. De bruin/rode tekst is rechts uitgelijnde tekst.

Tekst op aangepast pad

Behalve langs de gebruikelijke rechte lijnen kunt u tekst langs een zelf getekende grillige tekstlijn laten lopen.

1. Selecteer het gereedschap Tekst op aangepast pad en teken een lijn in de afbeelding. Maak de lijn wat langer dan u denkt nodig te hebben.

Gecentreerde alineatekst.

2. Laat de muis los en klik op de zojuist getekende lijn. U ziet een aantal knooppunten. Pas de lijnvorm aan door de ankerpuntjes naar andere posities te slepen. U mag ook de lijnsegmenten tussen de ankerpuntjes in verplaatsen. Met Alt ingedrukt kunt u knooppuntjes verwijderen, met Shift ingedrukt voegt u ankerpuntjes toe.

Versleep een ankerpunt of lijnsegment om de lijnvorm aan te passen.

Eindresultaat van tekst op aangepast pad.

3. Is de vorm klaar, klik dan op de bevestigingsknop. Klik hierna opnieuw op de lijn en typ de tekst. Mochten de letters te groot zijn, druk dan op Ctrl+A en pas eventueel de grootte aan met de optiebalk.

4. Houd Ctrl ingedrukt om het beginpunt van de tekst langs de lijn op te schuiven en sluit af met opnieuw de bevestigingsknop.

De andere tekstvarianten doen in grote lijnen hetzelfde. Met **Tekst op selectie** selecteert u een object in de afbeelding waarbij de contouren van de selectie de rol van de zelfgetekende lijn overnemen. De derde variant, **Tekst op vorm**, maakt gebruik van kant en klare vormen die u in de lijst in de optiebalk kunt kiezen.

Met gereedschap Tekst op selectie kunt u de grillige lijnen van objecten volgen.

Gebruik van een kant en klare vorm bij het gereedschap Tekst op vorm. Tekst kan aan de binnenkant en buitenkant worden geplaatst.

Tekstkenmerken wijzigen

Het selecteren van een tekstlaag is voldoende om een voorproefje te krijgen als u door de lettertypelijst bladert. Deze en andere wijzigingen via de optiebalk worden direct op de volledige tekst doorgevoerd. U kunt ook individuele tekens wijzigen, maar dan moeten deze wel vooraf zijn geselecteerd zijn. De lijst met tekengrootte loopt tot 72, maar u mag dat handmatig overschrijven, bijvoorbeeld met waarde 113. Een alternatief is het tekstkader schalen met het verplaatsgereedschap. Optie **Anti-aliased** effent gekartelde schuine en gebogen randen waar we met letters altijd mee te maken hebben. Altijd ingeschakeld laten is het devies. De tekstuitlijnknoppen kunnen soms voor verwarring zorgen (de tekst kan van het scherm af raken) omdat niet duidelijk is binnen welk kader zij opereren. Met ingedrukte Ctrl-toets kunt u tijdelijk naar de verplaatsmodus overschakelen en de tekst weer in het zicht slepen. Maar voorkomen is beter dan genezen en teken in zo'n geval vooraf een tekstkader. Wanneer u tekst invoert krijgt deze standaard de voorgrondkleur. Met Ctrl+Backspace en Alt+Backspace wisselt u tussen voor- en achtergrondkleur.

Via de menuknop kunt u de standaardinstellingen van het tekstgereedschap herstellen.

Onderstrepen en doorhalen via de knoppen op de optiebalk.

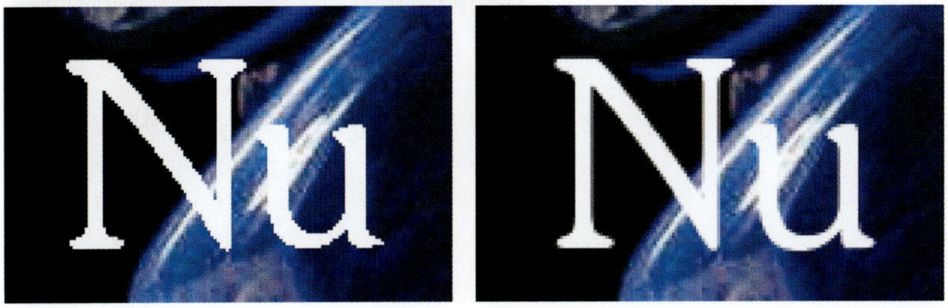

Vectorlettertypen worden omgezet naar pixels en krijgen daardoor kartelige randen. De optie Anti-aliased (rechts) verzacht het leed.

Tekst-ballonnen

Met het gereedschap **Aangepaste vorm** kunt u tekstballonnen maken. Kies in de keuzelijst de categorie **Tekstballonnen** en teken de ballon op de afbeelding. De ballon wordt met de voorgrondkleur gevuld, maar u kunt dit via de optiebalk wijzigen. Als u direct daarna het tekstgereedschap kiest kunt u binnen de ballon tekst invoeren. De tekst voert wel dicht langs de rand van de ballon, maar u kunt het tekstkader kleiner schalen (apart van de vorm dus) om dit probleem op te lossen. Let wel op dat u beide lagen selecteert of koppelt als u de ballon met tekst wilt verplaatsen.

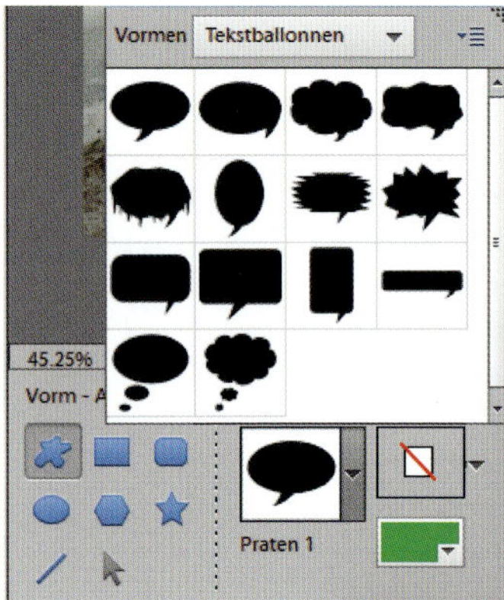

Tekstballonnetjes, altijd leuk...

Tekstlaag rasteren

Zoals eerder opgemerkt blijft tekst gewoon als tekst bewerkbaar, maar dit komt wel met een prijs: niet alle bewerkingen die met pixellagen mogelijk zijn, zijn beschikbaar voor tekstlagen – met name allerlei effecten uit het menu **Filter** en sommige transformatieopdrachten. Dit kunt u omzeilen door de tekstlaag om te zetten in een pixellaag. Maar ook dat komt met een prijs: de tekst is daarna niet meer als tekst bewerkbaar.

Het rasteren van de tekst gaat als volgt:

1. Selecteer de tekstlaag in het lagenvenster.
2. Klik op **Laag**, **Laag vereenvoudigen**.

Als een tekstlaag eenmaal is gerasterd, kan de tekst niet meer gewijzigd worden; dat geldt dus ook voor spelfouten...

Horizontaal en verticaaltekstmasker

Horizontaal en verticaal tekstmasker zijn meer *selectie*gereedschap dan tekstgereedschap. Dit blijkt onmiddellijk tijdens het gebruik. Tijdens het invoeren van tekst verschijnt een semi-transparant masker zoals we van het selectiepenseel kennen – dit verdwijnt zodra u de invoer afsluit. Voorts wordt er geen aparte tekstlaag gemaakt (u werkt op de actuele actieve laag) en achteraf corrigeren van de tekst is ook niet mogelijk. Ook kunt u letters niet op de gebruikelijke manier opmaken. Eigenlijk zijn het selectiegebieden die toevallig de vorm van letters hebben. En dat betekent dat u ook de bewerkingen kunt doen die bij een selectiegebied horen, zoals uitbreiden, verminderen en doorsnijden, roteren of vervormen met rechthoekig selectiekader, de pixelinhoud naar een andere laag kopiëren of de selectierand opmaken via **Bewerken, Omlijnen**. Zie voorts hoofdstuk 6.

Er worden selectiegebieden gemaakt. U kunt de inhoud uitsnijden en op een nieuwe laag plaatsen.

Wilt u een tekstballon enigszins roteren, koppel de vorm- en tekstlaag dan vooraf. Tekstmasker omlijnd met Bewerken, Omlijnen.

Tekstmasker gevuld met het verloopgereedschap.

Tekstmasker in instructiemodus Beeld uitsnijden met tekst kan ook in de instructiemodus. Kies **Grappige bewerkingen**, **Fototekst** en doorloop de stappen. Het aardige is dat deze variant gepaard gaat met aanvullende opsmuk, zoals keuze uit verschillende achtergronden en laagstijlen. Voeg eventueel als extra stap in de geavanceerde modus de zichtbare lagen samen en kopieer het resultaat naar een andere afbeelding.

We zouden het bijna vergeten, maar een simpel tekststrookje werkt natuurlijk ook.

Tekst verdraaien

Met de knop **Verdraaide tekst** kunt u tekst in een bepaalde gietvorm persen en met instellingsknoppen verder vervormen. Deze functie werkt niet alleen voor gewone tekst maar ook voor tekstmaskers, zolang de invoermodus nog actief is.

1. Selecteer een laag met bewerkbare tekst.
2. Klik op de knop **Verdraaide tekst maken** op de optiebalk of ga naar **Laag**, **Tekst**, **Tekst verdraaien**.
3. Kies een vorm uit de keuzelijst **Stijl**.
4. Verplaats de schuifregelaars voor verdere vervorming en klik op **OK**.

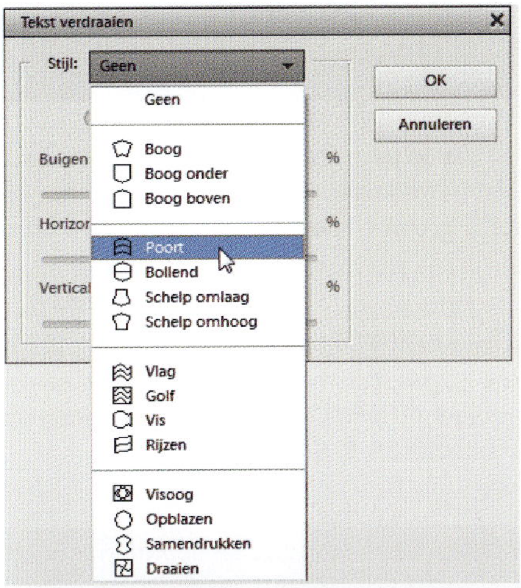

Venster Tekst verdraaien met tekstgietvormen.

Een gebogen tekst met Tekst verdraaien.

De weerspiegeling van de voetbal in het water is gemaakt met het effectfilter Rimpel (Filter, Vervorm). Omdat het filter rimpels diagonaal toepast moet u uw selectie vooraf 45° rechtsom draaien, en daarna terugdraaien. Pas vervolgens de transparantie van de laag aan.

De vervorming is zo ver door te voeren dat de tekst soms niet eens meer leesbaar is. Toch blijft de tekst na afloop gewoon bewerkbaar. Experimenteer ook met de opties **Horizontaal** en **Verticaal**. Als u grotere hoeveelheden tekst vervormt, neemt de rekentijd merkbaar toe.

Tekstkader manipuleren Vergeet niet dat het tekstkader een object is dat u net als andere objecten kunt manipuleren, zoals schuintrekken, roteren en schalen. Kies het verplaatsgereedschap en controleer of de optie **Selectiekader tonen** op de optiebalk is ingeschakeld. Zie voorts hoofdstuk 8.

De optie Verticaal geeft een totaal andere tekstvorm.

Teksteffecten en laagstijlen

Als vet maken, schuinzetten of een kleurtje geven niet goed genoeg is om uw tekst te laten opvallen, stap dan over op het betere werk: deelvenster Stijlen. Vooraf zij gezegd dat laagstijlen niet alleen geschikt zijn voor teksten, maar voor de meest uiteenlopende laaginhoud – denk onder andere aan de verzameling kant-en-klare objecten uit het deelvenster Afbeeldingen.

1. Selecteer vooraf de tekstlaag in het lagenvenster (de tekst zelf hoeft niet geselecteerd te zijn) en schakel daarna over naar deelvenster **Stijlen** via de knoppenbalk of met toets F6.

2. Open de keuzelijst bovenin en kies een categorie. Let op: de galerie is ook beschikbaar in de optiebalk van het vorm- en het tekstgereedschap.

3. Dubbelklik op een specifiek effect: het effect wordt toegepast op de actuele laag, of sleep de miniatuur eventueel naar een andere tekst.

U kunt effectstijlen nader instellen. Stel dat u een slagschaduw hebt toegepast, maar u wilt graag dat de schaduw verder bij het object vandaan loopt. Dubbelklik dan op het effectsymbool (fx) in het lagenvenster. Het dialoogvenster Stijlinstelling opent zich waarmee u dit soort zaken kunt regelen.

Wilt u een laagstijl verwijderen, kies dan het menu **Laag, Laagstijl, Laagstijl wissen**. Of sneller: klik met de rechtermuisknop op het effectsymbool (fx) en kies **Laagstijl wissen**.

Een laagstijl toegepast op zowel tekst als op een vrijstaand object. Om het feest compleet te maken is ook geshopt in het deelvenster Afbeeldingen voor een leuke achtergrond.

Palet van laagstijl Wow Plastic.

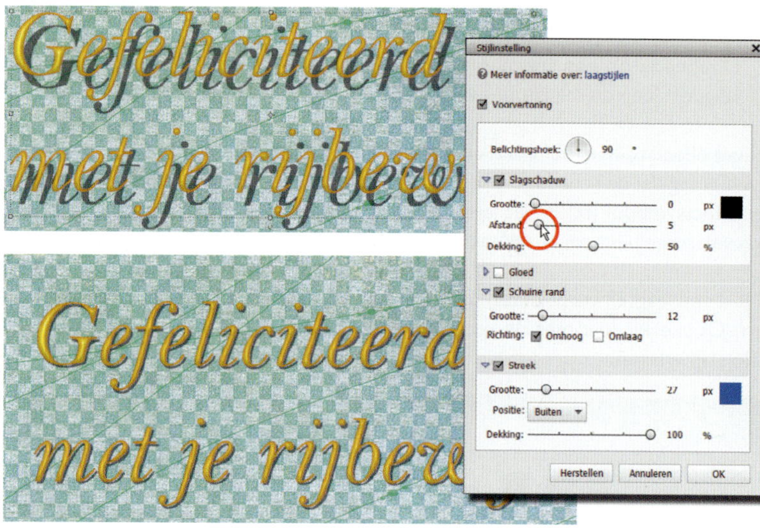

Omdat de schaduw bij de toegepaste stijl niet helemaal beviel is deze via dialoogvenster Stijlinstelling aangepast.

Kant-en-klare vormen

Naast de tekensets bevat Photoshop Elements veel meer symbolen en vormen. Deze plaatst u in uw project met de vormgereedschappen, te activeren met de letter U. Zoals de optiebalk laat zien kunt u symmetrische vormen als een rechthoek, ovaal of zeshoek tekenen, maar interessanter zijn de varianten **Lijn** en **Aangepaste vorm**. Met **Lijn** kunt u pijlen tekenen en met **Aangepaste vorm** kunt u een keuze maken uit een heel palet aan kant-en-klare vormen. Alle objecten die op het scherm worden gezet zijn vectorgebaseerd. Ze zijn:

- **Resolutie-onafhankelijk** Ze houden scherpe randen bij schalen, afdrukken op een PostScript-printer, opslag in een PDF-bestand en bij importeren in een teken- en illustratieprogramma zoals Adobe Illustrator.
- **Objectgeoriënteerd** U kunt ze makkelijk selecteren, schalen en verplaatsen en de omtrek van het voorwerp bewerken.

De werkwijze is als volgt:

1. Druk op lettertoets U of selecteer het gereedschap **Aangepaste vormen** op de optiebalk.
2. Klik op het palet **Vorm** op de optiebalk en maak een keuze uit het palet.
3. Klik op een lege plek in de afbeelding en sleep diagonaal naar beneden.

Koekjesvorm Het gereedschap Koekjesvorm (een variant van het uitsnijdgereedschap) maakt gebruik van dezelfde verzameling vormen en symbolen, maar het tekent niet alleen; het snijdt het beeldmateriaal ook uit, zie hoofdstuk 5.

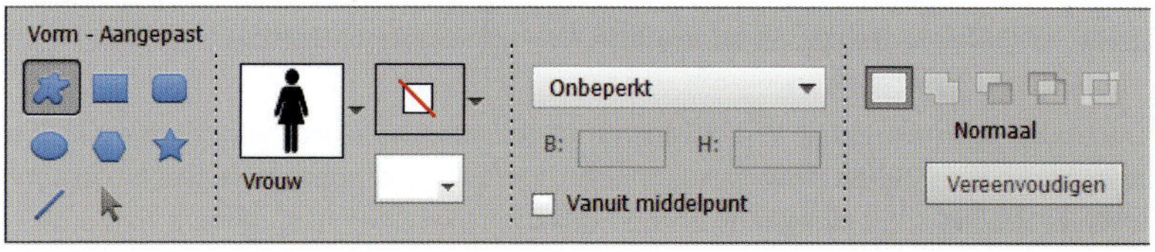

Het vormgereedschap.

Een vorm wordt op een aparte laag gezet en gevuld met de voorgrondkleur. Vervolgens kunt u deze verplaatsen, schalen of vervormen met het gereedschap Vormselectie, het standaardgereedschap van deze groep. Aangezien de vorm een vectorobject is zal deze niet helemaal hetzelfde reageren als een laag met pixels; u kunt wel een laagstijl toepassen, maar bijvoorbeeld niet op de laag met de verfkwast schilderen of afbeeldingseffecten toepassen. Dit kan wel als u de vorm naar pixels omzet. Dit doet u met de knop **Vereenvoudigen** op de optiebalk of via menu **Laag**, **Laag vereenvoudigen**.

Pijlen tekenen

Met het lijngereedschap kunt u behalve lijnen ook pijlen tekenen. Het eerste dat u bij het lijngereedschap doet, is een breedte in de optiebalk opgeven. Klik eventueel met de rechtermuisknop in het vak om een andere maateenheid op te geven. Voer daarna een waarde in. Geef via de keuzelijst in de optiebalk aan dat u een lijn met pijlen wilt tekenen.

Pijlen in soorten en maten.

Voer vervolgens de afmetingen van de pijlpunt in. De vakken B en L verwijzen naar de relatieve breedte en lengte (of beter gezegd spitsheid) van de pijlpunt. Maak beide groter dan 100%, bijvoorbeeld respectievelijk 250% en 200%. Vak C geeft de holling van de punt aan; kies bijvoorbeeld 30%.

Aparte tekstachtergrond maken

Tot nu toe hebben we de meeste teksten rechtstreeks in de foto geplaatst, maar soms is het voor de leesbaarheid beter een aparte tekstachtergrond te maken. Dit doet u door u door eerst een selectiekader te tekenen en dan te vullen met bijvoorbeeld de vulgereedschappen **emmertje** en **verloopgereedschap**.

Emmertje

Gereedschap **Emmertje**, te activeren met de letter K, wordt vooral gebruikt om selecties met een effen kleur te vullen. Het heeft als eigenschap te reageren op contrastverschillen in de afbeelding en zal het kader misschien niet volledig vullen. Wijzig eventueel de tolerantie of werk op een aparte laag.

- Optie **Anti-alias** zorgt voor zachtere randovergangen.
- Optie **Aaneengrenzend** breidt het vulgebied uit als een aaneengesloten gebied (ofschoon er wel gaten in de vulling kunnen vallen door pixels die niet aan het criterium voldoen).
- Met de optie **Alle lagen** reageert het emmertje op alle zichtbare pixels ongeacht op welke laag zij zich bevinden. De aangebrachte verflaag blijft echter beperkt tot de actieve laag.

Verloopgereedschap

Het verloopgereedschap, te activeren met de letter G, is een soort luxe versie van het emmertje. U tekent een kleurverloop door een lijn te trekken. De lengte van de lijn bepaalt de snelheid van het verloop: hoe langer de lijn des te geleidelijker de overgang. Begin- en eindpunt mogen buiten het selectiegebied liggen. Bij het tekenen maakt u gebruik van een verloopsjabloon. De simpelste vorm is van voorgrondkleur naar achtergrondkleur of van voorgrondkleur naar transparantie. Merk op dat u uit verschillende verloop*vormen* kunt kiezen – in de praktijk zijn het lineaire en radiale verloop het meest bruikbaar. Optie **Dithering** geeft een vloeiender verloop

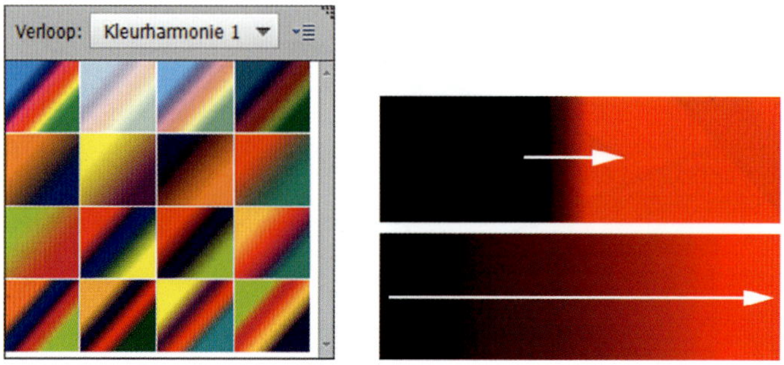

Links de verloopkeuzelijst, rechts het verschil tussen een snel en een langzaam lineair verloop.

en minder streepvorming bij afdrukken. Als u een transparant verloop wilt, moet u *vooraf* de dekking wijzigen. Klik eventueel op de pijl naast de miniatuur en kies een van de vele kant-en-klare meerkleurige verlopen.

Voorbeeld van een halftransparant tekstkader.

Verloopbewerker

Vindt u niets van uw gading, dan kunt u ook uw eigen verloop maken. Klik op het miniatuurvoorbeeld of de knop **Bewerken** daaronder om de verloopbewerker te openen. U maakt een eigen verloop door een bestaand verloop te veranderen en onder een andere naam op te slaan. Er zijn twee verlooptypen: **Effen** en **Ruis**; we beginnen met de eerste.

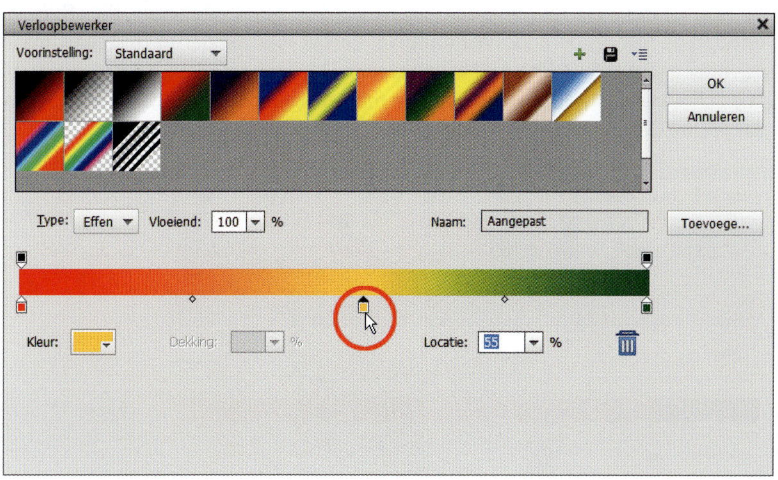

Verloopbewerker. Klik onder in de balk om extra kleurstops te definiëren en bovenin om de transparantie in te stellen.

Effen verlopen maken

Selecteer een verloop uit de categorie Standaard. De verloopbalk toont diens kleur- en transparantie-instellingen. Het veranderen doen we met behulp van kleine knopjes rondom de verloopbalk. De knopjes aan de bovenkant zijn zogeheten transparantiestops, aan de onderkant staan de kleurstops. Van beide kunt u de waarde en locatie veranderen. Een voorbeeld:

- Selecteer een kleurstop en versleep deze naar links of rechts (dit kan ook via de locatieschuifbalk).
- Verander de kleur via de kleurkiezer of het palet **Kleurstalen** (klik respectievelijk op het kleurvak of het pijltje rechtsonder). Merk op dat u ook een kleur uit de verloopbalk zelf kunt pikken.
- Verander de overgangssnelheid tussen twee kleurstops door het middelpunt te verslepen (ruitsymbool onder de verloopbalk).
- Voeg een extra kleurstop toe door op een lege plek onder de verloopbalk te klikken.
- Verwijder een kleurstop door deze van de balk af te slepen.
- Geef uw verloop eventueel een eigen naam en klik op **Toevoegen**.
- Verwijder eventueel uw verloop uit de keuzelijst via de rechtermuisknop.

Eigen set met verlopen U kunt uw een eigen set verlopen samenstellen en onder een aparte naam opslaan. Gebruik daarvoor de opslagknop rechtsboven. Met de plusknop kunt u de set weer oproepen.

Ruisverlopen

Een ruisverloop wordt automatisch gegenereerd en bevat vele tinten. Kies **Ruis** als verlooptype klik op de knop **Willekeurig**. Er valt hier minder in te stellen, maar toch hebt u wel enige invloed. U kunt het aantal kleuren inperken, en als u overwegend lichte kleuren wilt kunt u de zwarte markeringen onder de RGB-kleurschalen naar rechts slepen. Het HSB-model biedt een vergelijkbare optie.

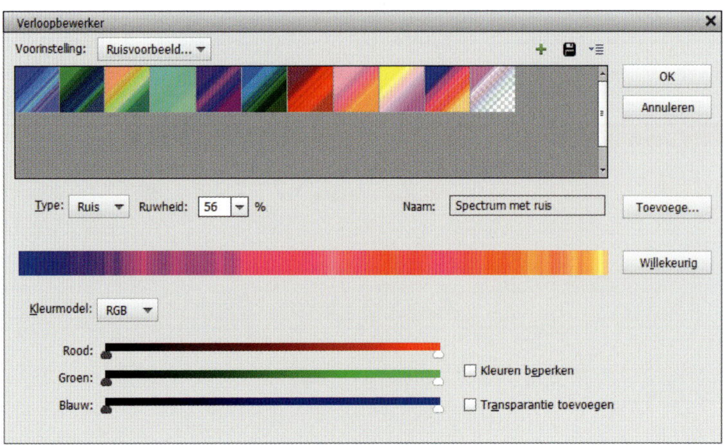

Ruisverlopen hebben geen kleurstops maar worden gemaakt met een toevalsgenerator en bevatten veel meer kleuren.

Tekstachtergrond met een ruisverloop.

Deelvenster Afbeeldingen

Een luxe variant van het voorgaande komt samen in deelvenster **Afbeeldingen**, te activeren met de gelijknamige knop rechtsonder. Hier kunt u kiezen uit een flinke verzameling kant-en-klare stemmige achtergronden en diverse andere content zoals clipart, kaders en vormen. Om enigszins uw weg te vinden, kunt u via de keuzelijst bovenin de inhoud filteren op vrij abstracte begrippen zoals activiteit, stemming of kleur. Met aanvullende zoeklijsten kunt u de verzameling verder inperken. Kies bijvoorbeeld filteren **Op woord**. Typ een zoekwoord, bijvoorbeeld `sneeuw`, en klik op **Zoeken**. Sleep het pictogram naar de werkruimte en pas het daar verder aan.

Links een fragment van deelventer Afbeeldingen, rechts toepassing van een achtergrond (het patroonpenseel uit de instructiemodus is gebruikt voor de finishing touch).

Hier kunt u een afbeelding ook van een kader voorzien, maar dat gaat anders dan in de snelle modus. U begint namelijk niet met een foto waar u een passend kader bij kiest, maar andersom. U kiest dus eerst een kader uit de galerie en vervolgens sleept u daar een opgeslagen foto in.

Samengesteld met hulp van het deelvenster Afbeeldingen.

10

Tekenen, schilderen, gummen

In dit hoofdstuk bespreken we de diverse schildergereedschappen. Door het hele boek heen hebben we te maken gehad met allerlei afgeleide gereedschappen, dus hoog tijd om naar de moeder aller schildergereedschappen te kijken, het penseel en potlood. Misschien ontdekt u wel dat er een tekenaar in u schuilt.

Zelf aan de slag

Bij een programma als Photoshop Elements denken we op de eerste plaats aan het bewerken van foto's. Iets minder bekend is dat je er ook gewoon mee kunt tekenen en schilderen. De gereedschapsbalk bevat namelijk een set creatieve gereedschappen, ofwel gereedschappen die het schilderen met gewone verf nabootsen zoals **Penseel** en **Potlood**. Daarnaast zijn er een paar afgeleide varianten: **Impressionist, Kleur vervangen, Natte vinger** en **Patroonstempel.** Ook de gumgereedschappen **Gummetje**, **Achtergrondgummetje** en **Tovergummetje** vallen onder de creatieve gereedschappen.

Schilderen en tekenen.

In zekere zin hebben de schildergereedschappen iets confronterends, vergelijkbaar met wanneer je achter een piano plaatsneemt. Het roept de vraag op: kan ik het wel? Tekenen is voor de meesten iets wat we in onze kinderjaren leren en vervolgens weer afleren. Maar waarom toch niet gewoon uitproberen? Wat hebt u te verliezen?

Doe als een echte schilder Een echte schilder heeft een alpinopet. Nou oké, da's niet echt noodzakelijk, maar een echte schilder heeft ook altijd al zijn kleuren onder handbereik. Open daarom het venster Stalen. Kies **Venster**, **Kleurstalen** om het kleurenpalet permanent op het scherm te zetten opdat u makkelijk tussen kleuren kunt wisselen. Dubbelklikt u op de voorgrondkleur in het gereedschapspalet, dan kunt u met het venster dat verschijnt een eigen kleur mengen.

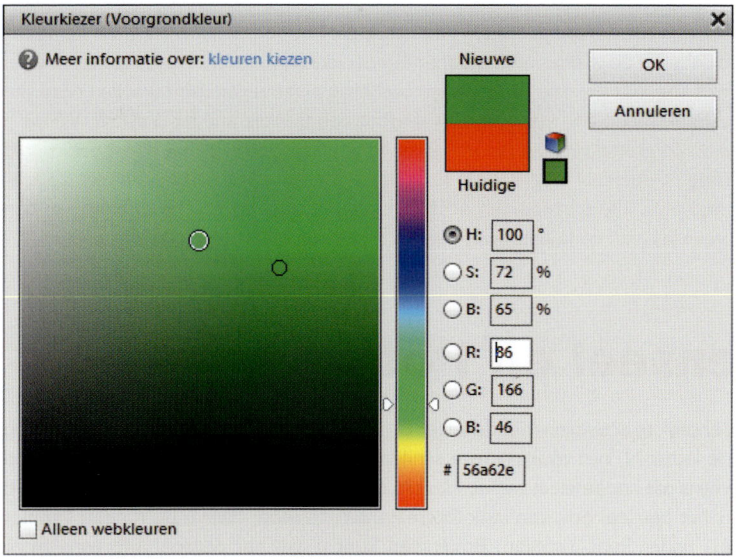

Met het venster Voorgrondkleur kunt u een eigen kleur mengen. Merk op dat iedere kleur een specifieke combinatie van RGB-waarden heeft.

Venster Kleurstalen. Met de knop rechtsboven kunt u de actuele voorgrondkleur toevoegen aan het palet.

Kleuren uit een afbeelding kiezen

Behalve met de vensters Kleurstalen en Voorgrondkleur kunt u ook kleuren uit de afbeelding kiezen met het pipet, te vinden in het gereedschapspalet.

1. Selecteer het pipetgereedschap.
2. Klik ergens op de afbeelding om een kleur als voorgrondkleur te kiezen.
3. Houd Alt ingedrukt en klik op de afbeelding om een achtergrondkleur te definiëren.

Het pipet kan de kleurwaarden van een individuele pixel overnemen, maar het kan ook het gemiddelde berekenen van een set van 9 of 25 pixels rondom de geklikte pixel. Gebruik daarvoor de keuzelijst **Monstergrootte** in de optiebalk van het pipet.

Schilderen met transparantie Penseel en Potlood schilderen met de voorgrondkleur. Bij de gumgereedschappen ligt dat iets complexer; in principe schilderen zij met transparantie: daar waar het gereedschap pixels tegenkomt worden deze van de desbetreffende laag verwijderd waardoor een transparant gat ontstaat. Werkt u op de achtergrondlaag, dan dringt het gewone gummetje hier niet doorheen omdat deze laag nu eenmaal vergrendeld is. In plaats daarvan schildert het dan met de achtergrondkleur. De gumsoorten achtergrondgummetje en tovergummetje hebben daar geen last van en kunnen wel degelijk pixels van de achtergrondlaag wissen.

Penseel en Potlood

Het Penseel, te activeren met de letter B, is met het gelijkende Potlood (te activeren met de letter N) het voornaamste schildergereedschap. Het grote verschil tussen de twee is dat het penseel zachte kleurstreken aanbrengt en het potlood harde. Dit maakt het penseel ook een stuk interessanter, te meer daar u de randen van het penseel nader kunt instellen. Bovendien kunt u aan het penseel airbrushachtige eigenschappen meegeven, in die zin dat naarmate u langer op één plek blijft, de dekking dikker wordt. Zo werkt u met het schildergereedschap:

1. Selecteer een voorgrondkleur.

2. Selecteer het gereedschap **Penseel** of **Potlood**.

3. Selecteer in de voorkeuzelijst op de optiebalk eventueel een ander penseeltype en een andere grootte.

4. Wijzig op de optiebalk eventueel de overvloeimodus.

   De overvloeimodus bepaalt hoe de voorgrondkleur die het penseel aanbrengt reageert op de pixels van de laag waarop geschilderd wordt. Deze overvloeimodus staat los van de algemene overvloeimodus van de laag zelf.

5. Wijzig op de optiebalk eventueel de dekking.

   Voor de dekking geldt hetzelfde verhaal als hiervoor: deze heeft alleen betrekking op de pixels die het penseel produceert en staat los van de algemene dekking van de laag. Is de penseeldekking bijvoorbeeld 50% en ook de laagdekking is 50%, dan resulteert dat visueel in een waterig kleurtje van slechts 25%. U kunt achteraf wel de algemene dekking van de laag in het deelvenster Lagen wijzigen, maar niet exclusief de dekking van reeds geschilderde pixels op die laag. Wijzigt u de laagdekking later in 100%, dan blijft de dekking van de geschilderde pixels 50%. Deze zijn dan nu wel als zodanig waarneembaar.

6. Schilder met een ingedrukte muisknop op het canvas.

Alleen voor het potlood: Schakel op de optiebalk eventueel de optie **Wissen** in. Wat deze optie precies doet is het volgende: in principe schildert u met de voorgrondkleur. Als u nu uw tweede penseelstreek begint boven op de reeds geschilderde voorgrondkleur, dan zal het gereedschap met de achtergrondkleur schilderen. Deze optie kan een handigheidje zijn als u bijvoorbeeld met zwart (voorgrondkleur) en wit schildert. Als u op een witte achtergrond schildert, werkt deze dus als een gum.

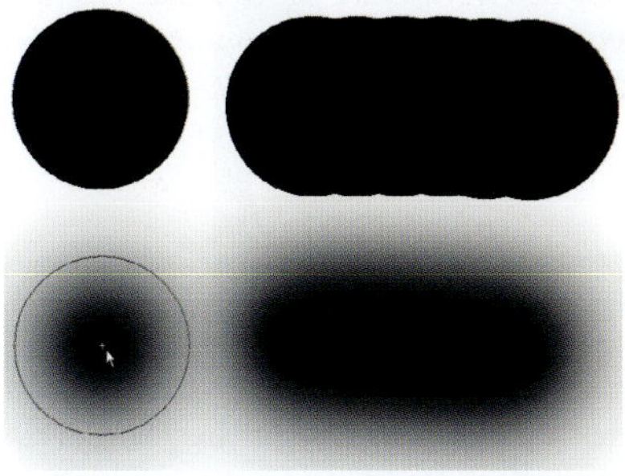

Het potlood (boven) heeft harde randen, bij het penseel zijn die instelbaar, variërend van hard (100%) tot sterk vervagend. Hierdoor lijkt de diameter van het penseel kleiner.

De optie Wissen van het potlood: de lichte kleur is de voorgrondkleur. Door een nieuwe verfstreek bovenop de eerder getrokken haal te beginnen, verandert de kleur automatisch in de achtergrondkleur (zwart).

Rechte lijn schilderen Er is niets menselijker dan een bibberige hand. Toch is het een fluitje van een cent om zelfs daarmee een rechte lijn te schilderen. Klik met het penseelgereedschap in de afbeelding, houd Shift ingedrukt en klik elders opnieuw.

Penseelopties

Stel met de knop **Meer opties** rechts op de optiebalk de opties voor de *penseeldynamiek* in. Met het onderliggende palet kunt u de karakteristieken en het gedrag van de penseelpunt instellen.

1. Met de schuifbalk **Tussenruimte** voegt u de factor tijd toe aan het penseel. Hiermee bepaalt u de herhaalsnelheid van de penseelafdruk bij het trekken van een streep. Een zeer korte tussenruimte geeft een streep, een grote ruimte eerder een stippellijn (zie de volgende pagina).

2. Met de schuifbalk **Vervagen** kunt u de opeenvolgende penseelafdrukken steeds transparanter laten worden. De schuifbalk **Jitter-kleurtoon** geeft per penseelafdruk willekeurige variaties tussen de voor- en achtergrondkleur.

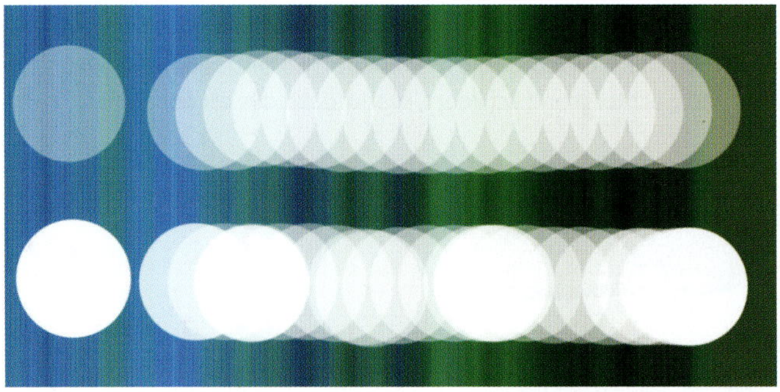

Door een trage herhaalinstelling (Tussenruimte) ontstaat een beeld van opeenvolgende cirkels.

Een penseelafdruk herhaalt zichzelf tijdens het schilderen met regelmatige stappen. Normaal ontstaat een streep, maar door een trage herhaalinstelling (Tussenruimte) ontstaat een beeld van opeenvolgende cirkels. Onder is het effect van de airbrush-optie zichtbaar: door een 'onvaste' hand tijdens het maken van de streek heeft de airbrush tijd om op sommige plekken een dikkere laag aan te brengen.

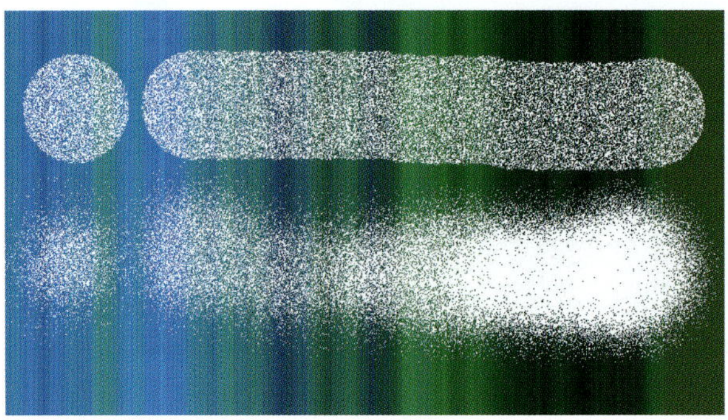

Een airbrush wordt nog beter nagebootst als u de overvloeimodus Verspreiden kiest. De dekking kunt u het best tussen de 50 en 80% zetten. De nabootsing is compleet bij een penseel met zachte randen.

3. Met de schuifbalk **Hardheid** stelt u zachte penseelranden in. De optie is overigens niet voor ieder penseeltype beschikbaar. U bent dus niet gebonden aan de standaardinstellingen van zachte en harde penselen in het penselenpalet.

Met de uitbundige penselen uit het standaardpalet kunt u bijvoorbeeld uitnodigingen maken.

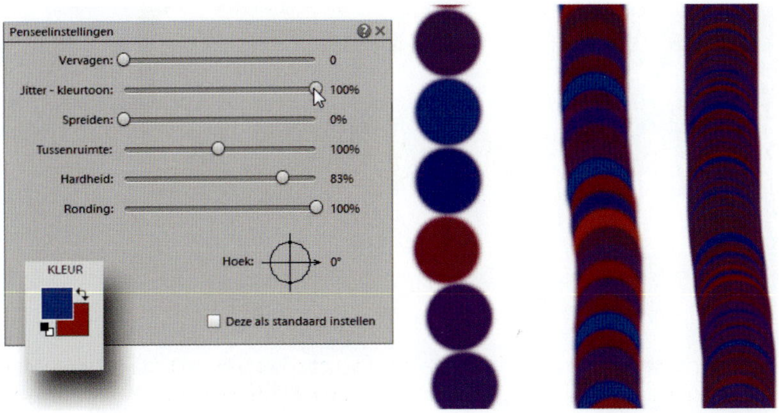

Het instellen van de penseelopties. Hier ziet u wat het effect Jitter-kleurtoon doet bij respectievelijk 100%, 25% en 1% tussenruimte.

4. De schuifbalk **Spreiden** is een beetje een rare eend in de bijt. Het zorgt dat de penseelafdruk niet op de aangewezen plek verschijnt maar binnen een zekere straal daarvan. Handig als u bijvoorbeeld met sterren, vlinders of herfstbladeren wilt tekenen.

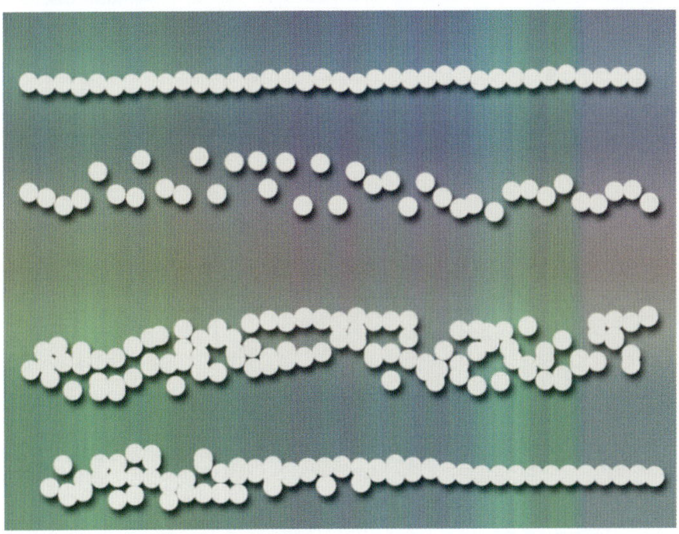

Het effect van Spreiding.

5. Met de opties **Hoek** en **Ronding** tot slot kunt u het silhouet van de penseelafdruk wijzigen. Een afgeplatte punt geeft een kalligrafisch effect. U kunt overigens ook in het voorbeeldvenster zelf slepen.

U zult merken dat de verschillende instellingen invloed uitoefenen op elkaar. Dat geldt met name voor **Tussenruimte** en **Vervagen**. Deze twee instellingen zijn ook van belang als u met de naastgelegen knop de airbrushmodus inschakelt. Net zoals bij een echte airbrush wordt de verflaag geleidelijk aangebracht. Houdt u het penseel maar lang genoeg op een plek, dan wordt uiteindelijk de maximale dekking gehaald. Het airbrusheffect werkt het beste bij een penseel met zachte randen.

Ook dit kan met de tekengereedschappen.

De truc is al volgt: kopieer het hoofd naar een andere laag. Poets de rest van de nek weg. Teken een nieuwe nek en gebruik een masker waar nodig. Suggereer ronding met gereedschappen Tegenhouden/Doordrukken, en plak het hoofd terug.

Werken met een tekentablet

Een welkome aanvulling, om niet te spreken van noodzakelijkheid, bij het werken met Photoshop Elements is een tekentablet. Een tekentablet met pen kan alle functies van een muis overnemen, maar heeft daarbij diverse pluspunten. Afgezien van misschien een korte periode van gewenning voelt een pen veel natuurlijker aan: het refereert aan hoe wij op school ooit hebben leren schrijven. Juist door die natuurlijke greep is er weinig tot geen kans op RSI, iets dat bij een muis wel anders ligt. Het is overigens niet de bedoeling om met de pen teksten te produceren (een handtekening misschien) – daar blijft toch het toetsenbord voor – maar de rest van de bediening is heel goed te doen.

Een beetje tekentablet heeft een aantal programmeerbare knoppen. De Wacom Bamboo Fun waar ik enige tijd mee heb gewerkt, heeft er vier in het tablet en twee in de pen en zij maken het apparaat multifunctioneel. Erg handig is om de functie **Ongedaan maken** aan zo'n knop te koppelen. Omdat gereedschappen in Photoshop Elements met een letter te activeren zijn, kunnen ook die aan zo'n knop gehangen worden. Dat is overigens standaard deels al het geval. Zoals bij een echt potlood soms gebruikelijk is, heeft de bovenkant van de pen een gumfunctie. Op zich niet onhandig, maar als u vaak moet gummen, zoals ik, kunt u het gumgereedschap ook aan de penknop onder uw wijsvinger hangen, of aan een van de tabletknoppen. Hierdoor hoeft u de pen niet steeds hoeft om te keren als u iets wilt uitgummen. Voor de oorspronkelijke gumknop komt dan een nieuwe functie vrij.

Ook zonder pen valt het apparaat te bedienen, zoals een mousepad op een notebook. Alleen gaat dit een stuk verder: Door met twee vingers een diagonale lijn te 'trekken' kun je in- en uitzoomen (werkt overigens ook in MS Office). En met diezelfde twee vingers kunt u in Photoshop Elements objecten traploos roteren. Maar de voordelen komen vooral tot uiting bij gebruik van de tekengereedschappen. Een extra geheim wapen ten opzichte van de muis is natuurlijk de drukgevoeligheid van het tablet. U kunt instellen welk effect hiermee bereikt moet worden.

Het effect van pen en tablet is in feite een samenspel tussen drie factoren: de instellingen van het penseel, de ingestelde eigenschappen van het apparaat zelf (dit gebeurt buiten Photoshop Elements om met de apparaatsoftware, bijvoorbeeld de mate van drukgevoeligheid), en de opties van het penseeltablet. Selecteer voor het laatste het penseelgereedschap en klik op de optiebalk op de knop **Tabletinstellingen** en selecteer welke functies met de drukgevoeligheid geassocieerd moeten worden.

Een tekentablet is een noodzakelijk hulpmiddel voor wie de creatieve mogelijkheden van Photoshop Elements wil onderzoeken.

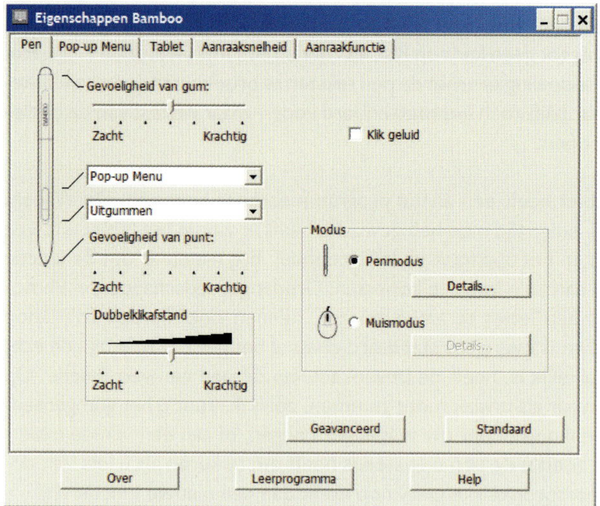

Tablet en pen kunnen naar eigen voorkeur worden geconfigureerd.

Andere penseelafdrukken

Via de menuknop van het penselenpalet kunt u de weergave veranderen, kies bijvoorbeeld **Grote miniaturen**. Deze weergave is handig als u in een enkele penseelafdruk geïnteresseerd bent. Maar meestal wilt u vegen, en dan is weergave **Miniatuur streek** het handigst waarin u ziet wat voor soort penseelstreek u mag verwachten.

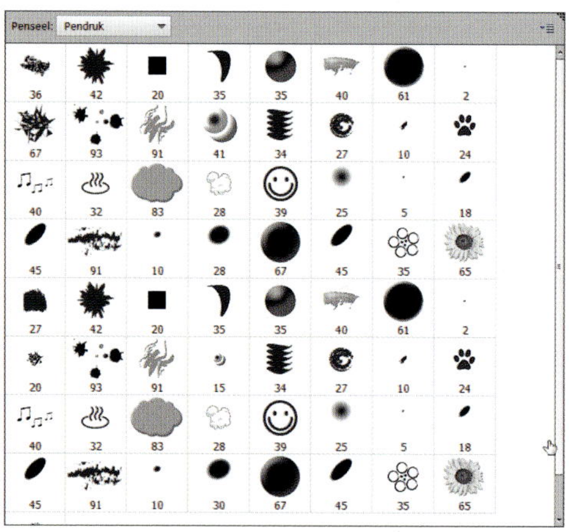

Met weergave Grote miniaturen ziet u beter wat u in huis hebt.

We hoeven ons niet te beperken tot de standaardpenselen. Klik op de pijlknop en kies een andere set, bijvoorbeeld Assortiment. En daar blijft het niet bij; u kunt de lijst uitbreiden met nieuwe groepen (als dat niet bij installatie was gebeurd). Ook kunt u sets (gratis) downloaden van internet. Een voorbeeld van zo'n website is *Brusheezy.com*. Deze levert sets in het ABR-bestandsformaat (Adobe Brush). Deze moeten na download wel uitgepakt en in de juiste map geplaatst worden, te weten C:\Program Files\Adobe\Photoshop Elements 2024\Presets\Brushes.

1. Open het penselenpalet en klik op de menuknop (drie puntjes).

2. Kies **Penselen laden**. Blader eventueel naar de juiste map, zie boven.

3. Kies in het vervolgvenster een nieuwe set; deze wordt onder de huidige toegevoegd.

4. Met de opdracht **Penselen herstellen** keert u terug naar het standaardpalet.

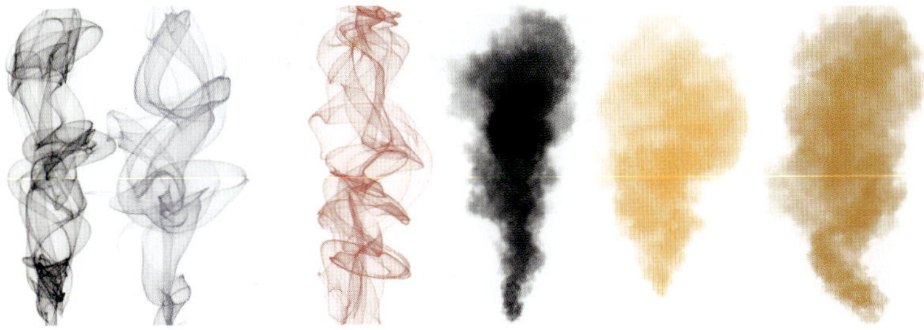

Via internet kunt u aanvullende penseelafdrukken downloaden. Wat dacht u van deze smoke-serie?

Of deze pruiken? Voor de goede orde: dit zijn geen met een penseelstreek getekende effecten maar kant-en-klare penseelafdrukken.

Aparte penseelafdrukken komen altijd wel van pas, desnoods in combinatie.

Overige penseelgereedschappen

Het bijzondere aan de overige schildergereedschappen **Impressionist, Kleur vervangen, Natte vinger** en **Patroonstempel** is dat ze niet met de voorgrondkleur schilderen, maar met kleur uit de afbeelding zelf. Ik moet bekennen dat ik dit de minst nuttige gereedschappen vind. Ze creëren overwegend onvoorspelbare chaos.

Patroonstempel is reeds besproken in hoofdstuk 4; Natte vinger smeert de pixels en is eigenlijk overbodig geworden met de komst van het filter Uitvloeien. **Filter**, **Vervorm**, **Impressionist** strooit met vaag makende vlekken en **Kleur vervangen** verandert de kleurtoon of verzadiging van de pixels onder het penseel.

Schildergereedschap Impressionist doet de impressionist in zijn eigen schilderij verdwijnen.

Zelf een penseel maken

U kunt een eigen penseelconfiguratie aan het actieve penselenpalet toevoegen.

1. Vorm met het selectiegereedschap een penseelvorm naar eigen inzicht.

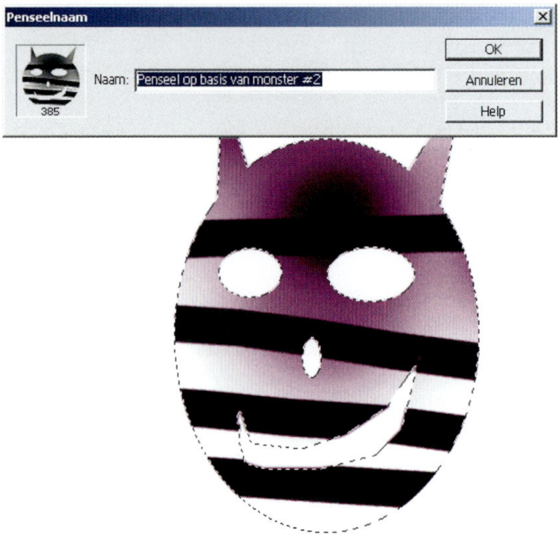

Eigen penseel maken en opslaan.

2. Vul het selectiegebied met de kleur zwart of nog beter: met verschillende grijsgradaties, eventueel met behulp van het verloopgereedschap (zie de afbeelding onderaan pagina 200).

3. Houd het ontwerp geselecteerd en kies **Bewerken, Penseel definiëren**.

4. Geef het eigen ontwerp eventueel een eigen naam en klik op **OK**.

Het penseel is nu onder in het huidige palet toegevoegd en kan direct worden gebruikt.

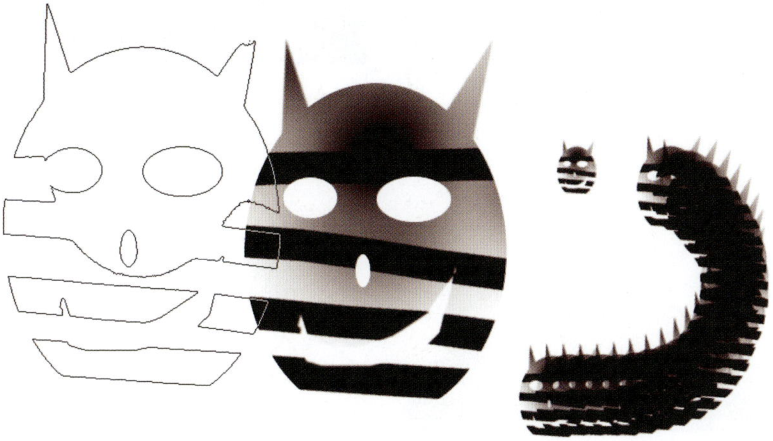

Het eigen penseel gedraagt zich als ieder ander penseel.

Overtrekken

Wie niet kan tekenen moet slim zijn. En wie slim is trekt over. Dankzij zijn lagen leent Photoshop Elements zich daar uitstekend voor. Globaal werkt de truc als volgt (voor specifieke handelingen over het werken met lagen verwijs ik naar hoofdstuk 7):

1. Open de afbeelding waarop u uw tekening wilt baseren.

2. Als de afbeelding uit slechts een achtergrondlaag bestaat, wijzig deze dan in een gewone laag.

3. Stel de dekking van deze laag in op 50%.

4. Maak een nieuwe lege laag.

5. Trek met het penseel de afbeelding of delen daarvan over.

6. Vul eventueel de vlakken met het penseel of het emmertje en accentueer eventueel de selectielijnen.

7. Maak nog een nieuwe laag en vul deze met een aan de penseelkleur contrasterende kleur.

Een foto overtrekken op een aparte laag. Vervang de foto na het overtrekken door een contrasterende achtergrond.

8. Plaats deze onder de laag met de overgetrokken tekening en schakel de oorspronkelijke afbeelding uit.

Op deze manier kunt u heel makkelijk bijvoorbeeld een familielid natekenen.

Een alternatieve manier van tekenen is door nauwkeurig met het selectiegereedschap allerlei gebieden te definiëren. Dit selectiegebied gebruikt u vervolgens als

Het is altijd handig om vooraf te weten of zo'n tatoeage je wel staat.

een masker door en er met een grote dikke kwast overheen te schilderen. Werk ook hier weer op een aparte laag, dan is het getekende van de ene afbeelding naar de andere te slepen.

Tekenen zonder tekenmateriaal

Ook zonder potlood en pen kunt u tekeningachtig materiaal maken. Wat dacht u van de afbeeldingen hieronder? Hier is geen potlood of penseel aan te pas gekomen. Wilt u iets dergelijks nabootsen, dan is hier de ruwe handleiding:

- Eerst is een raamkozijn getekend met uitsluitend het rechthoekig selectiekader en het vulemmertje.
- Vervolgens is het linkerraam met het toverstafje geselecteerd en gevuld met een patroonvulling.
- Hierna is de selectie met de transformatiegereedschappen Perspectief en Vrije transformatie in zijn huidige vorm geduwd.
- Tot slot zijn de witte raamvlakken opnieuw geselecteerd en is er een foto in de selectie geplakt.

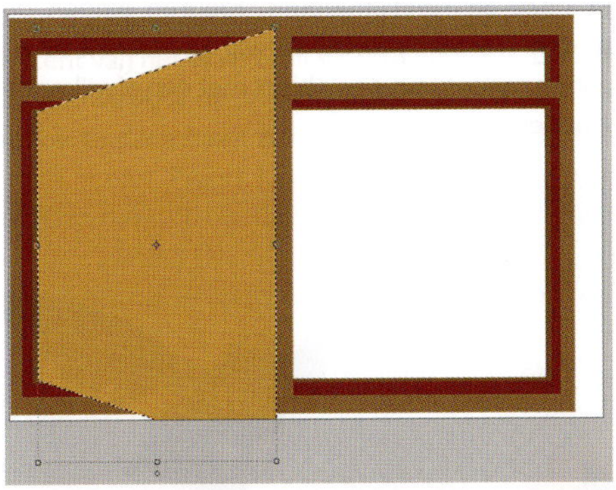

Tussenfase.

Eindresultaat.

3. Stel de spreiding op 7% en de tussenruimte op 120%. Dit zijn overigens relatieve waarden. Het hangt van het penseeltype af; het is dus een kwestie van een beetje uitproberen. Verander de hoek van het penseel in een meer horizontale richting en teken de grasstrook.

4. Een strook grasssprietjes kenmerkt zich door chaos. Wijzig alle bovenstaande instellingen een klein beetje, kies een ander startpunt en veeg een tweede strook over de eerste. Herhaal dit tot u tevreden bent.

5. Kies een gum met zachte randen en vervaag de onderkant van de getekende grasrand opdat het wat 'aarding' met de onderliggende laag krijgt, of gebruik een laagmasker voor dit doel.

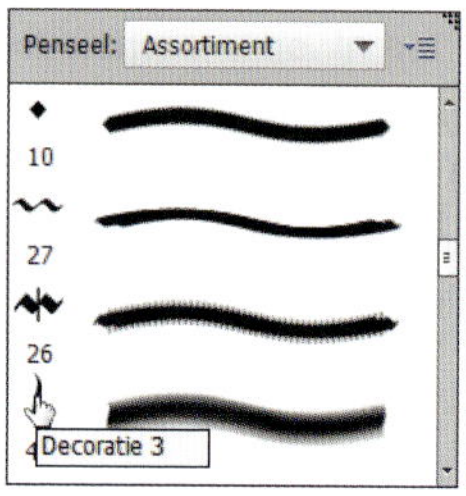

Kies penseel Decoratie 3.

Creëer stapsgewijs meer chaos.

Toegepast op een afbeelding.

Bolvorm tekenen

Tot slot bekijken we hoe we een bolvorm kunnen tekenen zonder tekengereedschappen te gebruiken. Hierbij doen we een beroep op technieken die in eerdere hoofdstukken de revue zijn gepasseerd.

1. Zorg voor een witte achtergrond en teken een cirkel op een lege laag en vul deze met een radiaal ruisverloop. Het verloop hoeft niet per se in het midden te beginnen.

Stap 1.

2. Pas de kleuren eventueel handmatig met een penseel nog wat aan en maak de lichtere zijde nog wat lichter met het gereedschap Tegenhouden en de tegenoverliggende zijde en onderkant wat donkerder met het gereedschap Doordrukken. Adresseer hierbij alle toongebieden.

Stap 2.

3. Om de bol te doen landen maakt u op een aparte laag een nieuwe even grote cirkel en vult u deze met een radiaal verloop van zwart naar wit.

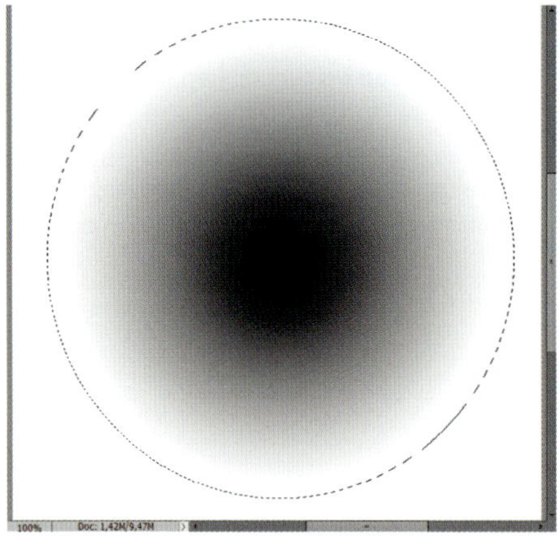

Stap 3.

4. Vervorm de cirkel tot een ovaal vlak en positioneer deze onder/achter de gekleurde bol.

Stap 4.

11

Beter beheer

We keren terug naar de Organizer en onderzoeken de opties om de catalogus overzichtelijk te houden en geavanceerde manieren om de inhoud te filteren. Laten we dit beheer in ruimere zin noemen. We concentreren ons vooral op de metagegevens, een veelzijdige bron van informatie die ons helpt om individuele foto's of complete groepen snel terug te vinden.

Stapels

De kunst van het fotograferen is mede een kwestie van op het juiste moment afdrukken, bijvoorbeeld op het moment dat een leeuw gaapt of een keeper naar de hoek duikt. Doorgewinterde fotografen hebben daar een truc voor: de sluiter in de repeatstand. Echter eenmaal in de Organizer voegen al die gelijkende opnamen weinig toe. Sterker nog, ze maken de catalogus log en onoverzichtelijk. Weggooien is een oplossing, maar als u daar nog niet aan toe bent kunt u zogeheten stapels maken. De gelijkende miniaturen worden als het ware bovenop elkaar gelegd, en u begrijpt: dat ruimt een stuk op. Dit gaat niet ten koste van de toegankelijkheid: met één klik maakt u alle miniaturen zichtbaar.

Stapels maken

U kunt zowel handmatig als automatisch stapels maken. Beide opdrachten vindt u in het menu **Bewerken, Stapel**. We beginnen met de handmatige variant: selecteer de foto's die u wilt stapelen en kies **Geselecteerde foto's stapelen**. Tip: dit vindt u ook onder de rechtermuisknop of gebruik de toetscombinatie Ctrl+Alt+S. Een gestapelde groep, uitgeklapt of niet, is te herkennen aan de afwijkende kaderkleur. Met het kleine pijltje aan de zijkant kunt u de groep uitvouwen of dichtklappen.

Bevat de catalogus veel groepen foto's die in aanmerking komen om te stapelen, dan kunt u kiezen voor de automatische variant: **Automatisch fotostapels voorstellen** (ook hier weer eerst de foto's selecteren). Dit scheelt natuurlijk tijd, maar mogelijk zal het resultaat niet perfect zijn. Daarom kunt u per stapelvoorstel uw fiat geven of corrigeren door foto's naar andere stapelvoorstellen te slepen.

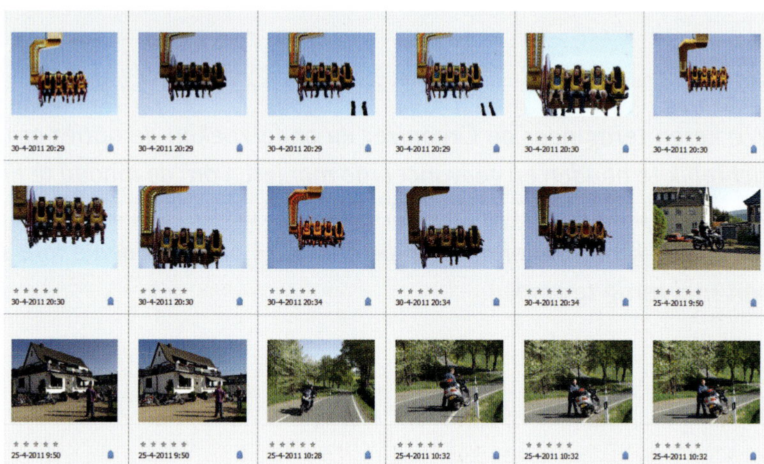

Heel herkenbaar, een catalogus met veel vergelijkbare plaatjes.

Miniatuur aanpassen Voor gevorderden: de meest linkse foto uit de stapel is tevens de bovenste. Vindt u dit plaatje niet representatief voor de gehele groep, vouw dan de stapel uit, klik met de rechtermuisknop op een andere foto en kies **Stapel, Instellen als eerste foto**. Bij de automatische variant van stapelen kan dit ook: gewoon het voorkeursplaatje naar links slepen.

Symbool A toont dat het gestapelde foto's betreft. Met pijltje B klapt u de stapel open en dicht (dichtklappijltje bij de laatste foto).

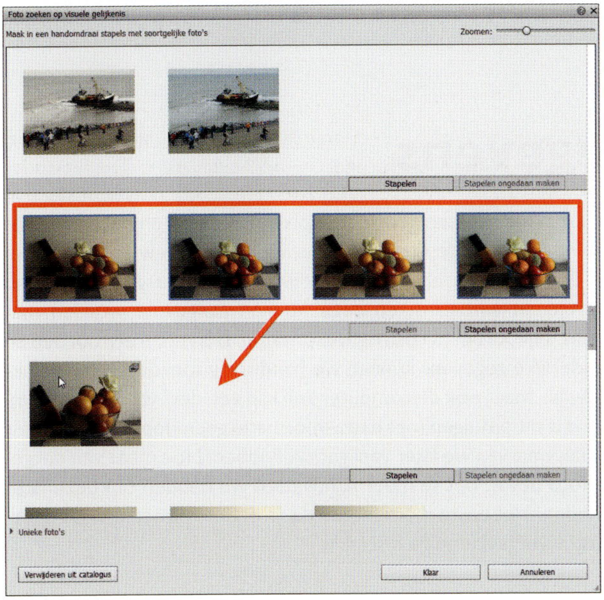

Bij de automatische variant moet u vaak foto's alsnog naar de juiste stapel slepen. Dit kan gelukkig groepsgewijs. Bevestig de stapel met de knop Stapelen.

Versieset Een versieset is een speciale variant van het concept stapel. Hierbij gaat het om dezelfde afbeelding en haar bewerkte varianten, bijvoorbeeld indien u in de Organizer een automatische correctie toepast, zie hoofdstuk 1, *Snelle correcties uitvoeren* (pagina 13). Een versieset is dan ook meestal hooguit twee of drie exemplaren groot.

Stapel verwijderen

Alle u de stapel wilt opheffen, klik dan met de rechtermuisknop en kies **Stapel**, **Fotostapel ongedaan maken**. Als u de onderliggende foto's wilt verwijderen (dus met uitzondering van de eerste), kies dan **Stapel**, **Stapel samenvoegen**. Zoals gebruikelijk worden zij alleen uit de catalogus verwijderd, tenzij u toestemming geeft om ook de afbeeldingsbestanden weg te gooien. Zijn deze opdrachten niet toegankelijk, dan hebt u waarschijnlijk te maken met een versieset.

Onzichtbaar maken

Voor gevorderden: minder rigoureus dan verwijderen is onzichtbaar maken. Dit kan handig zijn als het privacygevoelig materiaal betreft maar ook als u in twee bestandsformaten fotografeert; niemand zit immers te wachten op een dubbel gevulde catalogus. Onzichtbaar maken gaat in twee stappen: eerst geeft u de foto's het label "onzichtbaar" en daarna schakelt u de onzichtbaar-modus in (of uit).

1. Selecteer de afbeeldingen die u wilt laten verdwijnen en kies **Bewerken, Zichtbaarheid**, **Markeren als verborgen**. Tip: dit vindt u ook onder de rechtermuisknop.

2. Activeer de functie: kies **Bewerken, Zichtbaarheid**, **Verborgen bestanden verbergen**.

De afbeeldingen vormen nu een geheim genootschap. Maar hoe krijgen we ze zelf weer te zien? Kies **Bewerken, Zichtbaarheid, Alleen verborgen bestanden tonen**. De als verborgen gelabelde afbeeldingen zijn altijd herkenbaar aan een oog-pictogram. Met de opdracht **Markeren als zichtbaar** krijgen de plaatjes hun oude status terug.

Metagegevens

Een fotobestand bevat twee soorten informatie: pixelinformatie en beschrijvende gegevens. De laatste noemen we de metagegevens. Deze kunnen we onderverdelen in categorieën. Enerzijds zijn er onveranderlijke technische gegevens zoals creatiedatum, sluitertijd en witbalans, en deze kunnen aangevuld worden met veranderlijke gegevens, bijvoorbeeld copyrightinformatie, sterren, trefwoorden en opmerkingen. Veranderlijke gegevens kunnen we handmatig toevoegen (en gelukkig kan dat groepsgewijs), maar ook de computer zelf kan een deel van deze taak op zich nemen. Uiteraard is dit optuigen met extra informatie geen doel op zich; het is een huishoudelijke taak waarvan we later veel gemak hebben. Hoe meer van dergelijke informatie een foto bevat, des te meer handvatten we hebben om deze later makkelijk terug te vinden. Het beste moment om dit te doen is direct na het importeren in de catalogus, al vergt dat enige discipline.

Bijschriften en notities

Bij de volgende paragrafen zijn de deelvensters Label en Informatie van belang. Maak deze zichtbaar met de knop **Tag/info.** Het eerste wat we doen is informatie aan een afbeelding toevoegen via het deelvenster Informatie. Selecteer een afbeelding en gebruik de vakken **Bijschrift** en **Notities** voor tekstinvoer. De tekst die u hier invult, kunt u later in het zoekvak gebruiken om de afbeelding terug te vinden.

U kunt ook groepsgewijs bijschriften toevoegen. Selecteer de groep afbeeldingen, klik op de knop **IPTC-informatie bewerken** en voeg tekst toe in het vak **Bijschrift**. Let op! U kunt ook informatie in het vak Trefwoorden invoeren, maar om onduidelijke redenen kan daar niet op gezocht worden, hoewel de informatie wel degelijk in de metagegevens wordt opgeslagen. Vermijd dit dus, en lees de volgende paragraaf voor het alternatief. Ook via de rechtermuisknop kunt u bijschriften toevoegen.

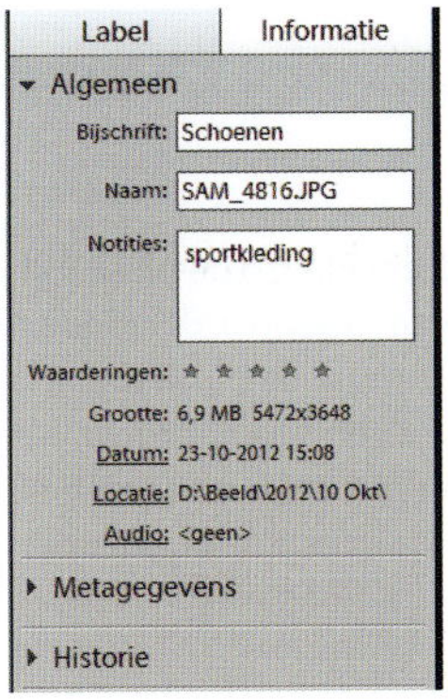

Bijschriften en notities toevoegen.

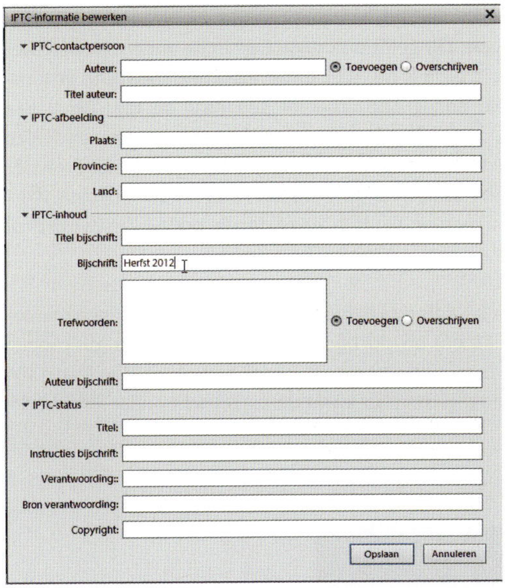

Het groepsgewijs toewijzen van bijschriften via het IPTC-venster.

Werken met trefwoordtags

Trefwoordtags, de naam zegt het al, zijn woordjes die we aan de foto's kunnen koppelen. Het is eigenlijk het beschrijven van de afbeelding in steekwoorden. Een verschil met bijschriften is dat tags hiërarchisch geordend zijn in categorieën en subcategorieën. Open hiervoor het deelvenster **Tags** onder de knop **Tags/Info**. Het deelvenster toont een eenvoudige tagstructuur met hoofdcategorieën als Trefwoorden, Personentags en Plaatsentags. Als u een oudere catalogus hebt geïmporteerd, is de kans groot dat zich onder Trefwoorden de subcategorie Geïmporteerde trefwoordtags vindt, wellicht met een verdere onderverdeling in subcategorieën. Deze structuur kunt u naar eigen inzicht aanpassen en uitbreiden. Aangaande tags onderscheiden we vier soorten handelingen:

- Toevoegen
- Toewijzen aan afbeeldingen

- Toepassen als zoekfilter
- Verwijderen als u ze niet meer nodig acht.

Toevoegen kan op verschillende manieren, bijvoorbeeld deze: klik op de plusknop, geef een passende naam en kies in welke (sub)categorie deze moet worden ondergebracht. Nieuwe (sub)categorieën maakt u aan via de pijl naast de plusknop. Via **Bewerken** onder de rechtermuisknop kunt u het item wijzigen, bijvoorbeeld van trefwoordtag naar subcategorie en het pictogram aanpassen. Ook via de rechtermuisknop kunt u tags verwijderen. Daarmee verdwijnt automatisch de taginformatie uit de bestanden waaraan deze eerder was toegewezen; de afbeeldingen zelf blijven gewoon behouden.

Tags toewijzen en verwijderen

Het toewijzen van een taglabel aan een foto is een kwestie van erheen slepen; dit mag overigens in beide richtingen. Dit geldt ook voor tags in de andere hoofdcategorieën zoals Personentags. Uiteraard is het efficiënter als u het toewijzen groepsgewijs doet; sleep bijvoorbeeld een groep afbeeldingen naar de tag. Als u een getagde afbeelding selecteert, ziet u in het vak **Afbeeldingstags** precies welke labels (tags) deze heeft. Dat kunnen overigens ook tags zijn die met oudere versies van Photoshop Elements zijn gemaakt, mits deze bij het laden in de catalogus werden geïmporteerd. In de tagstructuur vindt u deze terug onder Trefwoorden/Geïmporteerde trefwoordtags.

Het tekstvak in de categorie Afbeeldingstags biedt tevens een alternatieve manier van aanmaak en toewijzen. Selecteer bijvoorbeeld een ongetagde foto (dit mogen er ook meerdere zijn), typ een passende naam en klik op **Toevoegen**. De foto's zijn nu van een tag voorzien, en in de tagstructuur komt de tag terecht onder Trefwoorden, Overige.

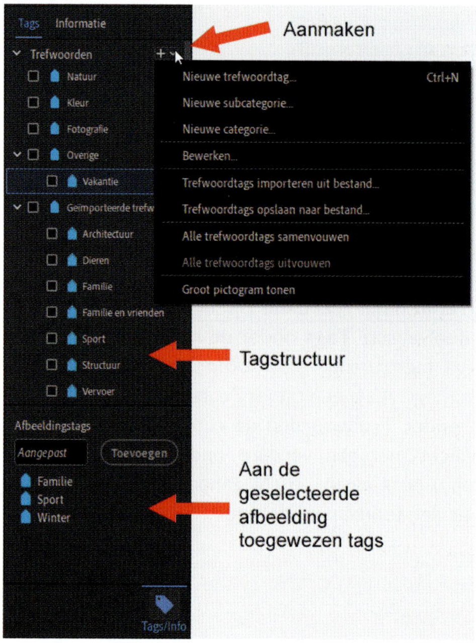

De belangrijkste onderdelen bij het werken met tags, voor de verandering weergegeven in de donkere interfacemodus.

Wilt u een foto van een trefwoordtag ontdoen, klik dan met de rechtermuisknop en kies **Trefwoordtag verwijderen**.

Filteren op tags

Al die moeite van het aanmaken en toewijzen van tags doen we natuurlijk niet voor niets. Uiteindelijk gaat het om snel terugvinden, ofwel filteren op tags. Klik hiertoe in het witte vakje naast de tag. Hoe meer vakjes u aanklikt, des te strenger de selectiecriteria. Een alternatieve manier van filteren is het typen van de tagnaam in het zoekvak. Mogelijk levert dit een ruimere selectie op omdat het ook andere tekstvelden doorzoekt, zoals bestandsnamen, notities en bijschriften.

Sorteren en pictogram U kunt tags en albums handmatig, maar ook alfabetisch sorteren. Dit laatste is handig naarmate de verzameling groter wordt. Kies **Bewerken, Voorkeuren, Trefwoordtags en albums** en zet de diverse onderdelen op **Alfabetisch**. Hier kunt u ook het juiste type pictogram voor trefwoordtags kiezen. Kies de rechter versie om trefwoordtags te onderscheiden van subcategorieën. Dit type pictogram is niet alleen groter, maar ook aanpasbaar.

Personen taggen

Mensen vormen het meest gefotografeerde onderwerp, dus spreekt het voor zichzelf ook die te taggen. Maar het is nogal lastig en tijdrovend om individuele personen vanaf een miniatuur te herkennen en te benoemen, zeker als het groepsfoto's betreft. Het goede nieuws is dat personen taggen juist een van de specialiteiten van Elements is. Niet alleen staat er al een categorie Personen klaar voor gebruik in het tagvenster (met onderverdeling in Collega's, Familie en Vrienden), maar ook bij het arbeidsintensieve deel van de taak, het zoeken en bijeenbrengen van foto's waar die personen op staan, wordt hulp geboden. Het toverwoord is automatische gezichtsherkenning. Het omschrijven van wie op welke foto staat wordt hiermee gereduceerd tot een behapbare klus die hooguit enkele minuten in beslag neemt, ongeacht of uw verzameling een paar honderd of vele duizenden foto's beslaat!

Controleer natuurlijk wel of de optie voor automatische gezichtsherkenning aan staat, via **Bewerken**, **Voorkeuren**, **Media-analyse**. Is dit niet het geval, dan moet u het programma opnieuw opstarten en kunt u beter even een kopje koffie drinken. Het programma doet dan het grote voorwerk waarvan we later profiteren. Rechtsonder op de statusbalk zie u hoe ver het programma met zijn analyses is.

Ook videobestanden kunnen geanalyseerd worden – de viewer brengt u zelfs direct naar het frame waar de persoon opduikt – maar dit valt buiten het bestek van dit boek. Het proces onderscheidt niet alleen de afbeeldingen waarop menselijke figuren staan, maar groepeert de personages ook in aparte clusters. Ook duidelijk is dat hier een zelflerende routine aan de gang is. Naarmate een figuur vaker in de verzameling voorkomt neemt de betrouwbaarheid toe. Soms wordt voor hetzelfde personage een tweede cluster gemaakt, bijvoorbeeld mèt en zonder zonnebril, maar zelfs daar kijkt het programma vaak doorheen. Per saldo is het echt indrukwekkend wat het programma laat zien; het is nauwelijks op een fout te betrappen. Toch kunnen we deze niet helemaal uitsluiten. We onderscheiden twee typen:

- Type 1, *miss*: Niet alle foto's waar ome Jan op staat worden als zodanig geïdentificeerd, laat staan tot de categorie Ome Jan gerekend, bijvoorbeeld omdat ome Jan vaak half met zijn rug naar de camera staat of een specialist is in gekke bekken trekken.
- Type 2, *false hit*: Sinds tante Jo naar de kapper is geweest en last heeft van lichte snorvorming wordt ze onder de categorie Ome Jan geschaard.

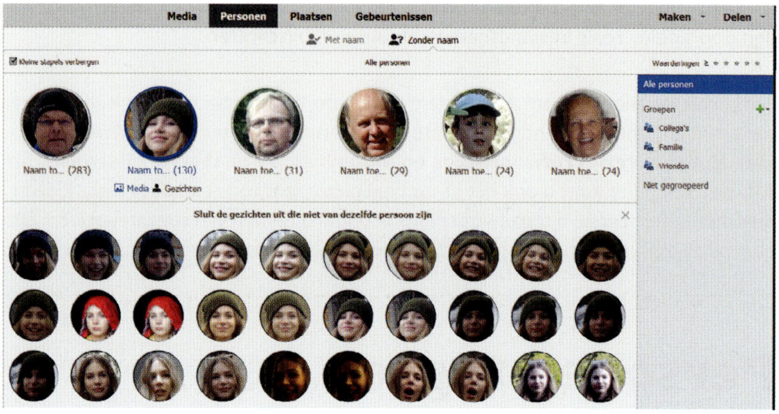

Het labelen van personen.

Ook kan het programma een lijst kandidaten tonen, vreemden, die we niet in onze tagstructuur willen opnemen.

1. Klik op de knop **Personen** op de modusbalk bovenin.

   De foto's zijn, zoals gezegd, in een eerder stadium geanalyseerd en alle geïdentificeerde personen worden weergegeven in een overzicht. Het getal geef het aantal gevonden foto's per individu weer. Optie **Kleine stapels verbergen** vrijwaart het overzicht zo veel mogelijk van 'sporadisch verdwaalde vreemden'. Dit betekent niet per se dat de betreffende foto ook wordt uitgesloten. Als daarop ook bekenden voorkomen, zal de foto waarschijnlijk in andere clusters opduiken.

2. Beweeg de muis horizontaal over een gezichtsplaatje voor een vlugge scan. Klik op het portret voor een overzicht om te controleren op vreemde eenden in de bijt (fouttype 2).

   Wissel eventueel van weergave (**Media** toont een miniatuur van de volledige foto, **Gezichten** is ingezoomd op het portret). Het spreekt voor zichzelf dat de laatste geschikter is om personages herkennen die niet in het cluster thuishoren.

3. Selecteer zo'n exemplaar en wijzig diens status via de knoppenbalk onderin, bijvoorbeeld **Niet deze persoon** (niet behorend tot deze deelverzameling) of **Naam toevoegen** als het een andere bekende betreft.

   In het tweede geval wordt voor die persoon een eigen cluster geschapen indien dit er nog niet was. Sluit hierna het venster met de deelverzameling om terug te keren naar het vorige scherm.

4. Sleep eventueel het ene cluster naar het andere als dit hetzelfde personage betreft (bijvoorbeeld mèt en zonder zonnebril).

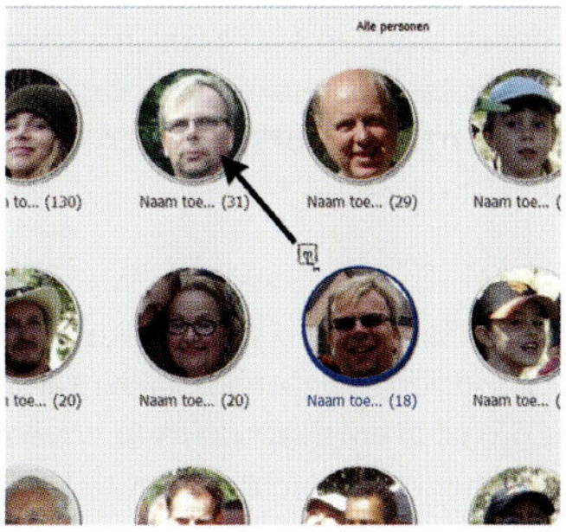

Sleep het ene cluster naar het andere als het dezelfde persoon betreft.

5. Geef elk cluster de naam die bij het personage hoort (kiest u een bestaande naam, dan worden de clusters samengevoegd).

6. Sleep (niet klikken) een selectiekader om restanten onbekenden en klik op **Niet meer weergeven**.

   Merk op dat elk afgehandeld cluster uit het overzicht verdwijnt.

7. Toon afgehandelde clusters om over te gaan tot toekenning van tags: wissel tussen **Met naam** en **Zonder naam** bovenin. Klik rechtsonder op **Groepen** om het deelvenster Personentags te openen.

8. Sleep een tag, bijvoorbeeld Vrienden, naar clusters die daarvoor in aanmerking komen. (Groepsgewijs) slepen in omgekeerde richting kan ook, bijvoorbeeld vijf geselecteerde personages naar de tag Familie.

9. Keer tot slot terug naar de mediaweergave en zie hoe de tagstructuur in de hoofdcategorie Personentags is aangepast.

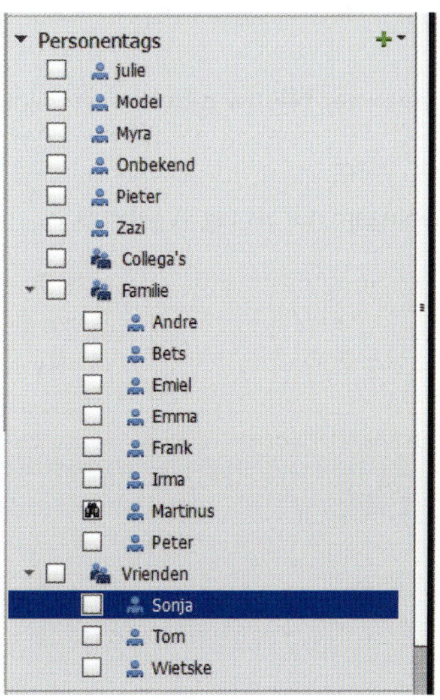

Merk op hoe na afloop de tagstructuur is aangepast.

Voortschrijdend inzicht Het kan zijn dat de gezichtsherkenning dankzij haar zelflerend vermogen achteraf meer afbeeldingen aandraagt waarop de reeds geïdentificeerde persoon staat. In dat geval krijgt het cluster een blauw driehoekje met uitroepteken. Als u het cluster opent kunt u de nagekomen exemplaren alsnog groepsgewijs of individueel toevoegen of afwijzen. Dit kan nog wel even doorgaan, want iedere nieuw toegevoegde informatie is weer een bron voor nog betere herkenning.

Handmatig personen taggen Wanneer u enkele nieuwe foto's met bekenden aan uw verzameling toevoegt, kunt u deze ook handmatig taggen. Schakel eerst **Weergave, Personen herkennen** in. Zoom maximaal in en plaats de muis boven het fotogebied. Het programma toont een cirkel als het een gezicht meent te herkennen en komt met naamsuggesties als het om een eerder gevonden persoon gaat. Als het geen gezicht herkent maar een voor u herkenbare persoon op de foto staat, kunt u met de knop **Gezicht markeren** de persoon op eigen initiatief taggen. Positioneer het rechthoekige kader om het gezicht en voer een naam in.

Werken met Albums

Tot nu toe hebben we groepen foto's bijeen gebracht op grond van gemeenschappelijke kenmerken. Bij albums kunt u daarentegen een verzameling volledig naar eigen inzicht samenstellen, ook al hebben de foto's ogenschijnlijk geen raakvlakken met elkaar. Bovendien kunt u foto's in een eigen volgorde plaatsen, en dat is weer handig voor een diavoorstelling.

Album maken

Het is verstandig – maar niet noodzakelijk – om foto's die u aan een album wilt toevoegen vooraf te selecteren.

1. Maak het deelvenster **Albums** zichtbaar (linker kolom) via de knop **Tonen/verbergen** op de knoppenbalk.

2. Klik op de plusknop naast **Mijn albums**. Deelvenster **Nieuw album** verschijnt in het deelvenstervak rechts.

3. Geef het album een naam – bij voorkeur geen naam die als tag in gebruik is.

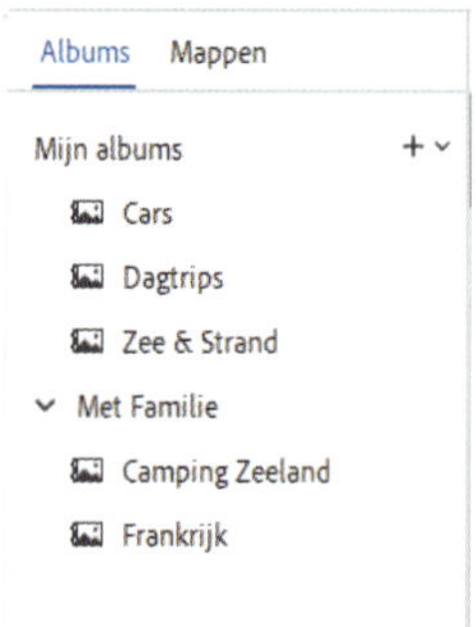

De albumstructuur lijkt sterk op een map- of tag-structuur.

4. Selecteer foto's en sleep ze naar het album (rechts) en klik op **OK**.

   Het album verschijnt links in deelvenster Albums. Hebt u meerdere albums gemaakt, dan kunt u ze ordenen door ze eventueel in een albumcategorie onderbrengen – een soort verzamelmap die u open en dicht kunt vouwen waardoor de zaak overzichtelijk blijft.

5. Klik op de pijlknop naast de plusknop en kies **Nieuwe albumcategorie**.

6. Sleep albums bovenop de nieuw gemaakte categorie. Heeft de albumstructuur eenmaal een of meer categorieën, dan kunt u albums ook tijdens het aanmaken toewijzen.

7. Gebruik de rechtermuisknop om albums en categorieën eventueel te verwijderen.

Het resultaat van zoekopdrachten kunt u ook als album opslaan; zie de paragraaf *Zoeken op metagegevens* op pagina 222. Het album zelf werkt als een filter: klik erop om niet-relevante foto's uit de catalogus weg te filteren. Net als bij tags kunt u de inhoud van een album uitbreiden door nieuwe afbeeldingen er naartoe te slepen; in omgekeerde richting is zelfs nog wat makkelijker.

Automatische analyse met slimme tags

Hoewel filteren met de tagstructuur een effectieve methode is om beoogde foto's terug te vinden, blijft dit natuurlijk beperkt tot foto's die handmatig 'behandeld' zijn. Maar ook hier biedt Photoshop Elements de helpende hand: het kan automatisch tags toedienen. Dat doet het natuurlijk wel op zijn eigen manier: het analyseert uw afbeeldingen op allerlei visuele kenmerken (dit verklaart ook het 'bezig'symbool op de statusbalk). Deze kenmerken zijn afkomstig uit een interne database met honderden beeldpatronen, zeg maar archetypen, die het resultaat zijn van veel uitgebreider onderzoek. En omdat die beeldpatronen tevens in steekwoorden beschreven zijn, kan de kerstboom (de afbeelding) van extra slingers worden voorzien. Bij analyse gaat het overigens niet om *perfect matches* maar om mate van overeenkomst. Voorbeeld: een afbeelding met relatief veel blauw en grijs en een scherpe horizontale lijn in het midden 'zal wel een zee zijn' volgens het programma. Die steekwoorden zijn voor ons gebruikers dus zoektermen. Het gaat natuurlijk niet om zeer specifieke labels zoals *Theepot met afgebroken oortje* maar om algemene zoektermen als Tuin, Feestje, Herfst, Water, Portret, Vogel. En combineren mag.

De zogeheten slimme tags die het aan foto's toekent zult u niet terugvinden in de tagstructuur, maar u kunt deze wel degelijk gebruiken om foto's terug te vinden. De functie staat standaard ingeschakeld. Controleer dit eventueel via: **Bewerken**, **Voorkeuren**, **Media-analyse** onder Analyseopties.

Zoeken op slimme tags

Klik op **Zoeken** rechtsboven. Het zoekvenster dat verschijnt brengt alle zoekmogelijkheden overzichtelijk bijeen. Met sommige methoden hebt u al kennis gemaakt, zoals filteren op album, waarderingssterren of tags, maar het biedt ook opties die elders niet te vinden zijn. Blader via de linkerkolom langs verschillende filtercategorieën en bedenk welke ingang succesvol zou kunnen zijn. Het mooie is: combineren mag. Elke aangeklikte categorie verschijnt boven in de balk en daar kunt u deze ook weer uitschakelen.

Nieuw en extra is dat u ook kunt zoeken dankzij slimme tags. Gebruik hiervoor de zoekbalk bovenin en omschrijf de gezochte foto in generieke zoektermen, bijvoorbeeld Horizon, Hond of Wandelen. Merk op dat u bij meerdere zoektermen de relatie kunt specificeren: En/Of/Uitsluiten. Natuurlijk zal het zoekresultaat niet altijd even to the point zijn, maar dat mag de pret niet drukken. Zo moet u niet raar opkijken als onder het kopje Kathedraal ook een paar schoorsteenpijpen vallen. Dit kunnen we als fout aanrekenen, maar anderzijds mogen we niet van het programma verwachten dat het categorieën bedenkt als "Protserige bouwwerken". Het is zelfs enigszins aandoenlijk: de Rotterdamse overdekte markthal wordt bijvoorbeeld als carnaval bestempeld.

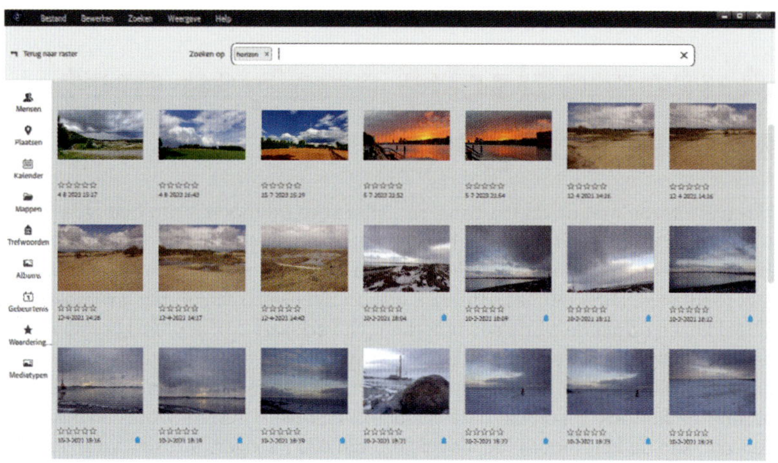

Zoekterm 'horizon' geeft resultaten waarin de horizon min of meer een rol speelt, terwijl geen enkele afbeelding als zodanig was getagd.

Al deze foto's vallen onder de categorie Kathedraal. Welnu, daar is iets voor te zeggen...

Merk op dat u bij meerdere zoektermen de relatie kunt specificeren.

Selecteer een of meer van de gevonden foto's en sluit het zoekvenster met de pijl linksboven. U komt terug in de Organizer waarbij de foto's nog steeds geselecteerd zijn en u deze direct in de Editor kunt openen.

Zoeken op visuele kenmerken

Soms zoek je een foto en vind je er een waarvan je zegt: 'Die lijkt erop, maar 't is 'm niet.' Toch is die foto een goed vertrekpunt. U kunt deze namelijk gebruiken om te zoeken op visuele gelijkenis. Dit werkt vooral goed bij foto's waarin een bepaalde tint overheerst of foto's met een duidelijk enkelvoudig object. Selecteer de foto en kies **Zoeken**, **Op visuele zoekopdrachten**, **Fotos'en video's met visuele gelijkenis**. De eerste keer wordt u nog wel even teruggefloten omdat uw verzameling geïndexeerd moet worden, maar dat is eenmalig. Het zoekresultaat is altijd 'bij benadering'; er wordt een percentage van overeenkomst vermeld. Het is dus geen filtering, de catalogus wordt slechts in een specifieke volgorde gezet. Met de schuifbalk **Kleur/vorm** bepaalt u welk kenmerk zwaarder weegt. Sleep een gelijkende foto naar de zoekbalk bovenin voor nog nauwkeuriger resultaten en/of verwijder een zoekfoto via de rechtermuisknop.

Zoeken op visuele gelijkenis. Volgens het programma lijkt de rechter afbeelding voor 77% op de linker. Daar is wel wat voor te zeggen. Gebruik de schuifbalk om nadruk te leggen op vorm of kleur.

Zoeken naar specifieke objecten

Een variant op het voorgaande is zoeken naar specifieke objecten, bijvoorbeeld auto's, personen of gebouwen.

1. Kies een voorbeeldfoto met een object waarvan u gelijkende zoekt en kies **Zoeken, Op visuele zoekopdrachten, Objecten die verschijnen in foto's**.

2. Plaats het selectiekader om het object en klik op **Object zoeken.**

   Photoshop Elements rangschikt de resultaten ook nu weer in volgorde van overeenkomst. Bent u niet tevreden met de uitkomst, dan kunt u de opdracht verfijnen: sleep de meest gelijkende foto 's uit de zoekresultaten (de eerste telt niet mee) naar het voorbeeldvak. Al doende zouden de zoekresultaten moeten verbeteren.

Een derde variant in de keuzelijst is het zoeken naar gedupliceerde foto's. Dit is misschien een wat misleidende term, maar er wordt gezocht naar foto's die naast een sterke visuele gelijkenis ook kort na elkaar zijn gemaakt, bijvoorbeeld met de burstmodus van de camera. Vaak zien de plaatjes er dan hetzelfde uit, maar dat hoeft niet; denk bijvoorbeeld aan shots van wielrenners die voorbij zoeven. Dit is goed een hulpmiddel om stapels te maken.

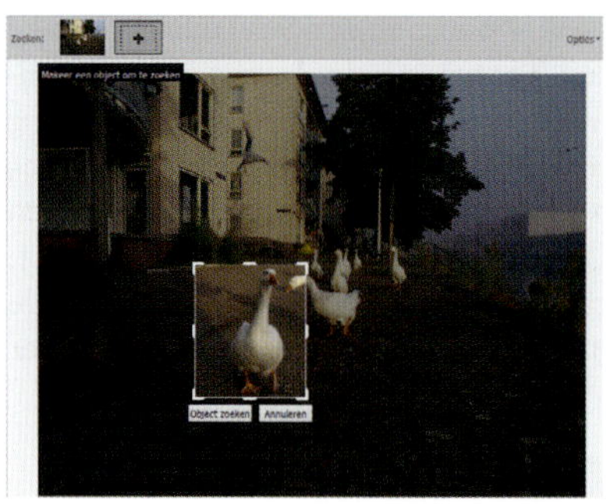

Zoeken naar afbeeldingen met een specifiek object.

Zoeken op metagegevens

Voor gevorderden: Menu **Zoeken** toont een reeks aanvullende zoekopdrachten waarbij we voornamelijk naar allerlei secundaire informatie kunnen zoeken. De belangrijkste zijn:

- **Mediatype** Kies deze opdracht als u uitsluitend foto's, video's of geluidsfragmenten wilt zien.

- **Niet-getagde items** Kies deze opdracht als u reeds afbeeldingen hebt getagd en wilt weten welke nog niet zijn behandeld.

- **Details (metagegevens)** Kies deze opdracht als de foto's aan specifieke technische kenmerken moeten voldoen, bijvoorbeeld een bepaalde sluitertijd of een bepaald brandpuntsafstand. Stel het zoekcriterium samen aan de hand van de keuzelijsten en het invulvak. Klik eventueel op de plusknop en voer een tweede zoekcriterium in (bijvoorbeeld brandpunt kleiner dan 28 mm én flitser afgegaan). De zoekresultaten kunt u desgewenst opslaan. Vul de optie **Deze zoekcriteria opslaan** in en typ een passende naam in het naamvak. U haalt de zoekresultaten terug, ook in latere sessies, via menu **Zoeken, Op opgeslagen zoekopdrachten** en klik op de naam die u eerder hebt opgegeven. Het mooie is dat u niet zo zeer een statische verzameling hebt opgeslagen, maar zoekcriteria. Dit houdt in dat nieuw toegevoegde afbeeldingen die aan de criteria voldoen automatisch aan de verzameling worden toegevoegd. Gebruikers van oudere versies zullen dit misschien herkennen als een slim album.

Het zoeken op metagegevens kan van nut zijn voor wie bijvoorbeeld in meerdere bestandindelingen (JPG en RAW) fotografeert. Niemand zit immers op een catalogus met dubbele plaatjes te wachten. Daarom houd ikzelf RAW-bestanden het liefst buiten beeld totdat ik ze nodig heb. Is dit herkenbaar, doe dan het volgende: zoek de RAW-bestanden bijeen met "Bestandstype is Camera RAW", selecteer het zoekresultaat met Ctrl+A en kies het menu **Bewerken**, **Zichtbaarheid**, **Markeren als verborgen**. De RAW-bestanden zijn nu aan het oog onttrokken maar staan nog wel in de catalogus. Hebt u ze op een gegeven moment nodig, kies dan **Weergave**, **Verborgen bestanden**, **Alleen verborgen bestanden tonen**.

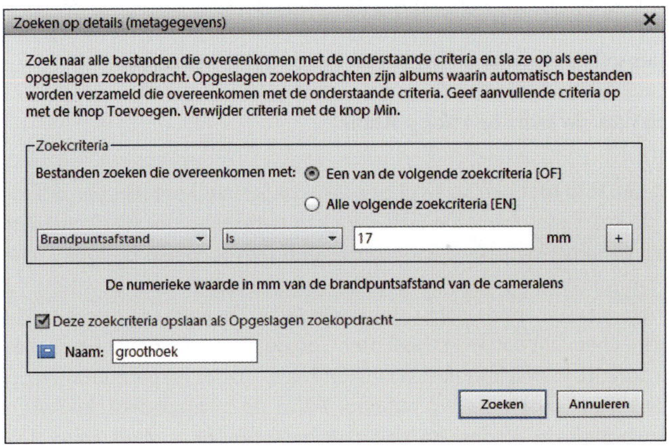

Zoeken op foto's die met een bepaald brandpuntsafstand zijn gemaakt.

Automatische selectie

Een wat merkwaardige functie om uw catalogus te filteren is **Automatische selectie**. Hiermee kiest de Organizer zelf een setje beste foto's, met als toevoeging: 'beste' naar inzicht van de computer zelf. In de praktijk betekent dit: scherpe, kleurrijke afbeeldingen zonder oog voor poëzie of dramatiek, en relatief veel afbeeldingen met personen. Het maakt gebruik van eerdere automatische analyse van de catalogus, dus dezelfde technologie als slimme tags. Het lijkt een vorm van ongericht zoeken: lekker makkelijk, maar is dit wat we willen? Ach, misschien zit er wat van uw gading bij. Dus als u zich wilt laten verrassen, doe dan het volgende: vul rechtsboven de optie **Automatische collectie** in en laat de computer zijn rekenwerk doen. Pas vervolgens met de schuifbalk de grootte van de collectie aan.

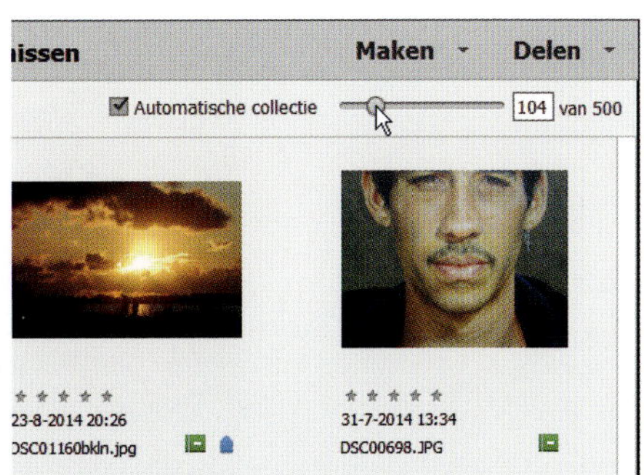

Met de optie Automatische selectie laat u de computer zelf een keuze maken.

Aan een locatie koppelen

Photoshop Elements kan foto's aan de geografische locatie koppelen waar zij zijn gemaakt. Dat kan automatisch of handmatig. De automatische variant is van toepassing op foto's die met een GPS-apparaat zijn gemaakt, zoals een smartphone of een camera met GPS-module. Klik op Modus-knop **Plaatsen** voor een Google Maps-plattegrond en zie waar uw GPS-foto's gemaakt zijn. Als u flink inzoomt zult u misschien ontdekken dat de locatie niet helemaal correct is. Daar is niets vreemds aan, zelfs militaire GPS-systemen hebben nog een zekere afwijking. U kunt eventueel de puntjes op de i zetten door de foto te verslepen.

Ook GPS-foto's worden vaak gemaakt in sets, en dat ziet u ook terug aan het getal in de miniatuur. Plaats uw muis erboven voor een groter formaat en blader eventueel met de vervolgpijl langs de rest, of klik op het getal voor een overzicht. Bevinden zich hieronder exemplaren die verplaatst moeten worden, en de afstand te groot is om slepend te overbruggen, doe dan het volgende:

1. Selecteer de foto en klik op de knop **Locatie bewerken**.
2. Typ een plaats in het zoekvak en maak een keuze uit de keuzelijst.
3. Sleep de foto naar de kaart en klik op **Klaar**.

GPS-info Dat een foto met een smartphone is gemaakt betekent niet per definitie dat deze op de kaart verschijnt. De GPS-data kan ontbreken (locatie stond niet aan toen de foto genomen werd) of is ontoereikend (bijvoorbeeld bij foto's binnenshuis). Op zijn minst moet deze lengte- en breedtecoördinaten bevatten. U kunt dit in de metadata nazoeken onder het kopje GPS. Twijfelt u of foto's op de juiste locatie staan, check dit dan eventueel met Google Maps of Google Earth. Let wel op de juiste notatie; in smartphones staan komma's, spaties en punten soms op een andere plaats dan Google ze wil hebben. Als u de smartphoneschrijfwijze omzet naar een notatie in graden en decimale minuten zit u altijd goed. De coördinaten in het voorbeeld op pagina 225 worden dan: 52 19.7863, 5 00.9183.

Foto's aan een specifieke plaats koppelen.

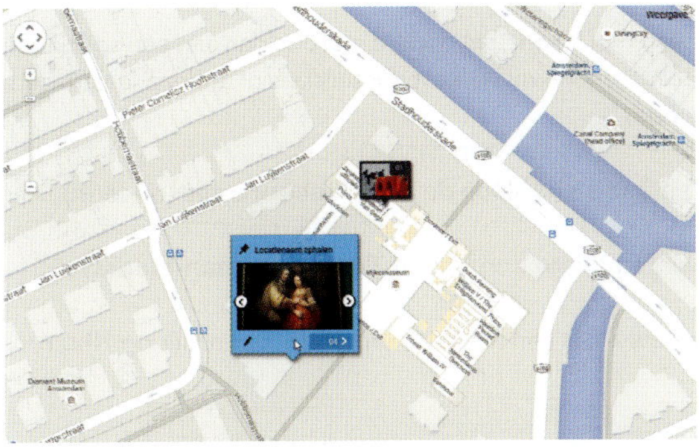

Als u inzoomt kunt u de foto iets nauwkeuriger op zijn plaats slepen.

Voor foto's zonder GPS-informatie geldt ongeveer hetzelfde traject. Ook hier geldt dat u de taak het best groepsgewijs kunt uitvoeren. Laten we in dit geval vanuit de Media-modus starten.

1. Selecteer de foto's in de catalogus die u graag aan een plek wilt koppelen en klik op **Locatie toevoegen** op de knoppenbalk onderin.

2. Typ een geografische locatie in (dat mag een plaatsnaam, adres of een postcode zijn), druk op Enter, maak een keuze uit de keuzelijst en klik op **Toewijzen**.

3. Klik op modus-knop **Plaatsen**, zoom en scrol naar de zojuist toegevoegde plaats (of gebruik opnieuw het zoekvak) en controleer of de locatie naar uw zin is.

   Klik eventueel op de knop **Losgemaakt** voor een split screen van kaart en catalogus om meer afbeeldingen toe te voegen. Schakel eventueel de optie **Groeperen in tijd** uit als u de afbeelding niet kunt vinden.

4. Sleep een afbeelding vanuit de catalogus naar de groep of eventueel zelfs naar een nieuwe plek op de kaart, en bevestig.

Schakel eventueel de optie **Bestaande punten** in om eerder gepositioneerde afbeeldingen weer te geven. Desgewenst kunt u door slepen meerdere groepen samenvoegen. Let hierbij op dat de ontvangende groep blauw oplicht. Wilt u een positionering verwijderen, klik dan met de rechtermuisknop op een miniatuur en kies **Punt verwijderen**.

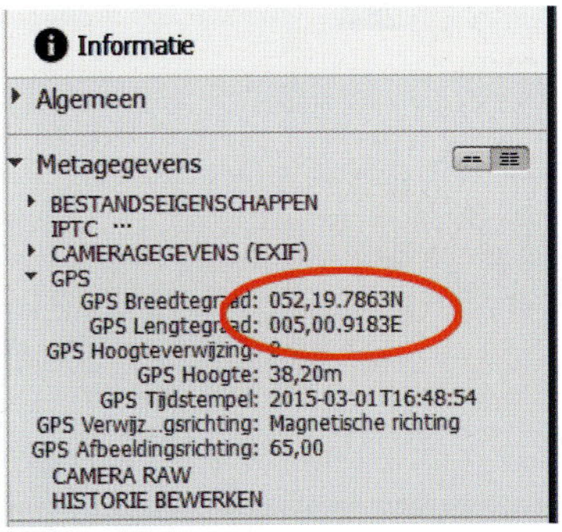

Controleer eventueel de GPS-data van de foto.

Koppelen aan gebeurtenis

Soms kunnen foto's beter aan een 'event' gekoppeld worden dan aan een specifieke plaats; denk aan een concert, een huwelijksfeest, Sinterklaas of andere feestdagen. Doe in dat geval het volgende:

1. Selecteer de betrokken foto's en klik op de knop **Gebeurtenis** (onderin).
2. Selecteer eventueel vergeten foto's en klik op **Toevoegen aan Mediavak**,
3. Typ aanvullende gegevens zoals een naam en omschrijving en klik op **Klaar**.

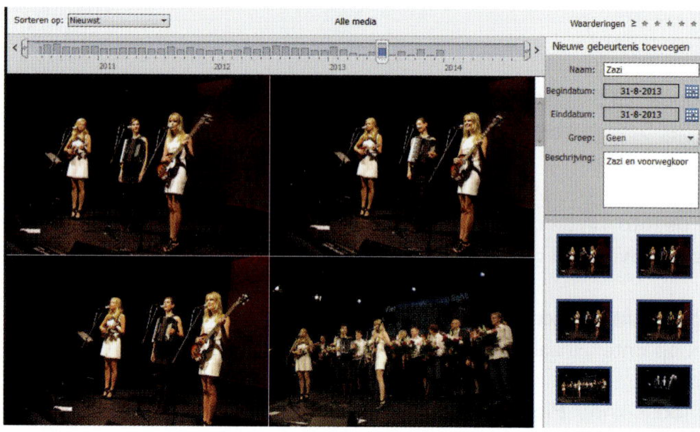

Het aanmaken van een gebeurtenis.

Wilt u later terugzien welke gebeurtenissen u hebt gearchiveerd, gebruik dan de modusknop **Gebeurtenissen** en **Met naam**. Beweeg de muis over de verzameling tot u een representatieve foto ziet, klik met de rechtermuisknop en kies **Instellen als omslag**. Mocht u veel gebeurtenissen hebben aangemaakt, klik dan eventueel op de **Kalender**-knop en filter uw gebeurtenissen op jaar. Merk op in de Media-weergave dat uw tagstructuur is aangepast.

Het bekijken van aangemaakte gebeurtenissen.

12

Speciale projecten en uitvoer

Nadat u uw afbeeldingen hebt geïnspecteerd, van tags voorzien en bewerkt, kan er nog een extra stap volgen. U kunt de afbeelding in een 'project' opnemen zoals een presentatie, webalbum of fotolay-out. En dat project (of individuele foto's) kunt u weer doorsturen naar een eindbestemming, bijvoorbeeld sociale media, een printer of iets anders. Tot slot bespreken we het archiveren van foto's.

Adobe Stockfoto's

Voor we speciale projecten bespreken, een tip vooraf. Als u om content verlegen zit, kijk dan wat Adobe Stock te bieden heeft. Dit is een online verzameling van duizenden foto's. Kik in de Editor op **Bestand, Zoeken in Adobe Stock** en voer een zoekcategorie in, bijvoorbeeld Bloemen. Klik op de miniatuur voor een grotere versie en op **Gratis Licentie** om het bestand te downloaden.

Kijk wat Adobe Stock te bieden heeft.

Speciale projecten

Kenmerkend voor Photoshop Elements is een serie kant-en-klare sjablonen voor speciale projecten zoals een presentatie, multimediaal fotoboek, fotocollage, wenskaart of fotokalender. Een slabloon biedt de basisaankleding, vorm en structuur en soms zelfs een stappenplan met automatische routines; u hoeft eigenlijk alleen maar het juiste beeldmateriaal aan te dragen. Met tekst en een galerie aan content (figuren, achtergronden, kaders, tekstopmaak) kunt u het project verder personaliseren. De slablonen gaan schuil onder de knop **Maken**, te vinden in zowel de Organizer als de Editor. In het laatste geval hoeft u de beoogde foto's niet per se eerst te laden, maar zorg dan wel dat zij zichtbaar zijn in het fotovak, waardoor we per saldo toch weer uitkomen bij de Organizer.

Fotocollage

Fotocollage plaatst een serie (van maximaal acht) foto's op een speelse manier bijeen. De sjablonen zijn aangepast op het aantal foto's dat u vooraf selecteert.

1. Kies in het Layouts-venster een sjabloon uit een van de diverse categorieën.

2. Dubbelklik in de werkruimte op een ingevulde foto en schaal en positioneer deze binnen het kader. Merk op dat u via het knoppenbalkje eventueel naar een andere foto kunt bladeren.

3. Klink rechtsonder op de knop **Afbeeldingen** en kies eventueel een andere achtergrond.

Twee voorbeelden van een foto-collage.

Fotoreel

Nieuw in deze versie is Fotoreel, een soort diavoorstelling of presentatie. Een verschil is dat je vanaf het begin rekening houdt met op welk sociaal platform deze getoond moet worden. Kies eerst een serie foto's en klik vervolgens op **Reel met foto's**. In het vervolgscherm kiest u een lay-out, zeg maar een lengte/breedteverhouding. Het is het beste natuurlijk om een lay-out te kiezen die met de foto's overeen komt. Zit er in uw serie een foto die daarvan afwijkt, dan kunt u met het verplaatsgereedschap het beste deel in zicht slepen. Klik daarna weer op de knop **Tijdlijn** om de overige miniaturen weer te geven. Selecteer een foto en typ eventueel een tekst (helaas zijn er niet veel opmaakmogelijkheden). Klik eventueel op de **FX**-knop om een enkele afbeelding (of de hele reeks) van een kleurfilter te voorzien. Wilt u een foto opsieren met een bloemetje of zo, dan opent u de clipartgalerie met de knop **Afbeelding**. Klik op het pijltje onderaan de miniatuur en stel in hoe lang de foto in beeld moet blijven. Met de optie **Toepassen** geldt die ingestelde tijd voor alle foto's. Bekijk de voorstelling met de centrale afspeelknop. Is alles in orde, klik dan op **Exporteren** en kies een opslagformaat: MP4 of Gif. Het bestand kunt u desgewenst naar sociale media uploaden. Sluit af met **Klaar**.

Een fotoreel. Stel eventueel een langere vertoningstijd in.

Presentatie

Een presentatie is een soort aangeklede diavoorstelling die we kunnen opslaan en/of exporteren, bijvoorbeeld naar een videowebsite. Selecteer een aantal afbeeldingen in de Organizer en klik op de knop **Presentatie** op de knoppenbalk. Het bewerken van de presentatie gaat als volgt:

1. Pauzeer de presentatie tijdens het afspelen.
2. Klik op de knop **Media** en dubbelklik op de dia met de letter T om de tekst van de titeldia aan te passen. Zet eventueel de optie **Bijschrift toevoegen** aan om foto van een bijschrift te voorzien. Voeg eventueel een extra tekstdia toe via de knop **Tekstdia toevoegen**. Met de naastgelegen knop kunt u meer afbeeldingen uit de Organizer aan de presentatie toevoegen. Merk op dat u de volgorde kunt wijzigen door geselecteerde dia's naar een andere plek te slepen.
3. Klik op de knop **Thema's** en kies een thema. Per thema varieert de achtergrond, animatie en samenstelling.
4. Klik op de knop **Audio** en kies een geleidend muziekfragment.
5. Klik rechtsboven op **Opslaan** als u volgende keer verder aan uw presentatie wilt werken. De presentatie komt nu in de catalogus terecht. Kunt u deze niet zo snel terug vinden, filter dan uw foto's weg met Ctlr+1 en schakel projecten in met Ctrl+4. Dubbelklik om de voorstelling te openen.
6. Klik op **Exporteren** en kies een eindbestemming; dat kan een map op de computer zijn of sociale media als Vimeo en YouTube. Bedenk dat u de eerste keer wel autorisatie moet verlenen; dat kan in twee klikken.

De presentatie als alternatieve diavoorstelling. Kies een grootte bij opslaan.

Fotoboek

De digitale variant van het aloude fotoboek is vrij populair tegenwoordig, vooral omdat deze zoveel speelser is.

1. Kies **Fotoboek** uit de keuzelijst en selecteer een specifiek thema en stel het aantal pagina's voor het boek in. Schakel de optie **Automatisch vullen** in (of uit, als u bij de volgende stap foto's uit het fotovak handmatig naar de fotokaders wilt slepen).

2. Blader door het fotoboek met de navigatieknoppen bovenin. Schaal het fotokader via een hoekpunt of versleep het naar een andere plek. Dubbelklik op de foto en schaal de inhoud met de schuifbalk.

3. Klik onderin de knoppenbalk op **Lay-outs** en kies een andere pagina-indeling. Klik op **Afbeeldingen** en kies eventueel een andere achtergrond. Voeg extra content toe uit de categorie Afbeeldingen; dit doet u door dubbelklikken of slepen. Als u een extra foto wilt toevoegen, plaats dan eerst een frame uit de categorie Kaders. Klik op **Opslaan** om het project op te slaan en aansluitend op **Sluiten**.

Het maken van andere projecten gaat op een vergelijkbare manier, met hier en daar kleine verschillen. Bijvoorbeeld het verschil tussen Fotoboek en Fotocollage is dat de een meerbladig is en de ander uit slechts één vel bestaat. En bij de kalender heeft de categorie Kader de functie van een sierlijst. Wanneer afdrukken de bedoeling is, zoals bij een wenskaart, ontbreekt logischerwijs de optie tot animatie. Per project hebt u ook keuze uit andere thema's, achtergronden, kaders en afbeeldingen.

Voorbeeld van een fotoboek.

Wenskaart

Van de wenskaart is het de bedoeling dat deze wordt afgedrukt, vandaar dat u begint met het kiezen van afdrukafmetingen, gevolgd door een thema in hetzelfde venster. Typisch voor dit project is dat u het niet in de geavanceerde modus verder kunt bewerken. Het project kunt u wel opslaan, en verder alleen afdrukken via de afdrukknop onderin.

Voorbeeld van een wenskaart. Klik eventueel op de rechtermuisknop om de volgorde van overlappende foto's te wijzigen.

Afbeelding met spreuk

Het concept **Afbeelding met spreuk** lijkt enigszins op het sjabloon Wenskaart, met dit verschil dat ze meer gericht zijn op online toepassingen en voorzien zijn van inspirerende teksten als *Blijf wild, Jij bent de kers op de taart* enzovoort. Uiteraard kunt u deze overschrijven. Ook is er een grotere keuze aan formaten en zijn er meer opties tot aankleding. Het openingsvenster toont drie instapniveaus; van vrijwel kant en klaar tot de optie **Vanaf nul beginnen** (een blanco vel). In beide gevallen moet u bij de vervolgstap de afmetingen bepalen met hulp van slablonen. De

Enkele voorbeelden van Afbeelding met spreuk.

meest voor de hand liggende optie is dat u al een foto hebt klaar staan. Kies dan **Beginnen met foto** en doorloop met de knoppen rechtsonder de verschillende opmaakcategorieën. Zo kunt u speels opgemaakte teksten toevoegen en een andere beeldstijl kiezen en zelfs animaties toevoegen. Bedenk dat uw foto de status van achtergrond heeft. Dus kiest u een andere achtergrond uit de gelijknamige categorie, dan wordt deze vervangen (maar niet overschreven). Sluit u af met **Klaar**, dan wordt het project in een kopiebestand geplaatst en kunt u het in de geavanceerde modus verder bewerken.

Afbeeldingen opslaan

Vanzelfsprekend kunt u via menu **Bestand**, **Opslaan** of **Opslaan als** uw werk opslaan. In het laatste geval kunt u diverse instellingen wijzigen, waaronder de bestandsnaam, bestandslocatie en opslagformaat. Ook is het handig om werk tussentijds op te slaan, bijvoorbeeld met sneltoets Ctrl+S, aangezien Photoshop Elements geen automatische opslagfunctie heeft. Het programma zal in principe opslaan in het oorspronkelijk formaat (bijvoorbeeld JPG) tenzij u extra informatie hebt toegevoegd zoals tekstlagen, maskers en opgeslagen selectiekaders. In dat geval wordt uitgeweken naar PSD dat alle informatie bewaart en gescheiden houdt. Bij JPG is dat namelijk niet het geval. Dat voegt alle laaginformatie tot een enkele pannenkoek samen. Ook kunt u de sterkte van de compressie instellen, wat van invloed is op de beeldkwaliteit (zie de paragraaf *Opslaan voor web* hierna). Voor de nerds: werkt u met Windows 10, 64 bits, SP1, dan wordt in principe ook HEIF (een containerbestandsformaat voor diverse soorten media) ondersteund. De extensie wordt niet standaard bijgeleverd, maar kunt u van de Adobe website downloaden.

Bestanden met lagen Als u een bestand met lagen, selecties en notities wilt opslaan, hebt u keuze uit vier bestandsindelingen: PSD, PSE, PDF of TIFF.

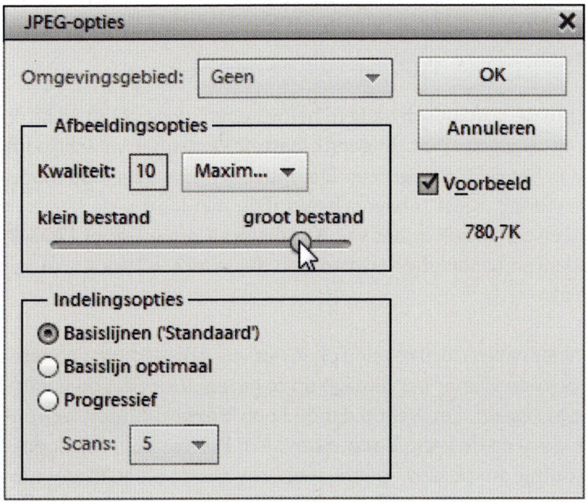

Compressie instellen bij opslaan in JPG.

Opslaan voor web

Willen we een afbeelding via sociale media verzenden of op een webpagina plaatsen, dan is het van belang om de bestandsomvang zo klein mogelijk te houden. Een aantal opslagformaten (PNG, JPG en GIF) is daarvoor bij uitstek geschikt, omdat zij gebruikmaken van compressietechnieken. Dit laatste gaat wel ten koste van de beeldkwaliteit, dus is het van belang daar een tussenweg in te zoeken. Via de opdracht **Bestand**, **Opslaan voor web** kunt u vooraf zien wat de gekozen compressie betekent voor beeldkwaliteit en bestandsomvang.

Opslaan voor web.

U kunt afbeeldingen optimaliseren in vier veelgebruikte bestandsindelingen voor het web: GIF, JPEG, PNG-8 of PNG-24. De keuze maakt u rechtsboven in het venster.

Het dialoogvenster is in twee delen gesplitst zodat u tijdens het veranderen van de instellingen rechtstreeks een vergelijking tussen origineel (links) en beoogd eindresultaat kunt maken. Behalve met het zoomgereedschap kunt u inzoomen met het zoompercentagevak linksonder. Gebruik eventueel het schuifhandje om andere delen in het zicht te krijgen.

Er zijn twee manieren om de bestandsomvang te beïnvloeden: door compressie en door het aantal pixels te wijzigen. Wat de eerste betreft kunt u uit verschillende voorinstellingen kiezen in het gelijknamige vak. De opties eronder geven de mogelijkheid tot nadere nuancering. Kiest u bijvoorbeeld JPG, dan kunt u de kwaliteit traploos instellen met een schuifbalk in het vak **Kwaliteit**. Kiest u GIF of PNG-8, dan kunt u het aantal kleuren handmatig verminderen. Bij iedere wijziging past het voorbeeldvenster zich aan.

Wilt u de afbeelding kleiner maken, dan regelt u dit in het vak **Afbeeldingsgrootte.** Het makkelijkst is het om een kleiner percentage op te geven; u ziet dat de huidige afmetingen op 100% zijn gesteld. Let wel op dat de knop **Verhoudingen behouden** is ingeschakeld, en dat u op de knop **Toepassen** klikt. Klik tot slot rechtsonder op de knop **Voorvertoning** om te zien hoe uw webbrowser de afbeelding weergeeft.

Bestandsinformatie Naast notities in het document zelf kunt u meer informatie over het bestand kwijt, op een wat gestructureerde manier; doe dit met de opdracht **Bestand**, **Bestandsinfo**.

Miniaturen opslaan Voor het terugvinden van uw bestanden is het altijd handig dat bij het bestand ook een miniatuurweergave wordt opgeslagen die door een afbeeldingsbrowser kan worden gelezen. Standaard staat Photoshop Elements zo ingesteld dat dit automatisch gebeurt. Is dit niet het geval, klik dan op **Bewerken, Voorkeuren, Bestanden opslaan** en zorg dat in het vak **Voorvertoningen afbeeldingen** de optie **Altijd opslaan** is gekozen.

Compressietechnieken Diverse bestandsformaten, zoals TIFF, maken optioneel gebruik van compressietechnieken om de bestandsomvang terug te brengen. De meeste technieken, zoals RLE, LZW en ZIP doen dit zonder de aanwezige informatie aan te tasten. Daar staat tegenover dat de geheugenwinst vrij beperkt is. Een uitzondering is JPEG (dat zowel een bestandsformaat als een compressietechniek is); deze heeft de neiging om aan kleur en detail te knabbelen. Dit verlies neemt overigens pas noemenswaardige vormen aan wanneer u de sterkste compressie-instellingen kiest.

Adobe Web Companion

Het valt eigenlijk buiten het bestek van dit boek, maar Adobe biedt ook de service om afbeeldingen in de cloud op te slaan. Het voordeel, behalve als back-up, is dat het materiaal zo ook op mobiele apparaten toegankelijk wordt. Het is zelfs meer dan opslag, u kunt ook in de webbrowser beperkte bewerkingen erop loslaten – die overigens niet anders zijn dan waar u in de desktopversie al over beschikt, bijvoorbeeld Snelle overlays uit de instructiemodus. De dienst is nog in bèta – dat wil zeggen in ontwikkeling – en wordt vermoedelijk niet gratis. Wel kunt u een gratis dertig dagen durend proefabonnement afsluiten. Dit biedt 5 GB opslagcapaciteit. Het spreekt voor zich dat een snelle uploadverbinding een pre is. U kunt de dienst aanvragen via **helpx.adobe.com/photoshop-elements/using/web-beta.html**.

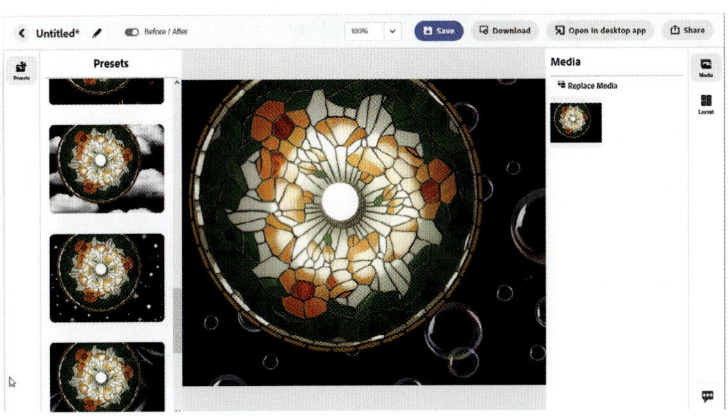

Een foto opsieren via Adobe Web Companion.

Afdrukken

Lees voor u gaat afdrukken hoofdstuk 5 over bestandsgrootte door. Die informatie kan van pas komen als u kwaliteitsafdrukken wilt maken. U kunt het afdrukken starten vanuit zowel de Editor als de Organizer. De eerste is geschikt voor het afdrukken van individuele foto's, de laatste heeft aanvullende functionaliteit voor het afdrukken van hele series. Photoshop Elements probeert hierbij zo efficiënt mogelijk met het papier om te gaan.

1. Kies **Bestand**, **Afdrukken** (of **Maken, Fotoafdrukken, Lokale Printer** vanuit het taakvenster).

   - Klik eventueel op de groene plusknop om meer afbeeldingen toe te voegen. Binnen het vervolgvenster kunt u op speciale groepen filteren zoals foto's met sterwaardering of foto's die tot een specifiek album behoren.

   - Controleer de punten 1 tot en met 3: hier stelt u de juiste printer, het papierformaat en de papierkwaliteit in (punt 2 dekt de lading van 1 en 3).

   - Kies bij punt 4 het soort afdruk: Contactblad is een verzamelblad met kleine miniaturen, Individuele afdruk en Fotopakket zijn ongeveer hetzelfde, maar bij de laatste kunt u (bij punt 5) uit allerlei speelse afdrukkaders en achtergronden kiezen. Als u bekend bent met deze vormen kunt u hier ook rechtstreeks naartoe springen vanuit het taakvenster **Maken**, **Fotoafdrukken**. Werkt u vanuit de Editor, dan zal op dit punt naar de Organizer worden overgeschakeld.

Afdrukken met afdrukvoorbeeld.

- Afhankelijk van uw keuze bij punt 4 wordt punt 5 anders ingevuld. In hoofdlijnen bepaalt u hoeveel foto's per pagina moeten worden afgedrukt.

- Het kan zijn dat het afdrukkader een iets andere lengte/breedteverhouding heeft dan de afbeelding zelf. Met de optie **Passend maken** wordt het kader volledig opgevuld en worden mogelijk horizontale of verticale randjes weggesneden.

2. Klik eventueel op **Pagina-instelling** en bepaal of u staand of liggend wilt afdrukken.

Meerdere afbeeldingen selecteren om af te drukken.

Afdrukkwaliteit

De afdrukkwaliteit hangt van een keten van factoren af. Op de eerste plaats van de ingestelde afdrukresolutie, zie hoofdstuk 5. Voor een goede kwaliteit moet de afdrukresolutie in overeenstemming zijn met de maximale capaciteit van de printer. Voor de meeste inkjetprinters is dat ongeveer 200 dpi. Op de tweede plaats moet ook de printersoftware zijn ingesteld op het afdrukken in de hoogste kwaliteit. In het afdrukvenster vindt u hoogstwaarschijnlijk een knop die toegang geeft tot de eigenschappen van de printer. In het vervolgvenster zou u een instelling moeten kunnen doen omtrent de afdrukkwaliteit (dit is de printsoftware en kan per printer verschillen). Op de derde plaats moet de printer over kwalitatief goed afdrukpapier beschikken, om precies te zijn: fotopapier. Dit soort papier bevat speciale coatings die voorkomen dat de inkt in de papiervezels uitloopt.

Afbeeldingen delen

U kunt uw afbeeldingen direct vanuit de Organizer via diverse sociale media delen, zoals Flickr (bekende fotowebsite), Twitter, YouTube of per e-mail. Voor elk geldt dat u een account moet hebben en eenmalig toestemming moet verlenen om Photoshop Elements contact te laten maken.

Afbeelding per mail verzenden

Voor gevorderden: u moet vooraf uw e-mailprogramma en accountgegevens aan Photoshop Elements kenbaar maken. Geef dit op via **Bewerken**, **Voorkeuren**, **E-mail**, **Nieuw**. Vul de gegevens in en klik op **Valideren**. Tevens kunt u, als u van MS Outlook gebruik maakt, uw adresboek importeren via **Bewerken**, **Lijst met contactpersonen, Importeren** (of de knop **Ontvangers selecteren** bij stap 4). Vervolgens ben u klaar om foto's per e-mail te delen.

1. Selecteer de foto's in de Organizer of in het fotovak van de Editor.
2. Kies het taakvenster **Delen**, **E-mail**.
3. Kies uw e-mailprogramma en selecteer de optie **Foto's omzetten in JPG** (voor het geval er PSD- of RAW-bestanden bij zitten).
4. Kies een afbeeldingsgrootte uit de keuzelijst, stel een compressiekwaliteit in met de schuifbalk en klik op **Volgende**.
5. Typ een tekst in het berichtenvak (het onderwerp). Klik eventueel op met pictogram met het mannetje en voer uw contactpersonen in of importeer ze. Selecteer een geadresseerde. Klik op **Volgende** en verzend de mail.

Online album maken

Bedenk vooraf welk platform u wilt gebruiken en pas daarop de bestandsgrootte aan. Selecteer de foto's in de Organizer, klik op de knop Delen en kies een dienst als Flickr of Twitter. Voorheen stond ook Facebook in het rijtje maar dat is niet langer het geval. Maak de selectie niet te groot; het uploaden kan behoorlijk wat tijd kosten. Maak eventueel vooraf een Google-account aan

Catalogus bijwerken

Voor gevorderden: als u afbeeldingen uit de catalogus buiten Photoshop Elements om verwijdert, verplaatst of een nieuwe naam geeft, zal de informatie in de catalogus niet meer overeenkomen met de werkelijkheid. De verbinding tussen miniatuur en werkelijk bestand is dan verbroken. In dat geval geeft de catalogus een foutmelding, bijvoorbeeld een grijs vlak met een vraagteken. Als u de 'onwetende' miniatuur in de Editor wilt laden, zal de Fotobrowser proberen de relatie met het bestand te herstellen door de vaste schijf te doorzoeken.

Geldt het probleem voor meer bestanden, kies dan **Bestand**, **Opnieuw verbinden**, **Alle ontbrekende bestanden**. Het programma doorzoekt de catalogus, stelt een lijst samen van problematische bestanden en toont deze links in het dialoogvenster. Vervolgens hebt u de keuzen:

- De miniatuur uit de catalogus verwijderen: klik op de knop **Verwijderen uit catalogus**.
- De koppeling handmatig herstellen: klik op het tabblad **Bladeren** en wijs de nieuwe locatie van het bestand aan.

Verbinding herstellen uitschakelen Als u op een miniatuur met een verbroken verbinding dubbelklikt, probeert de Fotobrowser de verbinding te herstellen. Dit is tijdrovend en misschien niet nodig (u hebt bijvoorbeeld het onderliggende bestand doelbewust weggegooid). Wilt u deze functie uitschakelen, kies dan **Bewerken**, **Voorkeuren**, **Bestanden** en schakel het selectievakje **Automatisch naar ontbrekende bestanden zoeken en deze weer verbinden** uit.

Back-up van catalogus

Als uw catalogus goed functioneert, geen foutmeldingen geeft en een betrouwbare afspiegeling is van uw fotoverzameling, is het verstandig daar een back-up van te maken – voor het geval deze eens beschadigd raakt. Voorheen trok de Organizer aan de bel om u hieraan te herinneren als uw catalogus een zekere omvang had bereikt. Helaas bijna altijd op een moment dat je net even lekker bezig bent en het niet uitkomt – dus wordt het advies vaak in de wind geslagen. Echt een ramp is dat overigens ook niet; u kunt altijd weer opnieuw een catalogus opbouwen. Echter bij een grote verzameling is dat nogal tijdrovend omdat van elk bestand een miniatuurplaatje moet worden gegenereerd. Kortom, dacht Adobe, er is wat voor te zeggen om het om te draaien. Er wordt voortaan dus automatisch een back-up gemaakt, tenzij u nadrukkelijk geen toestemming geeft – waar hebben we dat meer gehoord? Voor de goede orde, het gaat in dit geval om een back-up van het catalogusbestand, niet van de afbeeldingsbestanden zelf. Via **Bewerken**, **Voorkeuren**, **Algemeen** kunt u de frequentie van de back-up instellen.

Wilt u ook een back-up maken de afbeeldingsbestanden en andere media in de catalogus (zoals video en geluid), dan gaat dat op een iets andere manier. Het is van essentieel belang dat de back-up op een fysiek andere locatie wordt opgeslagen dan waar de originele bestanden liggen, bijvoorbeeld een tweede vaste schijf of desnoods dvd('s). Bij het branden naar dvd of cd geeft het programma aan hoeveel schijfjes nodig zijn. Controleer of u echt een fysiek andere schijf gebruikt, vraag desnoods hulp van een deskundige; van station C naar Station D is niet genoeg, want dit kunnen verschillende partities op dezelfde vaste schijf zijn.

Controleer vooraf of de verbindingen tussen catalogus en bestanden nog in orde zijn (zie de paragraaf *Catalogus bijwerken* op pagina 238), anders zal het programma daar zelf wel melding van maken.

Ook na het maken van de initiële back-up blijft de catalogus waarschijnlijk groeien. Daarom moet u met enige regelmaat een back-up blijven maken. Omdat het programma bijhoudt wat er sinds de vorige back-up is bijgekomen, kunt u in dat geval volstaan met een zogeheten incrementele back-up.

1. Klik op **Bestand**, **Back-up catalogus**.
2. Kies het back-uptype (in dit geval **Volledige back-up**) en klik op **Volgende**.
3. Selecteer het schijfstation en klik op **Back-up opslaan**.

In geval van branden op cd/dvd: noteer de naam van de catalogus op het schijfje, eventueel met een volgnummer. U zet een back-up terug met de opdracht **Bestand**, **Catalogus herstellen**.

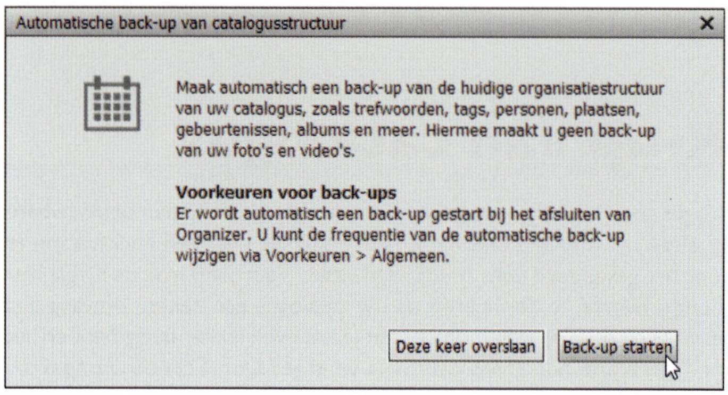

U kunt het maken van een back-up beperken tot de catalogus zelf.

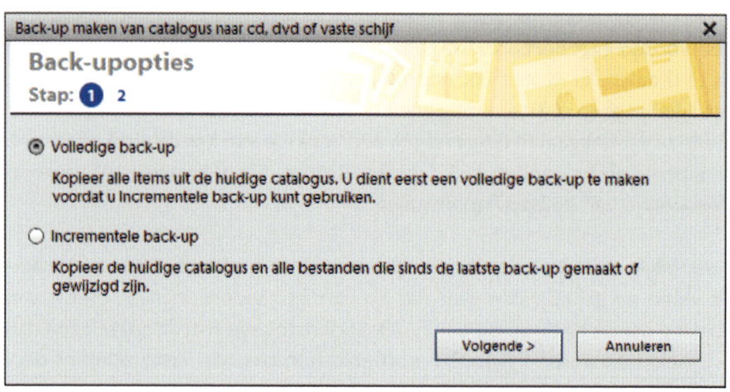

Een alternatief is een back-up maken van zowel de catalogus als de afbeeldingsbestanden zelf.

Bestanden verplaatsen en archiveren

Voor gevorderden: mocht u om wat voor reden ook uw afbeeldingen naar een andere map willen verplaatsen, doe dit dan niet buiten de Organizer om, anders functioneert de catalogus niet meer goed. Selecteer uw afbeeldingen en kies **Bestand**, **Verplaatsen**, **Bladeren** en blader naar de beoogde map.

Afbeeldingen naar een usb-stick verplaatsen voor archiefdoeleinden gaat als volgt:

1. Kies **Bestand**, **Kopiëren/verplaatsen naar verwisselbaar station**.

2. Het gaat om verplaatsen, dus vul de optie **Bestanden verplaatsen** in en klik op **Volgende**.

3. Kies het doelstation (de verwisselbare schijf met usb-stick) en geef nadrukkelijk toestemming om de bestanden van hun oorspronkelijke locatie te verwijderen.

Verwijder de stick en noteer met viltstift de voorgestelde volumenaam (belangrijk!) en klaar is Kees. De miniaturen blijven gewoon in de catalogus zichtbaar, nu met een icoontje. Mocht u op een dag zo'n gearchiveerd bestand willen gebruiken, dubbelklik dan zoals gewoonlijk op de miniatuur om deze in de Editor te openen. Vervolgens vraagt het programma om de stick met de betreffende volumenaam in het station te plaatsen.

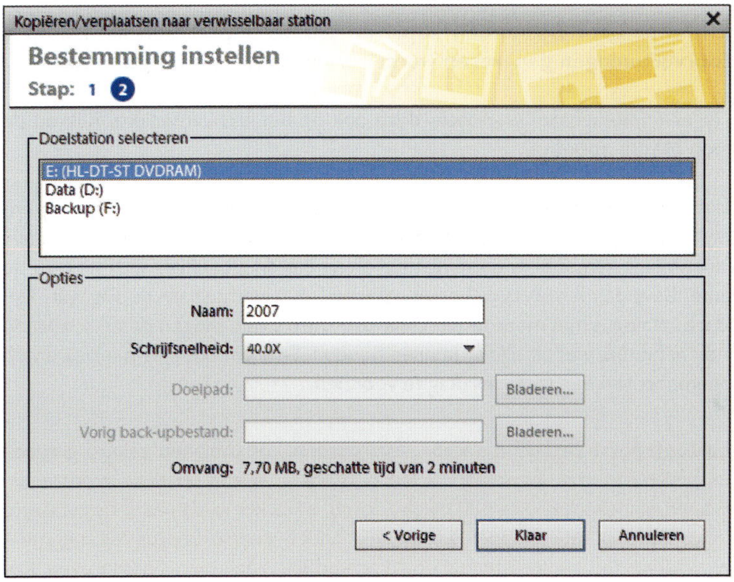

Een deel van de catalogus archiveren.

Catalogi beheren

U kunt uw catalogus oneindig uitbreiden, maar vroeg of laat merkt u dat deze toch topzwaar wordt, in die zin dat het doorzoeken en opbouwen van de plaatjes langzamer gaat dan voorheen. In dat geval, maar ook om organisatorische redenen, kunt u meerdere catalogi maken, bijvoorbeeld een voor ieder jaar. Kies hiertoe **Bestand, Catalogi beheren, Nieuw** en geef deze een passende naam. Vervolgens moet u deze natuurlijk vullen zoals beschreven in hoofdstuk 1. Alle aangemaakte catalogi worden in hetzelfde venster weergegeven, dus u kunt makkelijk naar de eerdere catalogus terug springen.

Catalogi die met oudere versies van Photoshop Elements zijn gemaakt moeten eerst worden omgezet. Klik in het venster Catalogusbeheer op **Omzetten** en kies de oudere catalogus. Vervolgens wordt deze onder een iets aangepaste naam in de keuzelijst weergegeven.

Catalogus met archiefmateriaal

Voor gevorderden: laten we er in deze situatie vanuit gaan dat u een stel (oude) archief-dvd's/usb-sticks bezit die nog nooit met Photoshop Elements in aanraking zijn geweest en waarvan u het materiaal niet terug naar de computer wilt kopiëren, maar waarvan u wel wilt weten wat erop staat. In dat geval kunt u hiervoor een aparte catalogus aanleggen, zie hierboven. Maak een nieuwe lege catalogus, bijvoorbeeld met de naam Archief, en doe het volgende:

1. Kies **Bestand**, **Foto's en video's ophalen**, **Uit bestanden en mappen** (of gebruik Ctrl+Shift+G).

2. Kies met het zoekvak bovenaan het cd-station dat u wilt doorzoeken en selecteer hierbinnen eventueel de afbeeldingsmap.

3. Schakel de optie **Bestanden kopiëren tijdens importeren** uit. De optie **Voorvertoningen genereren** wordt hierdoor automatisch ingeschakeld.

4. Typ een volumenaam en noteer deze ook op het archiefmedium. Klik op de knop **Media ophalen**.

Op deze manier maakt u een catalogus die niet aan de fysieke grenzen van uw computersysteem is gebonden. Na het verwijderen van het archiefmedium herinnert een klein offline symbool in de miniatuur eraan dat de afbeelding zich niet op de computer bevindt, zie voorts de vorige paragraaf als u hiermee aan de slag wilt. Tip: als u deze catalogus met meerdere archief-dvd's/usb's vult, moet u de verschillende bronnen natuurlijk wel uit elkaar kunnen houden. Doe dat door de miniaturen direct na import van een trefwoordtag te voorzien.

Miniatuurgrootte instellen Voor gevorderden: dat u binnen zekere grenzen op de miniaturen kunt inzoomen, komt doordat zij in een redelijke grootte zijn opgeslagen, standaard 640 bij 480 pixels. Zoomt u sterker in, dan haalt de catalogus haar informatie uit het gekoppelde bestand. Maar als u een catalogus vult met miniaturen waarvan het beeldmateriaal op cd achterblijft, zoals hier is beschreven, kan het dus niet uit de originele bron putten. Voor die categorie kunt u beter grotere miniaturen maken. Kies in de Organizer het menu **Bewerken**, **Voorkeuren**, categorie **Bestanden** en verander de waarden in het vak **Offlinevolumes**. Vanzelfsprekend geldt de gewijzigde instelling pas de eerstvolgende keer dat u de catalogus bijwerkt.

Index

Yindo Tip: doorzoek de elektronische versie van dit boek kosteloos op **yin.do/3314d**.